新编大学体育与健康

董宝林　朱乐青　聂丽芳　张　欢/主编

中国纺织出版社有限公司

图书在版编目（CIP）数据

新编大学体育与健康 / 董宝林等主编．--北京：
中国纺织出版社有限公司，2024.8.（2025.8重印）
-- ISBN 978-7-5229-1940-9

Ⅰ．G807.4；G647.9

中国国家版本馆 CIP 数据核字第 2024KE3633 号

责任编辑：郭　婷　　责任校对：王蕙莹　　责任印制：储志伟

中国纺织出版社有限公司出版发行
地址：北京市朝阳区百子湾东里A407号楼　邮政编码：100124
销售电话：010—67004422　传真：010—87155801
http://www.c-textilep.com
中国纺织出版社天猫旗舰店
官方微博 http://weibo.com/2119887771
三河市宏盛印务有限公司印刷　各地新华书店经销
2024年8月第1版　2025年8月第2次印刷
开本：787×1092　1/16　印张：21
字数：350千字　定价：56.80元

凡购本书，如有缺页、倒页、脱页，由本社图书营销中心调换

《新编大学体育与健康》编委会

前 言

　　新时代社会需要德才兼备的高素质人才，而高素质人才的培养离不开体育教育。近几年，我国高等学校体育教育的改革和发展取得了前所未有的成就，但也存在诸多问题。例如，体育教学内容刻板固化，个性化教学欠缺；体育实践教学与学生能力培养脱节，实效性有待提升；学生课外锻炼未形成长效机制，过程控制乏力；教学方法创新不足，个性化内容欠缺；体育教学缺乏导向性，学生学习兴趣和求知欲难以激发。由于学生对体育的重视不够，体育锻炼的积极性和主动性缺乏，加之各种因素对学校体育课程教学的影响，如今高校体育工作面临的形势更加严峻，问题明显，亟待解决。

　　体育是培养人、塑造人的过程。高等学校体育工作应全面贯彻党的教育方针，深入理解习近平总书记关于体育的重要论述，贯彻落实《全国普通高等学校体育课程教学指导纲要》的精神。随着"中国学生发展核心素养"总体框架及基本内涵的正式发布，我国课程与教学改革进入新的发展阶段。本书的编写正是从树立"健康第一"的指导思想出发，将"立德树人"的教育思想融于体育课堂，融入知识传授；以通俗易懂的内容把增强学生体质作为学校教育的基本目标，培养学生的终身体育习惯和健康的生活方式。

　　本书遵循当前大学生体育核心素养的培养要求，围绕现代大学生体育道德和价值的需求，为大学生掌握体育与健康知识、科学开展体育锻炼、塑造积极向上的人生态度，提供了具体可行的指导。本书以指导体育教学实践，供教师和学生阅读、应用为特色，结合高校体育教学的特点，分为运动保健与健康标准篇、运动技能篇两个部分。运动保健与健康标准篇包括体育运动与体质健康、体育运动与医务监督、国家学生体质健康标准、运动营养四章；运动技能篇包括田径、篮球、足球、排球、乒乓球、羽毛球、网球、匹克球、健美操、艺术体操、形体舞蹈、体育舞蹈、瑜伽、健身健美运动、武术、功夫扇、八段锦、中华射艺、攀岩与击剑、旱地冰球运动共二十一章。本书具备科学性、实践性、趣味性和时代性，充分体现出大学生的身心发展特点，同时兼具时代发展特点。

　　本书的编写得到了上海体育大学、上海外国语大学、上海对外经贸大学、上海财经大学附属北郊高级中学等单位相关老师的大力支持和帮助，在此表示诚挚的感谢！感谢上海杉达学院为本教材制作提供经费支持。鉴于编写时间紧迫及编写人员水平有限，书稿难免存在不妥之处，恳请广大读者提出宝贵意见。

编者

2024 年 4 月

目　录

运动保健与健康标准篇

运动技能篇

运动保健与健康标准篇

第一章　体育运动与体质健康

第一节　体育运动与体质健康概述

一、体育运动

(一) 体育运动的内涵

体育运动是指在人类发展过程中，逐步开展起来的有意识地对自己的身体素质进行培养的各种活动，这些活动也是人们常说的身体练习过程。其内容丰富，包括田径、球类、游泳、武术、健美操、登山、滑冰、举重、摔跤、柔道、自行车等多种项目。体育运动以身体活动为基本手段，以增强体质、增进健康以及培养人的各种心理品质为目的，是一种复杂的社会文化现象。

(二) 体育运动的意义

体育运动是在运动人体科学、运动生物学、运动医学、运动心理学等科学理论的指导下，人们根据自身健康情况进行的能够提高自身生理机能、身体素质，调节精神、丰富生活、促进健康的身体活动。中共中央、国务院印发并实施的《"健康中国2030"规划纲要》提出了大健康观念，把以治病为中心转变为以人民健康为中心，推动全民健身与全民健康的深度融合。国家层面推行的规划纲要充分说明，借助体育运动促进健康不仅有利于推进"健康中国"建设，提高全民的健康水平，同时对提高体育锻炼参与度也有重要意义，有助于吸引非体育人口参与体育活动，缩小不同年龄和不同身体状况群体之间体育参与度的差距。

二、体质

(一) 体质的含义

体质是人体的质量，它是在遗传性和获得性的基础上表现出来的人体形态结构、生理功能和心理因素三者综合性的、相对稳定的特征。

体质是人生命活动和工作能力的物质基础。它在形成和发展的过程中，具有明显的个体差异和阶段性。在人的生命活动的各个阶段，从儿童、青少年到中老年，体质状况不但有某些不同的特征，而且是不断变化的。

一个人体质的好坏，既受先天因素，又受后天因素影响。遗传是人体发展变化的先天条件，对体质的强弱有很大影响。但它对体质的影响只是提供了可能性，而体质的强弱，则有赖于后天的环境条件，即生活环境、营养卫生、身体锻炼等因素。人们可通过改善物质生活条件，增强健身意识，并有目的、有计划、科学地锻炼身体，保持良好的体质状况，使体质不断地增强，减少疾病。同时对各种自然环境也有了较强的抵抗力和适应力，使人能精力旺盛、体力充沛地投入学习和工作中。

（二）体质的范畴

体质的范畴包括身体形态发育水平、生理功能水平、身体素质和运动能力发展水平、心理发育水平、适应能力五个方面。一个人体质的强弱，也可以从这几个方面综合反映出来。

第一，身体形态发育水平，即体格、体形、营养状况及身体组成成分等方面的综合水平。

第二，生理功能水平，即机体的代谢水平和器官系统的工作效能。

第三，身体素质和运动能力发展水平，即速度、力量、耐力、灵敏性、柔韧性等素质，以及走、跑、跳、投、攀登等身体活动能力。

第四，心理发育水平，即智力、情感、行为、感知、个性、意志等。

第五，适应能力，即对各种环境（自然环境和社会环境）的适应能力、应急能力和对疾病的抵抗力。

上述五个方面的状况，决定着人们不同的体质水平。所以在进行体质的测量和评价，检查增强体质的实际效果时，应采用以上五个方面的测定指标来衡量和评价。

三、健康

（一）健康的定义

1990年，世界卫生组织将健康定义为不仅是没有疾病，还包括躯体健康、心理健康、社会适应良好和道德健康。

（二）健康的评价标准

1. 生理健康

生理健康，指人体的结构完整和生理功能正常。人体的生理功能是以结构为基础，以维持人体生命活动为目的，协调一致的复杂而高级的运动形式。生理健康尽管是低层次的自然人的健康，但生理上的健康是其他健康层次的基础。

生理健康的评价指标包括体温、呼吸、脉搏、血压、体重、心率、肺活量、血糖、血脂等。

（1）体温

正常人的体温在24小时内略有波动，一般情况下不超过1℃。生理情况下，口温正常值为36.3～37.2℃，腋温正常值为36～37℃，肛温正常值为36.5～37.7℃。

体温升高表现有：37.3～38℃为低热，38.1～39℃为中等度热，39.1～41℃为高热，41℃以上为超高热。

（2）呼吸

呼吸是呼吸道和肺的活动。人体通过呼吸，吸进氧气，呼出二氧化碳，是重要的生命活动之一。正常人平静呼吸时，成人12～20次／分，儿童30～40次／分。

呼吸增快（＞20次／分）：正常人见于情绪激动、运动、进食、气温增高。异常者见于高热、肺炎、哮喘、心力衰竭、贫血等。

呼吸减慢（＜12次／分）：见于颅内压增高，颅内肿瘤，麻醉剂、镇静剂使用过量，胸膜炎等。

（3）脉搏

心脏舒缩时，动脉管壁有节奏地、周期性地起伏叫脉搏。正常脉搏次数与心跳次数相一致，节律均匀，间隔相等。新生儿可快至120～140次／分，婴幼儿130～150次／分，儿童110～120次／分，正常成人60～100次／分，老年人可慢至55～75次／分。

脉搏增快（≥100次／分）：正常人见于情绪激动、紧张、剧烈体力活动（如跑步、爬山、爬楼梯、扛重物等）、气候炎热、饭后、酒后等。病理情况有发热、贫血、心力衰竭、心律失常、休克、甲状腺功能亢进等。

脉搏减慢（≤60次／分）：见于颅内压增高、阻塞性黄疸、甲状腺机能减退等。

脉搏消失（即不能触到脉搏）：多见于重度休克、多发性大动脉炎、闭塞性脉管炎、重度昏迷病人等。

（4）血压

人群中血压呈连续性正态分布，目前我国采用的血压分类和标准为正常成人的收缩压＜120mmHg、舒张压＜80mmHg，正常高值为收缩压120～139mmHg、舒张压80～89mmHg。在未使用降压药的情况下，收缩压≥140mmHg和（或）舒张压≥90mmHg为高血压。

（5）体重

目前常用体重指数（BMI）判断是否超重或肥胖，BMI＝体重（kg）／身高^2（m^2）。BMI18.5～23.9为正常；24.0～27.9为超重；≥28.0为肥胖。

（6）心率

正常成人安静状态时心率为每分钟60～100次，每分钟超过100次为心动过速，每分钟低于60次为心动过缓。

（7）肺活量

正常成年男性肺活量平均约为3500mL，女性约为2500mL。

（8）血糖

正常成人空腹血糖为3.9～6.0mmol/L，6.1～6.9mmol/L为空腹血糖受损，≥7.0mmol/L考虑糖尿病。餐后2小时血糖＜7.7mmol/L为正常，7.8～11.0mmol/L为糖耐量减低，≥11.1mmol/L考虑糖尿病。

（9）血脂

血清胆固醇（TC）＜5.2mmol/L为合适水平，5.2～6.19mmol/L为边缘升高；≥6.2mmol/L为升高。血清低密度脂蛋白胆固醇（LDL-C）＜2.6mmol/L为理想水平，＜2.6mmol/L为合适水平；3.4～4.09mmol/L为边缘升高，≥4.1mmol/L为升高。血清高密度脂蛋白胆固醇（HDL-C）＜2.6mmol/L为降低。血清甘油三酯（TG）＜1.70mmol/L为合适水平；1.70～2.29mmol/L为边缘升高，≥2.3mmol/L为升高。

2. 心理健康

心理健康以生理健康为基础并高于生理健康，是生理健康的发展，是人体健康的关键。从人体生理学、病理学和现代心理学角度分析这三者关系：心理影响生理，生理影响病理。健康的心理会促进生理的健康，不良的心理会导致生理机能的下降，甚至患病、死亡。判断心理是否健康有三项原则，具体是：

①心理与环境的同一性，指心理反应无论在形式或内容上均与客观环境保持一致；②心理与行为的整体性，指一个人的认识、体验、情感、意识等心理活动和行为在自身是一个完整和协调一致的统一体；③人格的稳定性，指一个人在长期的生活过程中形成的独特个性，其心理特征具有相对的稳定性。

世界卫生组织提出的心理健康标准有三方面，具体是：

①心理健康的人，人格完整，自我感觉良好，情绪稳定，且积极情绪多于消极情绪；有较好的自我控制能力，能保持心理平衡；自尊、自爱、自信，有自知之明。②能够独处，有充分安全感，能保持正常人际关系，能受到别人的欢迎和信任。③对未来有明确的生活目标，有理想，有事业追求，能踏实工作，不断进取。

3. 社会适应良好

社会适应主要指人在社会生活中的角色适应，包括职业角色、家庭角色，以及婚姻、家庭、工作、学习、娱乐中的角色转换与人际关系等适应。生活环境和社会压力能直接影响着生活在其中的人们，安定和平的社会环境是健康的前提，适应社会的能力是健康生活的重要条件。

社会适应良好，不仅要具有生理健康、心理健康和道德健康，还要具有较强的社会交往能力、工作能力和广博的文化科学知识；不仅能胜任个人在社会生活中的各种角色，还能创造性地取得成就贡献于社会，达到自我成就、自我实现，这是健康的最高境界。缺乏角色意识，发生角色错位是社会适应健康不良的表现。所以，社会适应健康是以生理健康、心理健康、道德健康为基础而发展了的高级健康层次。

4. 道德健康

道德一般指做人的道理和应有的品德。道德健康以生理健康、心理健康为基础并高于生理健康和心理健康，是生理健康和心理健康的发展。这是人类对健康观念认识的一大进步。道德健康是增进社会安全、有益于人体健康的重要内容，为人们的健康创造了社会环境。道德健康的最高标准是"无私利他"；基本标准是"为己利他"；不健康的表现是"损人利己"和"纯粹害人"。

（三）影响健康的因素

世界卫生组织认为，影响人体健康的因素主要包括遗传与生物学、自然与社会环境、行为与生活方式、医疗与卫生服务等。

1. 遗传与生物学因素

遗传与生物学因素主要包括遗传、性别、生长发育、免疫、衰老等。

2. 自然与社会环境因素

自然与社会环境因素主要包括生态环境、地理位置、空气质量、居住条件、人口密度、政治制度、经济水平、文化教育背景、人际关系、基础设施建设等。

3. 行为与生活方式因素

行为与生活方式因素主要包括饮食、睡眠、运动、生活习惯、卫生行为、婚姻状况等。

4. 医疗与卫生服务因素

医疗与卫生服务因素主要包括医疗机构的配置、医务人员的数量、医疗水平、初级卫生保健的可及性、医患关系、预防医疗服务、康复医疗服务等。

第二节　影响体质健康的主要因素

一、影响体质的主要因素

(一) 遗传对体质的影响

遗传是人体身心发育和发展的先天条件，对体质的强弱会产生十分重要的影响。研究表明，人体的形态结构、神经类型、有氧代谢能力和最大摄氧量等，都在很大程度上取决于遗传因素。身体素质和运动能力与遗传也有密切的关系。据报道，形态受遗传因素的影响占75%，人体的有氧代谢能力和最大摄氧能力有75%～95%是受遗传因素影响的。

我们在认识到遗传对人体体质发育发展产生重要影响的同时，也应从遗传与变异的客观规律出发，进一步认识锻炼身体的积极意义。

(二) 环境对体质的影响

人类生存的自然环境和社会环境，不仅是人类赖以生存的基本条件，对人体体质的发育、发展也会带来直接或间接的影响。国民经济与社会发展水平是决定人体体质发育、发展水平或体质强弱的主要因素。从人体的形态、机能以及身体素质和运动能力的发展水平来看，一般规律是经济发达国家比不发达国家高，城市比农村高，现代比近代、古代高。不同自然地理环境对人体体质的发育、发展也会产生不同的影响。例如，生活在高原地区与平原地区的人体体质有明显差异；在极地生活的因纽特人与在热带居住的非洲人形态结构上的明显不同，正是各自长期适应自然环境的结果。

(三) 锻炼对体质的影响

生命在于运动，运动增强体质。科学的体育锻炼是增强体质最积极、最有效的途径。当代社会由于生产力的提高，使得体力劳动减少，脑力劳动比重增加；工作时间缩短，物质生活丰富，较普遍地伴有人体肥胖和心血管疾病等"文明病"的出现。这些"文明病"的治疗仅用药物很难奏效，必须进行体育锻炼。在学生时期的合理营养与科学锻炼，比成年人更具有奠定体质基础的重要意义。坚持长期体育锻炼，心脏会逐渐发达；兴奋性、收缩能力提高，搏动有力；容量加大，使每次搏动输出的血量增加，在1分钟搏动次数较少的情况下，心脏输出的血量就可满足人体的需要，从而使心脏有较多的休息时间，增加其功能储备，有利于健康。体育锻炼时需要更多的氧气，促使呼吸系统加强工作，提高生理功能，这不仅能大大提高肺通气量，还能不断提高人体的供氧能力。

经常进行体育锻炼能促进骨的生长，骨骼长长，横径变粗，而且骨密度增高，骨重量增加；也能使肌纤维变粗，肌肉横断面积加大，肌肉收缩能力和舒张能力增强，从而不断提高肌肉的力量、速度和耐力。此外，结合日光、空气和水的锻炼，能提高人体对外界环境的适应能力和对各种疾病的抵抗能力等。体育锻炼使大脑的兴奋与抑制过程合理交替，避免神经系统过度紧张，可消除疲劳，使头脑清醒，思维敏捷。随着神经系统机能的改善，人体各器官系统的控制和可调节能力也得到不断的提高和完善。

二、影响健康的主要因素

(一) 运动不足

1. 心脑血管疾病

长期不活动，会使身体对心脏工作量的需要减少，导致心肌衰弱、心脏功能减退，如心率过快、过缓、不齐等。并且由于运动少造成了肌肉总体比例减少，致使人体的血管总开放量减少，从而使得血液循环量变小而且血流速度变慢。另外，血管在没有外力（运动或劳动）对其刺激时其弹性能力会降低，引起血管的功能退化，从而出现高血压、动脉硬化、血管栓塞、血管破裂等症状。

2. 人体的综合免疫能力降低

运动对人体的刺激是多方面的，也对人体提高免疫力有着重要的意义。活动量的减少会使人体免疫细胞数量减少，导致抵抗能力低下，易患各种感染症和传染性疾病，同时运动不足的人群癌症的发生率要远远超过正常人群。

3. 消化系统疾病

缺乏运动和精神紧张会使消化系统功能降低或紊乱，易诱发胃炎、消化道溃疡等疾病，很容易导致癌症。另外，还可能造成人体营养比例的失调，如导致肥胖、过瘦等。

4. 对全身骨骼、关节产生影响

身体不运动时，全身骨骼、关节系统就会失去良好的刺激而影响骨代谢功能。这种代谢障碍可使青少年的生长发育受阻，影响骨骼的正常发育；可使成年人的骨抗折、抗弯能力降低。过去认为骨质疏松是老年人的事，而现在其在中年人中出现的比例明显增加。患此病症的人将会丧失体力、未老先衰，并易患脊柱病、各类关节炎；在老年人身上还会表现为骨质疏松、关节变形，甚至卧床不起、抵抗力极低，各种疾病缠身。

5. 功能退行性病变的产生

"用进废退"可以看作是人体生理机能的一种自然现象，许多器官如果不经历劳动、运动的刺激，其功能就会降低，如关节的活动减少会使关节腔变窄、变薄，关节液减少，从而使关节活动能力降低。这种降低往往会形成恶性循环。另外，人体的肌肉、人体的生理生化反应也存在这种现象。

由此可见，经常进行适当的运动确实能降低人的死亡率，延长寿命。体育锻炼的意义就在于增强体质，提高健康水平，克服现代生活带来的运动不足的危险性，提高机体对外界环境变化的适应能力和抵抗能力。

（二）运动过度

运动过度同样会对人的健康产生不利的影响。运动过度的精确意思就是迫使身体过度劳累。如果肌肉与关节感到疲劳酸痛，它便无法好好发挥功能。因此持续性的过度，会使身体面临更大的受伤风险。时间一久，过度的运动还会削弱免疫系统，如果是女性还会造成停经等生理性反应。

（三）社会环境

社会环境是人类生存的包含着政治、经济、文化、卫生等诸多因素的外部环境。社会环境因素作用于人类时，一直伴随自然环境因素的影响。两者是密不可分的，如人类的生产环境、运动环境、学习环境都是两者结合的产物。

按照污染物的来源，环境污染可以分为生产性污染和生活性污染，按照污染起因可分为自然污染和人为污染，按照物质属性又可分为化学性污染、物理性污染和生物性污染。生产性污染是指工业生产过程中的"三废"（废气、废水、废渣）未经严格处理即直接排入大气、水和土壤中构成污染。生活性污染是指对生活垃圾、粪便和污水等处理不当所构成的污染。自然污染包括火山爆发、地震、风暴、海啸、森林大火及特殊地质条件、某些化学元素大量堆积所造成的污染。人为污染指除了工农业和生活废物排放所致外，各种噪声、振动、大量电波，不适当的矿产开采，森林破坏，生物战，化学战，原子爆炸所产生的废物均是污染的重要来源。

（四）不良生活方式

1. 极度缺乏体育锻炼

不进行体育锻炼或者很少参加体育锻炼，极易造成身体无力、昏眩等现象，引发肥胖和心脑血管疾病。

2. 有病不求医

对一些"小毛病"不理会，导致疾病被拖延，错过了最佳的治疗时间；一些疾病被药物表面缓解作用掩盖而积累成大病。

3. 不吃早餐

随着学习、工作节奏加快，吃上符合营养要求的早餐已经成为年轻人的奢求。不吃早餐或者胡乱吃几口成为普遍现象。

4. 与家人缺少交流

在缺乏与家人交流、疏导和宣泄的情况下，年轻人的精神压力与日俱增。

5. 长时间处于空调环境中

超过七成的人一年四季除了外出办事外，几乎常年窝在空调房中。"温室人"的自身机体调节和抗病能力下降。

6. 久坐不动

久坐，不利于血液循环，会引发很多新陈代谢和心血管疾病；坐姿长久固定，也是颈椎、腰椎发病的重要因素。

7. 不能保证睡眠时间

很多人经常不能保证 8 小时睡眠时间，也有人出现失眠现象。

8. 面对计算机或手机过久

过度使用和依赖计算机、手机，除了辐射外，还使眼病、腰（颈）椎病、精神性疾病在学生群体中十分普遍。

9. 长时间戴耳机

长期戴耳机易致耳聋。人的听力系统非常娇嫩，耳蜗上感受声音的毛细胞一旦受损，就会造成语言识辨力下降。已有相关试验证明，经常戴耳机对人听力影响非常大，尤其是塞入式耳机危害更大。

10. 三餐饮食无规律

有超过 1/3 的人不能保证一日三餐按时进食，确保三餐定时、定量的人不满半数。

11. 吸烟、酗酒、熬夜

大多数吸烟者吸烟没有节制，烟瘾很大；有些人会酗酒，常常熬夜。

12. 喝水太少

国家卫健委中国健康教育中心专家田向阳表示，每人每天最好喝够 2L 水，晨起和三餐之间都应适当补水。

13. 挑食

挑食容易造成维生素缺乏，缺乏任何一种维生素都会造成维生素的缺乏症，影响身体的健康和疾病的康复。挑食会导致某些营养素摄入不足或过量，造成体质虚弱、抵抗力差，容易生病或是过度肥胖。

第三节　体育运动与健康促进

体育运动以促进健康、强身健体为目标，不仅是现代人娱乐、欣赏的项目，更是广大人民群众保持健康、战胜疾病、放松身心、良好社交等不可替代的手段。

一、体育运动促进生理健康

体育运动可以预防心血管疾病，改善呼吸系统功能，提高消化系统功能，改善神经系统功能，降低糖尿病发生的概率，预防骨裂，保持身体活动的能力，控制体重与改变体型，减缓心理应激，延年益寿。具体表现如下：

1. 增强心肺功能

体育运动可以使心肌纤维变粗，心肌变厚，心脏收缩力和容量增大，有效预防心血管疾病的发生；可以使肺组织保持弹性，加深呼吸深度，增加肺活量。实践证明，长期进行体育活动，男性肺活量可达 4000mL 以上，女性可达 3500mL 以上。

2. 增强免疫功能

运动时体温升高，有利于提高细胞对于病毒、细菌的吞噬效果，帮助身体阻止原微生物的入侵，抑制其在体内繁殖和扩散，从而能提高身体的抵抗力，增强体质。因此，长期适量的规律运动能增加个体的免疫活性，还能少量提高安静状态下免疫功能细胞的数量，加强身体的免疫机能，增强抗病能力。科学运动的做法是每周锻炼 3～5 次，每次运动时间控制在 40～60 分钟，运动强度不宜过大。而且要持续运动 12 周可能才会有免疫力提高的效果，在 12 周后仍需要坚持运动。

3. 增强消化功能

体育运动能增加食欲，促进消化液的分泌，增强胃肠蠕动，改善胃肠道的血液循环，有助于食物的消化和营养的吸收，同时也能促进胆汁的合成和排出，减少胆石症等疾病的发生。

4. 改善神经系统机能

体育运动可以提高大脑皮层神经活动过程的强度、均衡性、灵活性和神经细胞工作的耐久力，可以让神经细胞获得更充足的能量物质和氧气供应，从而提高对外界刺激的适应性，使人动作更敏捷、反应更迅速、思维更活跃。

5. 增强肌肉力量与耐力

体育运动是使肌肉在做克服外来阻力时进行的运动，对提高肌适能水平、增加肌肉力量和肌肉耐力具有重要作用，同时由于肌肉反复用力做功，可以刺激肌肉细胞中关于能量代谢、蛋白质合成等酶活性的增加，也有助于增强肌肉力量和耐力。

6. 提高柔韧性与灵敏性

经常做伸展类的运动有助于保持肌腱、肌肉以及韧带等软组织的弹性，柔韧性得到充分发展后，人体关节的活动范围和灵敏性也会得到明显的扩大和增强，从而可以预防因动作幅度过大、扭转过猛而发生的关节、肌肉等软组织损伤。

二、体育运动促进心理健康

研究表明，经常参加体育运动有助于促进人格发展、改善情绪状态、增强自我控制感、提高认知机能等，对心理健康有良好的促进作用。

1. 促进人格发展

体育运动以对抗和竞赛为内容，便于磨炼人顽强、坚韧、自信、勇敢和机智等品质，在运动中培养个体的荣誉感、责任感、组织性、纪律性等，有助于提升个体对问题的判断与分析能力，促进人格的发展和完善。

2. 改善情绪状态

情绪状态是衡量体育运动对心理健康影响的重要指标。研究表明，参加愉快的、非竞争性的或有节奏的体育运动会产生显著的短期情绪效应，从而形成良好的情绪状态。此外，体育运动中伴随着血流量和吸氧的增加，会增加肾上腺素的分泌，对中枢神经系统有良好的效果，可以预防或控制抑郁状态。

3. 增强自我控制感

体育运动能促进个体控制感和自我控制感的发展，人在运动中既能体验到更多的成功感和竞争感，也能从运动中体验到压抑感的释放，有满足感，促使其更加积极主动地投入运动中，形成良性循环。

4. 提高认知机能

体育运动中个体必须保持注意力的高度集中，通过视觉和听觉感知动作的形象，通过触觉和肌肉的本体感觉来感知动作的要领、肌肉的发力程度以及动作过程中的时空关系等，有助于促进个体对时间、空间和运动感知等方面能力的发展，使各种感觉更加灵敏和准确，从而提高大脑思维的灵活性和协调性。

5. 体育运动增强环境适应能力

体育运动中，个体必须随时调节自身状态来适应外部环境的变化，使身体内外达到平衡；通过平等、友好的练习或比赛，可以促进人际交往，培养合作精神，形成竞争意识，提高个体的社会适应能力。

三、体育运动强度与健康的关系

1. 运动适量

运动适量是指运动者根据个人的身体状况、场地、器材和气候条件，选择适合的运动项目，使运动负荷不超过人体的承受能力，在运动后感觉舒服，不疲劳，不会造成过度疲劳或者气喘。

适量运动是保持脑力和体力协调，预防、消除疲劳，防止亚健康、延年益寿的一个重要因素。

运动适量表现为运动过程中的运动强度、持续时间和运动频率适宜，运动时的心率范围控制在120～150次/分；锻炼时间达到20～60分钟，单次有效运动（指的是达到适量运动的心率范围）累积时间不少于10分钟，每周至少运动3～5次；机体无不良反应，运动后略觉疲劳，恢复速度快；情绪和食欲良好；睡眠质量高，醒后感觉精力充沛。

2. 运动过量

运动过量是指运动负荷超过人体的承受能力，使机体在精神、能量等方面过度消耗，无法在正常时间内得到恢复。运动过量可使机体免疫功能受到损害，影响健康。这是因为人在剧烈运动时，体内会产生较多的肾上腺素和皮质醇等激素，当这些激素增加到一定数量时，可使免疫器官中的脾脏产生白细胞的能力大大降低，致使淋巴细胞中的A细胞、B细胞以及自然杀伤细胞（NK细胞）的活性大大降低，其中自然杀伤细胞可减少35%。

3. 运动缺乏

运动缺乏是指机体缺乏运动应激刺激，不运动或很少运动。如果每周运动不足 3 次，每次运动时间不足 10 分钟，运动强度偏低，运动时心率低于 110 次 / 分，则为运动缺乏。

运动缺乏会给人体带来严重的后果，如增加骨质疏松、高血压、心脏病、肥胖等的发病率。人类的进化离不开身体活动，但是，在现代社会中出现了"宅家"生活、办公室久坐等问题。身体缺乏活动是全球第四大死亡高危因素，全球 6% 的死亡是由身体活动缺乏造成的。世界卫生组织指出，世界上超过四分之一的成年人（约 14 亿人）运动缺乏。

四、体育锻炼的原则

1. 自觉积极性原则

自觉积极性原则指体育锻炼者有明确的健身目标，能充分认识体育锻炼的价值，自觉积极地从事体育锻炼活动。在体育锻炼过程中，要有锻炼目的。体育锻炼是一个自我锻炼、自我完善，并需要克服自身的惰性，战胜各种困难的过程。同时，还要有一定的作息制度作保证，把体育锻炼当作生活中不可缺少的一部分，才能奏效。遵循自觉积极性原则首先要明确"生命在于运动"的科学道理，树立正确的锻炼目标，把体育锻炼当作日常学习和生活的自觉需要，激发锻炼的主动性，从而调动锻炼的积极性。其次要培养兴趣，兴趣是人们认识事物和从事活动的倾向。当一个人对某项体育活动产生兴趣时，就会对这项体育活动表现出极大的主动性和自觉性，做到身心融为一体。

2. 持之以恒性原则

持之以恒性原则是指体育锻炼必须经常性进行，使之成为日常生活中的重要内容。体育锻炼对机体给予刺激，每次刺激都产生一定的作用痕迹，连续不断的刺激作用才能产生痕迹的积累。这种积累使机体结构和机能产生新的适应，体质就会不断增强，动作技能形成的条件反射也会不断得到强化，而只靠少数几次强化刺激是达不到要求的。若前次锻炼的效果痕迹已经消退，就丧失了对后一次锻炼的积累所产生的积极影响，所以必须持之以恒地进行体育锻炼。如何才能使体育锻炼持之以恒？首先，根据个人能力，确立一个能够实现的体育锻炼目标，制订一个切实可行的锻炼计划。其次，强化锻炼意识，把体育锻炼列为日常生活内容，保证有一定的体育锻炼时间，逐步养成习惯，使体育锻炼成为生活的重要组成部分。体育锻炼的效果并非一劳永逸，如果锻炼间隔时间过长，效果就会不明显。因此，每次锻炼要坚持安排合理的锻炼间隔，一般以每周不少于 3 次为宜。

3. 全面发展性原则

体育锻炼应全面发展身体的各部位、各器官系统的机能，提高各种身体素质和基本活动能力，并且追求身心的和谐发展。人体是一个整体，各器官系统是相互影响、相互制约的。任何局部机能的提高，必然促进机体其他部位机能的改善，当某一运动素质得到发展时，其他运动素质也会不同程度地有所发展，某一方面的锻炼与发展，也会对其他方面产生积极的影响。如果体育锻炼的内容和方法单一，会给锻炼带来很大的局限性，机体不能获得良好的整体效应。因此，在选择体育锻炼的内容和方法时要做到全面发展。一项素质得到发展，将促进其他素质不同程度地提高。同时还应看到，各项身体素质在发展过程中也存在着相互制约的一面。如长期只从事力量练习，心肺功能就不会得到较大提高；长期只从事长跑锻炼，耐力会有很大发展，而速度、力量素质不会有较大提高；长期只从事身体一侧肢体的活动，另一侧肢体就不会得到发展。因此，在体育锻炼中，既要注意身体素质的全面发展，也要有所侧重发展几项素质和弥补自身薄弱的素质锻炼。

4. 循序渐进性原则

循序渐进性原则是指体育锻炼必须遵循人体自然发展、机体适应的基本规律，从不同的主客观实际出发，合理安排运动负荷，在渐进的基础上提高锻炼水平。在体育锻炼过程中，运动负荷的大小直接影响人体机能的变化，负荷是否适宜，对锻炼效果的好坏都起很大的作用。运动负荷的大小因人、因时而异。即便是同一个人，在不同的机能状态、不同的时间，人体对负荷的承受能力也不尽相同。因此，进行体育锻炼时应循序渐进，随时调整运动负荷，逐步提高锻炼水平。

5. 合理负荷性原则

合理负荷性原则是指在身体锻炼中，要根据锻炼者自身的情况，合理地安排运动负荷，既能使身体产生一定的疲劳，又能在身体所能承受的范围之内，并能与休息合理地交替。身体锻炼负荷的确定要从锻炼者的身心状况出发，逐步提高要求。一般来说，由于新参加身体锻炼的人起点较低，经过一段时间的锻炼，获得的效果比较明显。

在身体锻炼中，有机体在承受了一定的运动负荷后会因能量的消耗而产生疲劳。经过一段时间的休息和营养的补充，体内的能量物质和身体机能水平才能得以恢复。在反复的刺激—恢复—刺激下，如果运动负荷恰当，机体不仅能恢复到原有的水平，还能出现超过运动前的能量储备和机能能力，这就是生理上的超量恢复。经常地超量恢复并合理地安排运动负荷和休息间隔，体质就能逐步得到提高。运动负荷是否适宜是一个极其重要的问题，因此，确定运动负荷大小，必须依据锻炼者的年龄、性别、健康状况等实际情况而定。为了在体育锻炼中合理地安排运动负荷，通常采用脉搏控制的方法来确定锻炼负荷。

一个人接近极限运动时的脉搏率(假设是200次/分)减去安静时脉率(假设是60次/分)的70%，再加上安静时脉率的基数60次，是对身体影响最好的运动负荷。即适宜的运动负荷为（200-60）×70% +60=158次/分。以脉搏率150次/分以下(平均是130次/分)运动负荷的指标来提高有氧代谢能力。以180次减去自己的年龄，作为锻炼时的每分钟平均脉搏率。

6. 安全性原则

安全性原则是指参与者在体育锻炼的过程中应始终注意保护自己，做到安全第一。如果体育锻炼安排得不合理，违背科学规律，就可能出现伤害事故。

为了保证体育锻炼的安全，锻炼者应做到以下几点。

①不要盲目参加超过能力范围的活动，应该通过力所能及的体育活动来锻炼身体。

②在有条件的情况下，请体育教师或运动学专家根据你的体质健康状况给你开运动处方，以便指导你有目的、有计划地进行安全、科学的锻炼。

③每次锻炼前必须做好充分的准备活动，克服内脏器官的生理惰性，预防运动损伤的发生。

④饭后、饥饿或疲劳时应暂缓锻炼；生病初愈不宜进行较大强度的锻炼。

⑤对于不熟悉的水域，不要随便入水或潜水，以免发生意外。在公共游泳场所游泳时，要注意公共卫生，服从工作人员的管理。

⑥每次锻炼后，要注意做好整理、放松活动。这样有利于身体的恢复，以便迅速投入新的学习活动中去。

⑦在锻炼的过程中不要大量饮水，以免加重心脏的负担或引起身体及肠胃的不适反应。运动后，不宜即刻洗冷水澡。

⑧在制订或实施自己的锻炼计划前，一定要经过体检或医生的许可。如果你患有某种疾病或有家族遗传病史，需要找医生咨询，在有医务监督的情况下按照体育教师和医生的建议进行锻炼。

第二章 体育运动与医务监督

第一节 体育运动中的医务监督

医务监督作为运动医学的重要分支之一，主要是指运用医学知识和方法，对体育参加者机体产生的各种变化进行监测和医学评定，为体育锻炼过程提供客观的反馈信息，合理科学地进行体育运动，以达到保证健康、预防疾病、提高运动技术水平的目的。

运动时做好医务监督能更有效的改善营养膳食，合理消除运动疲劳，促进身体生长发育，增进健康和提高运动技术水平；能培养科学地体育运动方法和养成良好的卫生习惯，避免与减少运动伤病的发生；保证体育运动的顺利进行，使个体从运动中获得最大的健康效益。

一、医务监督的主要内容

(一)评定身体功能状况

通过综合的体格检查，包括各种功能试验，来评定锻炼者对负荷的适应能力和技能潜力，为合理安排体育运动提供科学依据。

(二)界定人体对运动的最大适应能力

了解体育运动中各种生理现象和可能产生的病理状态，以便在运动中既能充分发挥自己的潜力，又能防止伤病。

(三)讲究体育运动卫生

在体育运动中，注意个人卫生、环境卫生、心理卫生和运动卫生，保证运动效果。

(四)控制疲劳和恢复体力

体育运动后体力和精神上感到疲劳，这是一种正常的机体反应，但累积的疲劳如果没有及时消除，则会导致机体功能紊乱和体力下降，影响健康。因此，在体育运动后采取各种措施及时消除疲劳对保障健康和提高运动成绩有明显效果。

(五)其他

研究出现伤病后的运动训练安排和运动员选材等。

二、医务监督的一般方法

(一)自我监督

自我监督是体育运动者采取简单易行的医学检查方法，对自己的健康状况和身体反应进行观察。自我监督主要通过主观感觉和客观检查两个途径展开。

1. 主观感觉

运动心情：正常运动时个体精神饱满，体力充沛，渴望训练。如健康状况不佳或发生了过度训练时，即出现心情不佳、厌烦训练的现象，尤其是惧怕参加紧张训练和比赛，如游泳时怕水、跑步时怕跑道、打球时怕球等。

自我感觉：正常运动时个体自我感觉良好，无身体不适。如果在运动中或运动后，出现异于寻常的疲劳，甚至感到恶心、呕吐、头晕以及身体某些部位的疼痛，说明体力不佳或身体出现了问题。

睡眠：正常运动后个体状态良好时入睡快，醒后精力充沛，如果入睡迟、夜间易醒、失眠，醒后仍感觉疲劳，表明睡眠失常。

食欲：参加体育运动时能量消耗大，所以个体运动后食欲良好，想进食，食量大。如果运动后不想进食，食量减少，并且在一定时间内都不能恢复食欲，表明胃肠道的消化和吸收能力下降，可能与运动量安排不合适、个体身体功能和健康状况不良有关。

排汗量：运动时排汗量的多少与运动量的大小、训练强度、饮水量、气温、衣着薄厚以及神经系统的状态密切相关。在外界条件相同的情况下，未经训练者排汗量多，随着训练程度的增长，排汗量可减少。如果在相同的情况下，排汗量比过去明显增多，特别是夜间睡眠中出现大量冷汗，表明身体极度疲劳，也可能是内脏器官罹患某种疾病的征兆，要高度重视。

2. 客观检查

（1）脉搏

测脉搏时要同时注意频率和节律。基础脉搏是清晨起床前的脉搏，即晨脉。基础脉搏平稳或逐渐下降，说明机体功能状况良好。测晨脉对了解身体功能的变化具有重要意义。

在运动期间，如果每分钟晨脉比过去减少或无明显改变，节律齐，表明个体身体功能反应良好，有潜力；如果每分钟比过去多12次以上，表明功能反应不良，可能与疲劳未消除或身体患病有关。如果晨脉数比过去明显增加，且长期不恢复原数，可能是早期运动过度的表现，应进一步检查。如果发现脉搏跳动不规律、微弱、表浅或停跳，应及早就医。

运动后恢复期，脉搏逐渐恢复。脉搏恢复的快慢与运动负荷的大小、个体体质状况成正比。一般大负荷运动后5～10分钟时的脉搏，比运动前快6～9次/10秒；中等强度负荷运动后5～10分钟时的脉搏，比运动前快2～5次/10秒；小负荷运动后5～10分钟脉搏即可恢复到运动前的脉搏。

（2）体重

在持续运动期间，体重出现"进行性下降"，并伴有其他异常现象，如睡眠失常、情绪不稳定等时，可能是早期过度运动或身体有慢性消耗性疾病，如肺结核、营养不良等。

（3）其他

在运动时还可以定期测握力、肺活量、呼吸频率等其他生理指标。

（二）定期体格检查

体育运动者尤其是运动员，应定期进行比较全面的体格检查，以了解身体发育水平、健康状况和身体功能的变化，以及运动方法是否正确、运动量是否合适等。

1. 初检

首次参加体育运动的人，包括新运动员，先通过检查，对其过去和现在的健康状况、身体发育、功能水平进行全面了解。初检结果对制订运动计划、选择运动方式具有重要参考价值。

初检的内容有：既往史，即病史和运动史；医学检查，又分为一般检查、直立姿势检查和形态测量及功能检查；生化检查。

一般检查：包括身体各系统的物理检查，胸部 X 线检查，血尿常规化验，心电图检查。如有条件还可以做超声心动图、脑电图等检查。

直立姿势检查和形态测量：身高、体重、胸围为必测项目，对专项运动员则可以根据要求选测其他指标。

功能检查：重点是心肺功能检查。

2. 复查

一般学生每学期或每年检查一次身体即可。运动员经过一定时期训练后，需进行复查。检查时间依据训练期而定，复查体格的时间与身体素质和专项成绩测验安排在同一时期，这样便于将医学生理指标检查结果与技术测验结果作对比。

3. 补充检查

运动员在重大比赛前，以及伤病痊愈重新参加训练前，都应做补充检查。补充检查的内容视具体情况而定。

第二节 运动伤害的预防处理

一、运动伤害的定义

运动伤害是指和运动有关而发生的一切伤害。广义上来说，指人体在各种不同的身体活动中所发生的身体伤害，包括运动损伤、运动性疾病以及运动给个体造成的机能减弱与威胁等，如网球肘、投手肩、跳跃膝等；狭义上来说，则专指因运动而产生的身体特殊伤害情形，如肌肉拉伤、韧带扭伤、挫伤、骨折等。

二、运动伤害的风险因素

体育运动可以促进身体健康，但也存在一些风险，造成运动伤害的主要风险因素包括内在和外在两种。

内在风险因素与个体状况有关，包括年龄、性别、身体形态、健康状况、技术动作、运动机能、认知能力等。

外在风险因素主要包括场地、器材、气候、装备、组织管理、运动项目、医疗保障等。

三、运动伤害的分类

(一) 按发病的缓急分类

1. 急性损伤

急性损伤常出现于一些高能量活动中，由瞬间暴力一次作用而致伤，伤后症状迅速出现。其特点为发病急、症状骤起，如足球或橄榄球运动中的冲撞受伤、膝关节突然扭转受伤、篮球运动中跳起落地不稳受伤。起病较急，可出现骨折、脱位、关节扭伤、急性滑囊炎、肌肉拉伤等，常常需要及时制动。

2. 慢性损伤

慢性损伤是指由于长时间的局部负荷过大，超出了组织所能承受的能力而导致的组织损伤，常见于专业运动员或者运动爱好者。其特点为发病缓慢、症状渐起，如慢性腱鞘炎、疲劳性骨膜炎、髌骨软骨病、慢性牵拉性骨骺炎等。

3. 陈旧伤

陈旧伤是指急性损伤后因早期失治或处理不当而导致的组织损伤，其特点是病程长、病情绵延。

(二) 按运动损伤的轻重程度分类

轻度伤：基本不影响伤者工作能力的损伤。
中度伤：受伤后伤者需要停止工作 24 小时以上，且需要在门诊治疗的损伤。
重度伤：伤者需要长期住院治疗的损伤。

(三) 按伤害性质分类

开放性损伤：损伤部位的皮肤或黏膜完整性遭到破坏，有创面与外界相通，如擦伤、刺伤、撕裂伤。

闭合性损伤：损伤部位的皮肤或黏膜完整，没有创面与外界相通，如肌肉拉伤、关节扭伤等。

四、运动伤害的预防

(一) 运动伤害常见部位与相关运动项目

运动过程中发生的各种运动损伤，其损伤的部位和类型与运动项目及专项技术特点有关，不同的运动项目对身体各部位的负担量和技术要求不同，造成的运动损伤也存在不同特点。以下介绍十大主要部位。

1. 头部

头部指人体颈椎以上所有的器官，包括头颅和颜面部。在篮球、排球、足球、格斗、拳击、跆拳道、滑雪等项目中，因冲撞、击打等易发生头面部皮肤擦伤、挫伤。

2. 肩部

肩关节是人体活动范围最大的关节，也是稳定性相对较低的关节，在投掷、游泳、形体、大小球、水上运动等项目中，因动作重复、过度，或活动幅度超出正常生理范围等，易发生韧带拉伤、习惯性脱臼、肩周炎等。

3. 肘部

肘关节是人体活动最重要的关节，在网球、羽毛球、棒球、高尔夫球、投掷、排球等项目中，因动作错误、局部负担过重等原因，易出现肘关节脱位、网球肘等。

4. 腹部

腹部是人体活动核心区域的重要部位，在篮球、足球、武术、跆拳道、拳击、格斗等项目中，因动作不规范、抬腿过高等，易发生挫伤、撞伤、肌肉痉挛等。

5. 腰部

腰部是人体活动核心区域的最重要部位，在田径、户外拓展、攀岩、武术、跆拳道、水上运动等项目中，因运动不当、用力过度、持续时间过长等，易发生急性拉伤、慢性腰肌劳损、腰椎间盘突出等。

6. 大腿

大腿指人体下肢从臀部到膝盖的部位，在田径、篮球、足球等项目中，因肌肉力量欠缺或爆发性用力过强等，易发生股后群肌拉伤、股四头肌挫伤等。

7. 小腿

小腿指人体下肢膝关节以下踝关节以上的部位，在田径、足球、篮球等项目中，因地面过硬、运动量过大等，易发生腓肠肌拉伤、肌肉痉挛、骨膜炎等。

8. 腕关节

腕关节骨块多、韧带多，血管、肌腱、神经丰富，在投掷、攀岩、篮球、排球、龙舟、皮划艇等项目中，因直接或间接暴力撞击或负荷过重，易导致局部劳累发行急性扭伤、慢性劳损、韧带拉伤、腱鞘炎等。

9. 膝关节

膝关节是人体最复杂的关节，也是人体承受运动量最大的关节，所以极易损伤，尤其是在爬山、快走、跑步、自行车、跨栏、跳跃、足球、篮球等项目中，因摔倒、运动幅度过大、运动时间过长等发生交叉韧带拉伤、半月板撕裂伤、疲劳性损伤等。

10. 踝关节

踝关节是人体足部与腿相连的部位，在田径、武术、足球、篮球、攀岩、轮滑等项目中，因场地不平整、动作技术错误、用力过度等，易发生扭伤、习惯性崴脚、骨折等。

(二)运动伤害的预防要点

参考运动伤害常见的风险因素和易发部位，预防要点主要从以下几个方面入手。

1.重视自我医务监督

参加体育运动时，首先要对自己的身体状态有比较清楚的认知，学会自我医务监督，即依据医学检验方法和个体主观感觉，观察和评定自身生理机能和健康状况，这是客观评定运动负荷，早期发现运动性疲劳，预防运动损伤的有效措施。对于一些体质异常或患有特殊疾病的个体来讲，应禁止参加长距离、长时间的剧烈运动。

2.适宜的运动负荷

运动负荷指人体在运动时身体承受的生理负荷，包括负荷量和负荷强度两方面。量是指完成练习的数量、次数、组数、时间、距离和重量等，强度是指完成练习所用的力量的大小和机体的紧张程度，包括动作速度、练习密度、间歇时间、负重重量、投掷距离、跳高高度等。

适宜负荷是指在体育运动中，适合个体承受的负荷。主要涵盖两个方面，一是个体对负荷的可接受性，即个体承担负荷的可能性；二是运动负荷的实效性，这是适宜负荷的核心内容，即个体所承受的负荷必须切实有效地提高身体机能。

运动负荷过大，易引起运动损伤或运动性疾病，不利于个体健康；运动负荷过小，对机体影响甚微，不足以引起人体生理功能的变化，对个体健康促进效果也不明显。

3.适宜的准备活动

准备活动也称热身运动，是体育运动的前奏，是为克服内脏器官的生理惰性，加速进入工作状态而进行的身体练习，为即将进行的剧烈活动做好生理上、心理上的准备。

准备活动的内容有一般性的准备活动和专门性的准备活动两种。一般性准备活动是指全身性的身体练习，包括跑步、摆腿、压腿、拉伸、定位操、行进操、肋木操等；专门性准备活动是指与所进行的体育运动项目相适应的练习，如篮球赛前除一般性准备活动外，还要做球操、投篮、运球等专门性练习；50米体测前，除一般性准备活动外，还要做小跑步、高抬腿、车轮跑、后蹬跑和加速跑等专门性练习。

准备活动的时量因运动项目、环境、机能水平的不同而不同，一般以结束时个体心率达到100～120次/分为宜。

4.适宜的整理活动

整理活动也称放松运动或恢复运动，指在体育运动后的一系列方式练习，如慢走、深呼吸、拉伸、按摩、温水浴等，以放松肌肉、消除疲劳、恢复体能为目的。

运动后如果感到十分疲劳，出现四肢沉痛、头晕、心慌等说明运动负荷过大，要及时调整并进行充分的休息；运动后半小时可摄入水果、蔬菜、果汁及高蛋白食物等来补充能量。

5.正确使用器材设备

体育运动中，要熟练掌握器材、了解设备的性能和使用方法，严格遵守相关操作章程。在使用铅球、标枪等运动器械时，必须选择专用投掷场地，在确保自身安全的同时还要注意他人安全。

6.合理运用运动规则

各项体育运动都有不同的规则和章程，合理运用规则和章程不仅使运动更有公平性、精彩性、观赏性，也是促进各项运动技术、战术水平发展的基础，更是预防和避免运动者在运动过程中因无序、违规、违例等造成的不必要的运动伤害。

第三节　常见运动性疾病的预防处理

运动性疾病是指个体因运动训练安排不当、运动卫生知识缺乏、自我保健意识薄弱等因素，出现疾病或异常症状。常见的有肌肉痉挛、过度紧张症、运动性疲劳、运动性贫血、运动中腹痛、运动性低血糖症等。

一、肌肉痉挛

肌肉痉挛是肌肉发生非自主性强直收缩的一种表现，是运动中常见的症状之一。运动中最易发生痉挛的肌肉是小腿腓肠肌，其次是足底的屈踇肌和屈趾肌。多发生于举重、游泳、足球、长跑等运动强度大、运动时间长的项目。

（一）发生原因

①大量排汗。个体长时间剧烈运动，身体大量排汗，导致水电解质流失过多，引起肌肉神经过度兴奋，细胞膜的电位不停变化，出现肌肉痉挛。

②寒冷刺激。气温较低时进行体育运动，若准备不充分，肌肉突然受到寒冷空气刺激时就可能发生肌肉痉挛。

③局部肌肉负荷过大，肌肉收缩失控。大量运动或高强度运动后，肌肉连续收缩或长时间处于运动状态，肌肉收缩舒张失调，易引起肌肉痉挛。

④运动性肌肉损伤。肌肉在自身黏滞性较高时，如收缩过猛，会引起局部肌肉纤维及结缔组织的细微损伤，同时伴有纤维痉挛。致痛物质、缺血等也会引起肌肉痉挛。

⑤其他。精神紧张、训练水平较高、体力不支等情况也易导致出现肌肉痉挛。

（二）征象

发病急，局部发生不自主的肌肉强直收缩、僵硬，疼痛难忍，而且一时不易缓解。痉挛肌肉所涉关节的伸屈功能会产生一定障碍。

（三）急救方法

1.腓肠肌痉挛

患者就地仰卧，两臂自然放于体侧，将伤肢抬起与躯干约成120°，急救者一手握住其踝关节跟腱部，另一手握住前脚掌，连续突然发力使踝关节屈伸，拉长腓肠肌，直到痉挛消除。

游泳时发生腓肠肌痉挛时，不要惊慌，先吸一口气，仰浮于水面，用痉挛肢体对侧的手握住痉挛肢体的足趾，用力向身体躯干方向拉，同时用同侧的手掌压在痉挛肢体的膝盖上，帮助膝盖伸直，即可缓解。

如果发生痉挛时只有自己一个人,可用手抓住痉挛一侧脚的大拇脚趾,然后慢慢将脚掌向自己腹部方向拉,如此可以拉伸腓肠肌,然后用力伸直腿,就可以缓解。如果无法伸直腿够到大拇脚趾,可以就地而坐,伸直腿,痉挛的脚在下,健康的脚在上,下面脚掌平踩住上面脚的脚后跟,然后上面脚的足跟用力内收,下压下面脚的脚趾,使痉挛小腿肌肉有牵拉感,并持续10秒,可以得到缓解。

2. 股四头肌痉挛

患者就地俯卧,两臂自然放于体侧,尽量抬起伤肢,屈小腿,急救者一手握住其胫骨上端,另一手做局部按摩。

3. 腰背竖脊肌痉挛

患者坐在地上,两腿伸直,急救者两手扶住其肩胛处,适度发力使上体前屈,待痉挛消除后再做局部轻微按摩。

4. 屈拇肌、屈趾肌痉挛

用力将足趾背伸,最好由同伴协助,但切忌用力过猛。

如以上措施不能在短时间内消除痉挛,要立即送医院救治。

(四)预防措施

①运动前要充分做好准备活动,循序渐进。当身体处于疲劳、饥饿或局部有轻微伤病时,应适当减少运动量,不要剧烈运动。及时调整心理状态,消除紧张,提高平时的训练水平,以适应高强度的运动。

②加强体育锻炼,提高身体的耐寒能力和耐久性。

③运动时出现过多,应适当补充盐分和维生素,必要时补充维生素E和适量的钙,多吃含乳酸和氨基酸的奶制品、瘦肉、鱼虾、豆制品等。

二、过度紧张症

过度紧张症指由于一时运动量过大,超过了身体的负担能力而引起的一种急性过度疲劳,多发生在训练程度不够的中跑、中距离滑冰和自行车运动员身上。

(一)发生原因

一般是由于运动员的训练水平不够和生理状态不良,所以多发生在运动经验不足、运动基础差、长期中断训练或患有某种疾病的人身上,特别是患有高血压或心脏病的人,如果过于勉强完成剧烈的运动比赛,均有可能发生过度紧张症。

(二)征象

过度紧张症常在剧烈运动或比赛之后立即出现,表现为头晕、面色苍白、恶心呕吐、脉搏快而弱、血压降低,严重者可出现嘴唇青紫、呼吸困难、右肋部疼痛、肝脏肿大、心前区痛、心脏扩大等急性心功能不全现象,有时甚至昏迷。

(三) 急救方法

对于轻度过度紧张症，可让患者安静平卧，注意保暖，口服热糖水或镇静剂。对于严重的发生心力衰竭的患者，应使其保持安静，呈半卧位，针刺或用指点揉内关穴、足三里穴，有条件者可皮下注射安钠咖或尼可刹米 1mL，并迅速送医院救治。

(四) 预防措施

平时加强身体素质训练，注意循序渐进。运动基础差的人应根据自己的身体状况参加比赛，不可勉强。赛前做好准备活动，参加体力负担较大的比赛，应在赛前做体格检查，若有高血压、心脏病等疾病，则不能参赛。如果有感冒或扁桃体炎，也不应参加活动剧烈的比赛。伤病初愈或其他原因中断运动一段时间后，再次运动时要逐渐增加运动量。

三、运动性疲劳

运动性疲劳指人体运动到一定时候，组织器官甚至整个机体工作能力暂时降低，经过适当休息和调整可以恢复的生理现象，是一个极其复杂的身体变化综合反应过程。

(一) 发生原因

运动员训练强度较大、训练不系统、连续比赛、精神状态不佳、患病期间训练以及赛前较长时间减重等易发生运动性疲劳。

(二) 征象

运动性疲劳主要表现在三个方面：肌肉疲劳、神经疲劳、内脏疲劳。肌肉疲劳表现为肌肉力量下降，收缩速度放慢，肌肉出现僵硬、肿胀和疼痛，动作缓慢不协调；神经疲劳表现为反应迟钝，判断错误，注意力不集中；内脏疲劳表现为呼吸变浅变快，心跳加快等。

运动后产生疲劳感是正常的，运动量不同，个体产生的疲劳程度也不同。一般分为轻度、中度、重度三个层次。轻度疲劳可在短时间内消除；中度疲劳通过采取一系列手段也能很快消除，不会影响身体健康；重度疲劳如果不能及时消除，则会损伤身体。研究表明，运动员提高成绩的两个关键因素是科学训练和有效恢复，由此可见消除疲劳、恢复体力的重要性。

(三) 急救方法

运动性疲劳的处理主要是消除病因，及时休息，调整训练计划，加强各种恢复措施，如运动后的整理活动、温水浴、意念活动等。保证充足的睡眠、合理的营养搭配，遵医嘱服用维生素或对症药物，也可进行理疗或按摩，但不要完全停止体育运动。

(四) 预防措施

1. 养成良好的睡眠习惯

成年运动员在平时训练期间，每天应有 8～9 小时的睡眠，在大运动量和比赛期间，睡眠时间应适当增加。如果上下午都有训练，中午应午睡 1.5～2 小时。为提高睡眠质量，睡前应洗脚，尽量使精神状态趋于平静，避免外界刺激，保持室内空气新鲜。

2. 戒除吸烟和饮酒等不良嗜好

戒烟戒酒是使个体保持良好的生理功能、促进身体健康、防止疲劳的有效途径。

3. 合理补充营养

根据不同运动项目的需要，在运动中适时补充营养物质，既能提高身体抗疲劳能力，又能帮助消除运动后疲劳。

四、运动性贫血

个体因运动引起的血红蛋白减少称为运动性贫血。运动性贫血的指数为男性的血红蛋白总量低于120g/L，女性低于105g/L，多见于竞走、长跑、马拉松、举重、柔道、跆拳道、摔跤等运动项目中。

(一)发生原因

运动时肌肉对蛋白质和铁的需求增加，一旦需求量得不到满足，即会引起运动性贫血。运动时，脾脏释放的溶血软磷脂使红细胞的脆性增加，加上运动时血流加速，易引起血红细胞破裂，血红蛋白从红细胞中逸出，并丧失运输氧气和排出二氧化碳的功能。

(二)征象

运动性贫血发病缓慢，主要表现为头晕、恶心、呕吐、心慌、面色苍白、出冷汗、体力下降，运动后心悸、心率加快等。

(三)急救方法

如果运动中出现头晕、恶心、呕吐等症状，应适当减少运动量，必要时暂停运动，并补充富含蛋白质或铁的食物，也可口服硫酸亚铁。

(四)预防措施

饥饿空腹时，不要剧烈运动；参加长跑类的活动时，应在中途补充运动型饮料；赛前做好体检，以免其他病症引发贫血。

五、运动中腹痛

运动时，特别是中长跑、马拉松跑、竞走和自行车运动等易发生腹痛。

(一)发生原因

1. 锻炼水平差

体质较弱者心脏功能差，心脏搏动无力，影响静脉血回流，从而引起肝脾淤血肿胀，使肝脾背膜张力增加，发生腹痛。

2. 准备活动不足或未做

个体在参加剧烈活动前未做好准备活动，易造成内脏器官跟不上运动器官剧烈活动的需求，导致血供、氧供不足而产生腹痛。

3.饮食习惯不良

饱食后立即运动，活动前或运动中大量饮水、吃喝冰冷食物等，使胃肠在食物和水充盈状态下，受到机械性震动而发生胃肠痉挛，或牵引肠系膜引起腹痛。此外，空腹运动也会使胃酸或冷空气刺激胃肠，引发腹痛。

4.各种慢性胃肠疾病

胃溃疡、肠结核、慢性阑尾炎和肝脏脾等疾病患者，受到牵引和震动等刺激时，病变部位充血、水肿，也易引发腹痛。

(二) 征象

肝脾淤血引起的腹痛在右侧肋部，脾痛在左侧肋部，疼痛性质为胀痛或牵扯性疼痛；饮食卫生不合理引起的胃肠痛在上腹部，一般运动不久后便出现疼痛，运动强度越大，疼痛越严重；运动引发的阑尾炎痛感在右下腹部，有压痛感。

(三) 急救方法

运动中发生腹痛时，一般只要降低速度，深呼吸，按压疼痛部位或弯腰伸腰调整，疼痛即可减轻。如果无效，反而加重，要立即停止运动。口服十滴水或丙胺太林（每次一片），针刺或用指点揉内关、足三里、大肠俞等穴位，可帮助缓解。若为腹直肌痉挛，则可进行局部按摩，做背伸运动拉长腹肌。如果上述措施均无效，则立即送医院进行检查治疗。

(四) 预防措施

合理安排膳食，饭后需要1～2小时后才可进行剧烈运动。要经常参加体育活动，提高身体的功能水平，运动前做好充足的准备活动，运动中注意呼吸节律，夏季运动要适当补充盐分，对于各种慢性疾病引起的腹痛，应就医诊治。

六、运动性低血糖症

运动时肌肉收缩要消耗能量，而能量主要来源于体内糖的氧化。长时间剧烈运动时，血液中的葡萄糖被大量消耗，当血糖低于3.5mmol/L时，出现一系列体征，称为低血糖症。多发于长跑、超长跑、长距离滑冰、滑雪和自行车比赛过程中或结束后。

(一) 发生原因

运动中发生低血糖症，主要是由于长时间剧烈运动时体内血糖大量消耗和减少，调节糖代谢的机制紊乱所致。赛前饥饿、情绪过分紧张或患有某种疾病，都是引发低血糖症的重要诱因。

(二) 征象

患者发生低血糖症时会感到非常饥饿，极度疲乏，表现为头晕、心悸、面色苍白、出冷汗；严重者会出现意识模糊，语言不清，四肢发抖，跳动不安或精神错乱，甚至惊厥、昏迷。检查时，患者脉搏快而弱，血压可无明显变化，或晕倒前升高而晕倒后降低，呼吸短促，瞳孔扩大，血糖明显降低（3.5mmol/L以下）。

(三)急救方法

发生运动性低血糖症时，立即让患者平卧，注意保暖。神志清醒者可给予浓糖水或姜糖水，以及少量食品，一般短时间内即可恢复。如果患者昏迷，可针刺或用指掐人中、百会、涌泉、合谷等穴位，同时立即注射50%葡萄糖溶液50～100mL，提高血糖浓度。如上述措施无效，立即送医院救治。

(四)预防措施

平时没有运动基础，或患病未愈，或空腹饥饿时，不宜参加长时间的剧烈运动，如万米跑、马拉松赛跑、长距离滑冰等。马拉松赛跑举办方应准备一些含糖饮料，供运动员途中饮用。

第三章 国家学生体质健康标准

第一节 《国家学生体质健康标准》概述

《国家学生体质健康标准》(以下简称《标准》)是测量学生体质健康状况和锻炼效果的评价标准,是国家对不同年龄阶段学生体质健康方面的基本要求,是学生体质健康的个体评价标准。

《标准》是国家学校教育工作的基础性指导文件和教育质量基本标准,是评价学生综合素质、评估学校工作和衡量各地教育发展的重要 依据,是《标准》在学校的具体实施,适用于全日制普通小学、初中、普通 高中、中等职业学校、普通高等学校的学生。

《标准》从身体形态、身体机能和身体素质等方面综合评定学生的体质健康水平,目的是促进学生体质健康发展,激励学生积极进行体育锻炼。

《标准》将适用对象划分为以下组别:小学、初中、高中按每个年级为一组,其中小学为六组、初中为三组、高中为三组。大学一二年级为一组,大学三四年级为一组。大学各组别的测试指标均为必测指标。其中,身体形态类中的身高、体重,身体机能类中的肺活量,以及身体素质类中的 50 米跑、坐位体前屈为各年级学生的共性指标。

《标准》的学年总分由标准分与附加分之和构成,满分为 120 分。标准分由各单项指标得分与权重乘积之和组成,满分为 100 分。附加分根据实测成绩确定,即对成绩超过 100 分的加分指标进行加分,满分为 20 分;大学的加分指标为男生引体向上和 1000 米跑,女生 1 分钟仰卧起坐和 800 米跑,各指标加分幅度均为 10 分。根据学生学年总分评定等级:90.0 分及以上为优秀,80.0～89.9 分为良好,60.0～79.9 分为及格,59.9 分及以下为不及格。

每个学生每学年评定一次,记入《标准》登记卡。特殊学制的学校,在填写登记卡时可以按规定和需求相应地增减栏目。学生毕业时的成绩和等级,按毕 业当年学年总分的 50% 与其他学年总分平均得分的 50% 之和进行评定。

学生测试成绩评定达到良好及以上者,方可参加评优与评奖;成绩达到优秀者,方可 获体育奖学分。测试成绩评定不及格者,在本学年度准予补测一次,若补测仍不及格,则学年成绩评定为不及格。普通高中、中等职业学校和普通高等学校学生毕业时,《标准》测试成绩达不到 50 分者按结业或肄业处理。

学生因病或残疾可向学校提交暂缓或免予执行《标准》的申请,经医疗单位证明、体育教学部门核准,可暂缓或免予执行《标准》,并填写"免予执行《标准》申请表",存入学生档案。确实丧失运动能力、被免予执行《标准》的残疾学生,仍可参加评优与评奖,毕业时《标准》成绩须注明免测。

各学校每学年开展覆盖本校各年级学生的《标准》测试工作,《标准》测试数据经当地教育行政部门按要求审核后,通过"中国学生体质健康网"上传至"国家学生体质健康标准数据管理系统"。测试和数据上传时间由教育行政部门确定。

第二节 大学生体质健康标准（含加分指标）

一、单项指标与权重

测试对象	单项指标	权重（%）
大学各年级	体重指数（BMI）	15
	肺活量	15
	50 米跑	20
	坐位体前屈	10
	立定跳远	10
	引体向上（男）/1 分钟仰卧起坐（女）	10
	1000 米跑（男）/800 米跑（女）	20

注：体重指数（BMI）＝体重（千克）/ 身高^2（米^2）。

二、各单项指标评分标准

表 2-1 男生体重指数（BMI）单项评分表

等级	单项得分	体重指数（BMI）（单位：千克 / 米^2）
正常	100	17.9 - 23.9
低体重	80	≤ 17.8
超重		24.0 - 27.9
肥胖	60	≥ 28.0

表 2-2　女生体重指数（BMI）单项评分表

等级	单项得分	体重指数（BMI）（单位：千克 / 米²）
正常	100	17.2 - 23.9
低体重	80	≤ 17.1
超重		24.0 - 27.9
肥胖	60	≤ 28.0

表 2-3 男生各单项评分表

等级	单项得分	肺活量（单位：毫升）		50 米（单位：秒）		坐位体前屈（单位：厘米）		立定跳远（单位：厘米）		引体向上（单位：次）		1000 米（单位：分·秒）	
		大一大二	大三大四	大一大二	大三大四	大一大二	大三大四	大一大二	大三大四	大一大二	大三大四	大一大二	大三大四
优秀	100	5040	5140	6.7	6.6	24.9	25.1	273	275	19	20	3′17″	3′15″
	95	4920	5020	6.8	6.7	23.1	23.3	268	270	18	19	3′22″	3′20″
	90	4800	4900	6.9	6.8	21.3	21.5	263	265	17	18	3′27″	3′25″
良好	85	4550	4650	7.0	6.9	19.5	19.9	256	258	16	17	3′34″	3′32″
	80	4300	4400	7.1	7.0	17.7	18.2	248	250	15	16	3′42″	3′40″
及格	78	4180	4280	7.3	7.2	16.3	16.8	244	246			3′47″	3′45″
	76	4060	4160	7.5	7.4	14.9	15.4	240	242	14	15	3′52″	3′50″
	74	3940	4040	7.7	7.6	13.5	14.0	236	238			3′57″	3′55″
	72	3820	3920	7.9	7.8	12.1	12.6	232	234	13	14	4′02″	4′00″
	70	3700	3800	8.1	8.0	10.7	11.2	228	230			4′07″	4′05″

等级	单项得分	肺活量(单位：毫升)		50米(单位：秒)		坐位体前屈(单位：厘米)		立定跳远(单位：厘米)		引体向上(单位：次)		1000米(单位：分·秒)	
		大一大二	大三大四	大一大二	大三大四	大一大二	大三大四	大一大二	大三大四	大一大二	大三大四	大一大二	大三大四
及格	68	3580	3680	8.3	8.2	9.3	9.8	224	226	12	13	4′12″	4′10″
	66	3460	3560	8.5	8.4	7.9	8.4	220	222			4′17″	4′15″
	64	3340	3440	8.7	8.6	6.5	7.0	216	218	11	12	4′22″	4′20″
	62	3220	3320	8.9	8.8	5.1	5.6	212	214			4′27″	4′25″
	60	3100	3200	9.1	9.0	3.7	4.2	208	210	10	11	4′32″	4′30″
不及格	50	2940	3030	9.3	9.2	2.7	3.2	203	205	9	10	4′52″	4′50″
	40	2780	2860	9.5	9.4	1.7	2.2	198	200	8	9	5′12″	5′10″
	30	2620	2690	9.7	9.6	0.7	1.2	193	195	7	8	5′32″	5′30″
	20	2460	2520	9.9	9.8	-0.3	0.2	188	190	6	7	5′52″	5′50″
	10	2300	2350	10.1	10.0	-1.3	-0.8	183	185	5	6	6′12″	6′10″

表2-4　女生各单项评分表

等级	单项得分	肺活量(单位：毫升)		50米(单位：秒)		坐位体前屈(单位：厘米)		立定跳远(单位：厘米)		仰卧起坐(单位：次)		800米(单位：分·秒)	
		大一大二	大三大四	大一大二	大三大四	大一大二	大三大四	大一大二	大三大四	大一大二	大三大四	大一大二	大三大四
优秀	100	3400	3450	7.5	7.4	25.8	26.3	207	208	56	57	3′18″	3′16″
	95	3350	3400	7.6	7.5	24.0	24.4	201	202	54	55	3′24″	3′22″
	90	3300	3350	7.7	7.6	22.2	22.4	195	196	52	53	3′30″	3′28″

续表

等级	单项得分	肺活量(单位：毫升)		50米(单位：秒)		坐位体前屈(单位：厘米)		立定跳远(单位：厘米)		仰卧起坐(单位：次)		800米(单位：分·秒)	
		大一大二	大三大四	大一大二	大三大四	大一大二	大三大四	大一大二	大三大四	大一大二	大三大四	大一大二	大三大四
良好	85	3150	3200	8.0	7.9	20.6	21.0	188	189	49	50	3′37″	3′35″
	80	3000	3050	8.3	8.2	19.0	19.5	181	182	46	47	3′44″	3′42″
及格	78	2900	2950	8.5	8.4	17.7	18.2	178	179	44	45	3′49″	3′47″
	76	2800	2850	8.7	8.6	16.4	16.9	175	176	42	43	3′54″	3′52″
	74	2700	2750	8.9	8.8	15.1	15.6	172	173	40	41	3′59″	3′57″
	72	2600	2650	9.1	9.0	13.8	14.3	169	170	38	39	4′04″	4′02″
	70	2500	2550	9.3	9.2	12.5	13.0	166	167	36	37	4′09″	4′07″
	68	2400	2450	9.5	9.4	11.2	11.7	163	164	34	35	4′14″	4′12″
	66	2300	2350	9.7	9.6	9.9	10.4	160	161	32	33	4′19″	4′17″
	64	2200	2250	9.9	9.8	8.6	9.1	157	158	30	31	4′24″	4′22″
	62	2100	2150	10.1	10.0	7.3	7.8	154	155	28	29	4′29″	4′27″
	60	2000	2050	10.3	10.2	6.0	6.5	151	152	26	27	4′34″	4′32″
不及格	50	1960	2010	10.5	10.4	5.2	5.7	146	147	24	25	4′44″	4′42″
	40	1920	1970	10.7	10.6	4.4	4.9	141	142	22	23	4′54″	4′52″
	30	1880	1930	10.9	10.8	3.6	4.1	136	137	20	21	5′04″	5′02″
	20	1840	1890	11.1	11.0	2.8	3.3	131	132	18	19	5′14″	5′12″
	10	1800	1850	11.3	11.2	-1.3	-0.8	126	127	5	6	5′24″	5′22″

三、加分指标评分表

表 3-1 男生单项加分分值表

加分值	引体向上 (单位：次)		1000 米 (单位：分·秒)	
	大一大二	大三大四	大一大二	大三大四
10	10	10	-35"	-35"
9	9	9	-32"	-32"
8	8	8	-29"	-29"
7	7	7	-26"	-26"
6	6	6	-23"	-23"
5	5	5	-20"	-20"
4	4	4	-16"	-16"
3	3	3	-12"	-12"
2	10	10	-8"	-8"
1	9	9	-4"	-4"

表 3-2 女生单项加分分值表

加分值	1′ 仰卧起坐 (单位：次)		800 米 (单位：分·秒)	
	大一大二	大三大四	-50"	-50"
10	13	13	-45"	-45"
9	12	12	-40"	-40"
8	11	11	-35"	-35"

续表

加分值	1′仰卧起坐 （单位：次）		800米 （单位：分·秒）	
	大一大二	大三大四	-50″	-50″
7	10	10	-30″	-30″
6	9	9	-25″	-25″
5	8	8	-20″	-20″
4	7	7	-15″	-15″
3	6	6	-10″	-10″
2	4	4	-8″	-8″
1	2	2	-4″	-4″

注：

1.引体向上、一分钟仰卧起坐均为高优指标，学生成绩超过单项评分100分后，以超过的次数所对应的分数进行加分。

2.1000米跑、800米跑均为低优指标，学生成绩低于单项评分100分后，以减少的秒数所对应的分数进行加分

第三节　《国家学生体质健康标准》测试方法

一、身高、体重

测试目的：测试学生身高、体重、形态指数。评定学生的身体匀称度。评价学生生长发育及营养状况的水平。

测试器材：测试器材为身高体重仪。

测试方法：受试者赤足，身着轻装以立正姿势站在身高体重仪的底板上（上肢自然下垂，足跟并拢，足尖分开成60°）。足跟、骶骨部及两肩胛区与立柱相接触，躯干自然挺直；头部正直，耳屏上缘与眼眶下缘是水平位。测试人员坐在受试者右侧，按动"开始键"，水平压板轻轻沿立柱下滑，触及受试者头部时，自动停止下滑，测试完毕。

二、肺活量

测试目的：测试学生的肺通气功能。肺活量是指人体尽全力深吸气后，再尽全力呼出的气体总量，即一次深呼吸的气量，是呼吸动态过程中的一部分。

测试器材：测试器材为电子肺活量计。

测试方法：被测者面对仪器站立，手持吹气口嘴；深吸气（避免耸肩提气，应该像闻花似的慢吸气）；吸气后屏住气再对准口嘴吹气，防止此时从口嘴处吸气；测试中不得二次吸气、吹气，向口嘴处慢慢呼出至不能再呼为止；吹气完毕后，液晶屏上最终显示的数字即为肺活量毫升值。被测者不必紧张，但要尽全力；以中等速度和力度吹气效果最好。

三、坐位体前屈

测试目的：测试学生身体柔韧素质的发展水平。

测试器材：测试器材为坐位体前屈测量计。

测试方法：受试者坐在连接于箱体的软垫上，两腿伸直，不可弯曲，脚跟并拢，脚尖分开 10~15 厘米，踩在测量计垂直平板上，两手并拢；两臂和手伸直，渐渐使上体前屈，用两手指尖轻轻推动标尺上的游标前滑（不得有突然前伸动作），直到不能继续前伸时为止。

四、仰卧起坐

测试目的：测试学生腹肌耐力。

测试器材：测试器材为仰卧起坐测试仪。

测试方法：受试者全身仰卧于垫上，两腿稍分开，屈膝成 90° 左右，两手手指交叉于脑后，另一同学压住其踝关节，以便固定下肢；测试人员目测受试者完成上述动作要领后，开始仰卧起坐：动作应规范至 90° 方为有效；受试者躯干超过 90° 计完成一次；测试时间为 1 分钟，计时停止，测试完毕。

五、引体向上

测试目的：测试学生上肢肌肉量的发展水平。

测试器材：测试器材为引体向上测试仪。

测试方法：被受试者正手抓单杠用背阔肌的力量将身体向上拉起，下巴应超过单杠并稍作停顿，然后放松背阔肌让身体下降直到完全下垂，之后重复再做。

六、立定跳远

测试目的：测试学生下肢肌肉力量及身体协调能力的发展水平。

测试器材：测试器材为立定跳远测距仪或皮尺。

测试方法：受试者两脚自然分开站立，站在起跳线后，脚尖不得踩线。两脚原地同时起跳，不得有垫步或连跳动作。测量起跳线后缘至最近着地点后缘的垂直距离。

七、50 米跑

测试目的：测试学生的灵敏度和下肢爆发力。

测试仪器：测试器材为 50 米跑测试仪或秒表。

测试方法：受试者站于 50 米跑起跑线后，采用站立式起跑姿势，听到发令声快速跑动冲过终点。

八、耐力跑（女生 800 米 / 男生 1000 米）

测试目的：衡量学生心肺机能的发展水平。

测试仪器：测试器材为耐力跑测试仪或秒表。

测试方法：受试者站立于耐力跑测试起跑线后，采用站立式起跑姿势，听到发令声开始跑动，出发后允许抢道。

第四章　运动营养

第一节　运动营养概述

　　运动营养学是营养学中的一个分支，它是研究营养与竞技体育、大众健身、疾病康复关系的一门学科。合理营养是健康的基础，也是保证运动员取得良好运动成绩的基本因素之一。随着竞技体育的高速发展，最佳运动成绩的取得已经越来越要求运动员发挥自身的体能极限。要想创造一个新的成绩，就必须进行超负荷训练，没有充足合理的营养支持，不可能达到预期目标，同时也无法保证训练效果。运动训练与饮食营养有机的结合，已经成为运动训练工作中的重要环节。

　　合理营养是运动员健康和运动能力的保证，也是影响身体素质和身体成分的一个关键因素。营养与运动员的训练、机能状态、体力适应、恢复过程以及运动性疾病的发生均有密切的关系。合理营养有助于为运动员提供适宜的能量，提高身体素质和专项竞技能力，提高运动成绩。近年来许多研究结果表明，影响运动能力最主要的因素是运动时能量的产生、利用及其调节。能量的产生与利用增加，以及调节能力的增强，将促进运动能力的提高。运动员在运动时能量的供给和运动后物质的恢复都与其营养水平有关，营养素既可作为运动时的能源物质，又可参与运动时或运动后物质代谢和能量代谢的调节。摄入食物的量和时间在很大程度上影响运动能力。

　　营养措施不当也会影响运动员的健康和竞技运动能力。运动员采取特殊的营养策略，可以发挥他们的最大运动潜能。因此营养是运动训练和比赛的一个重要的物质基础。运动员吃什么？何时吃？怎么吃？这些问题越来越成为运动营养研究的重要内容。

第二节　运动营养基础——营养素

　　营养是指机体从外界摄入食物，在人体内经过消化、吸收、代谢以满足其自身生理功能和从事各种活动需要的必要生物学过程。营养是一种行为或过程，主要通过摄取食物的营养素来满足需要。人体所需要的营养素主要包括糖类、脂类、蛋白质、维生素、矿物质及水等六大类。营养素有三大基本功能：包括提供能量、构建机体和修复组织、调节代谢以维持正常生理功能。

一、蛋白质

　　蛋白质是化学结构复杂的一类有机化合物，是人体的必需营养素。现已证明，生命的产生、存在和消亡都与蛋白质有关，蛋白质是生命的物质基础，没有蛋白质就没有生命。蛋白质主要由碳、氢、氧、氮和硫等化学元素组成，在不同蛋白质中，其氮元素含量在所有蛋白质中基本一致，平均为16%。蛋白质构成的基本单位是氨基酸。参与蛋白质组成的氨基酸只有20种，其中有8种是必需氨基酸。必需氨基酸则是指人体必需，但自身不能合成，或者合成的量不能满足机体需要，必须从食物中获得的一类氨基酸，共8种，分别是赖氨酸、苯丙氨酸、亮氨酸、异亮氨酸、苏氨酸、蛋氨酸、缬氨酸和色氨酸。

(一) 蛋白质的生理功能

①维持人体组织的生长、更新和修复。
②调节人体生理功能、催化新陈代谢反应。
③氧化供能。
④免疫保护作用。
⑤运动和支持、物质转运等作用。

(二) 蛋白质的分类

营养学上根据食物蛋白质所含必需氨基酸的种类和数量将蛋白质分为三类。

①完全蛋白质：为优质蛋白质，蛋白质中所含的必需氨基酸种类齐全，数量充足，比例适当。奶、蛋、鱼、虾及动物肉类中的蛋白质属于完全蛋白质。

②半完全蛋白质：蛋白质中所含氨基酸种类齐全，但其中某些氨基酸的数量不能满足人体的需要，即不符合人体蛋白的氨基酸模式。如小麦中的麦胶蛋白便是半完全蛋白质，含赖氨酸很少。

③不完全蛋白质：蛋白质中必需氨基酸的种类不全，比例不当，既不能促进生长发育，也不能维持健康。如肉皮中的胶原蛋白便属于不完全蛋白质。

不同食物中蛋白质所含氨基酸的数量和比例不同，因而不同食物的营养价值相差很大，只有食物中的氨基酸比例与人体比例一致时，人体才能够高效利用这些蛋白质食物。把不同的蛋白类食品搭配起来时，各种蛋白质所含氨基酸可以相互配合，取长补短，从整体上可改变氨基酸含量的比例，使之更加接近人体所需的最佳氨基酸模式，因而可大大提高混合蛋白食品的营养价值。如谷类蛋白质中赖氨酸较少，限制了其营养价值，若与含赖氨酸较多的大豆或肉类、蛋类搭配食用，则谷类营养价值就可提高；大豆中蛋氨酸含量较低，而玉米中蛋氨酸含量则较高，两者互补，营养价值皆相应提高。所以，食物多样化，粗细粮搭配，动物蛋白与植物蛋白合理地搭配，可以较好地发挥蛋白质的互补作用，有利于提高食物的营养价值。

(三) 蛋白质的需要量及食物来源

根据我国营养学会2013年修订的标准，一般成人蛋白质的推荐量为0.98g/（kg·d）。蛋白质供给的热能，应占一日膳食总能量的10%～15%，儿童为12%～15%，成人为10%～15%。目前对于力量运动员蛋白质的推荐量是1.4～2.0g/kg。耐力运动员每天的蛋白质推荐量在1.2～1.60g/kg左右，若能量消耗过大，应相应增加蛋白质补充量。

蛋白质的食物来源可分为植物性蛋白质和动物性蛋白质两大类。豆类含有丰富的蛋白质，特别是大豆含蛋白质高达36%～40%，氨基酸组成也比较合理，在体内的利用率较高，是植物蛋白质中非常好的蛋白质来源。蛋类含蛋白质11%～14%，是优质蛋白质的重要来源。奶类（牛奶）一般含蛋白质3.0%～3.5%。肉类包括禽、畜和鱼的肌肉。新鲜肌肉含蛋白质 15%~22%，肌肉蛋白质营养价值优于植物蛋白质，是人体蛋白质的重要来源。

二、糖类

糖类是由碳、氢、氧三种元素组成的一类化合物，其中氢和氧的比例与水分子中氢和氧的比例相同，又被称为碳水化合物。根据含单糖数目的多少，碳水化合物分为单糖、双糖和多糖三大类。

(一) 糖类主要营养功用

碳水化合物是生命细胞结构的主要成分及主要供能物质，并且有调节细胞活动的重要功能。

①供给和储存能量。膳食碳水化合物是人类获取能量的最经济和最主要的来源。每克葡萄糖在体内氧化可以产生 16.7kJ（4kcal）的能量。维持人体健康所需要的能量中，55%~65% 由碳水化合物提供。

②构成组织及重要生命物质。

③节约蛋白质作用及调节脂代谢。

④解毒及增强肠道功能作用。

(二) 血糖指数

血糖指数（Glycemic index,GI）是 1986 年提出的一个衡量碳水化合物对血糖反应的有效指标。血糖指数是指分别摄入含 50g 碳水化合物的食物与 50g 葡萄糖后 2h 血浆葡萄糖糖耐量曲线下面积之比值。当血糖生成指数在 55 以下时，可认为该食物为低 GI 食物；当血糖生成指数在 55~70 时，食物为中等 GI 食物；当血糖生成指数在 70 以上时，该食物为高 GI 食物。

(三) 糖类的膳食参考摄入量与食物来源

1. 碳水化合物的膳食参考摄入量

人体对碳水化合物的需要量，常以可提供能量的百分比来表示。2013 年制订的中国居民膳食营养素参考摄入量中的碳水化合物适宜摄入量（AI）占总能量的 55%~65%。应包括复合碳水化合物淀粉、不消化的抗性淀粉、非淀粉多糖和低聚糖等碳水化合物；限制纯能量食物如糖的摄入量，提倡摄入营养素/能量密度高的食物，以保障人体能量和营养素的需要及改善胃肠道环境和预防龋齿的需要。

2. 碳水化合物的食物来源

碳水化合物广泛分布于自然界中，人类所需的碳水化合物的食物来源是多方面的，主要来自植物性食物，在动物性食物中含量很少。按食物来源大致可分为以下几类：谷类、根茎作物、食糖作物、豆类、蔬菜、水果、乳产品。膳食中淀粉的来源主要是粮谷类和薯类食物。粮谷类一般含碳水化合物 60%~80%，薯类中含量为 15%~29%，豆类中为 40%~60%。单糖和双糖的来源主要是蔗糖、糖果、甜食、糕点、甜味水果、含糖饮料和蜂蜜等。

三、脂类

营养学上重要的脂类主要有甘油三酯、磷脂和固醇类物质。食物中的脂类 95% 是甘油三酯，5% 是其他脂类。

(一) 脂类的分类

脂类包括脂肪和类脂。

脂肪又称甘油三酯，是由一分子甘油和三分子脂肪酸结合而成。膳食脂肪主要为甘油三酯。组成天然脂肪的脂肪酸种类很多，所以由不同脂肪酸组成的脂肪对人体的作用也有所不同。有些脂肪酸是人体不能自身合成的，如亚油酸和 α- 亚麻酸，这类人体不能合成的脂肪酸又称为必需脂肪酸。

类脂包括磷脂和固醇类。磷脂是构成细胞膜的主要成分。固醇类为一些类固醇激素的前体，如 7- 脱氢胆固醇即为维生素 D_3 的前体。胆固醇是人体中主要的固醇类化合物。

(二) 脂类的营养功用

①供给能量。一般合理膳食的总能量有 20%～30% 由脂肪提供。1 克脂肪在体内氧化可产能 37.56kJ，相当于 9kcal 的能量。

②构成身体成分。

③供给必需脂肪酸。

此外，脂肪还可提供脂溶性维生素并促进脂溶性维生素的吸收；保护脏器和维持体温；脂肪还可增加膳食的美味和增加饱腹感；脂肪具有内分泌作用，构成参与某些内分泌激素。

(三) 脂肪的膳食推荐及食物来源

成人脂肪的推荐摄取量为总热能的 20%～30%，脂肪含量丰富的食品有动物性食物和坚果类。动物性食物以畜肉类含脂肪最为丰富，且多为饱和脂肪酸。除动物性食物外，植物性食物中以坚果类 (如花生、核桃、瓜子、榛子等) 含脂肪量较高，最高可达 50% 以上，不过其脂肪组成多以亚油酸为主，所以是多不饱和脂肪酸的重要来源。

四、无机盐

人体内含有的 60 多种元素中，体内含量较多的有氢、碳、氧、氮、磷、硫、氯、钠、镁、钾、钙等，约占体重的 99.95%。这些生命必需元素中，除碳、氢、氧、氮主要以有机物质形式存在外，其余各元素均为无机的矿物质。矿物质中，人体含量大于体重的 0.01% 的各种元素，称为常量元素，有钙、磷、钾、钠、硫、氯、镁 7 种。

(一) 无机盐的生理功能

各种无机盐在体内的生理功能各有特性，但它们也有一些共性：

①构成骨骼、牙齿等坚硬组织，具有一定的硬度，起到支持、保护、碾磨食物的作用，如钙、磷、镁等。

②与其他有机物质结合，组成肌肉、皮肤、脏器等组织的固体成分，如铁、硫、磷、铜等。

③作为可溶性盐类游离于体液中，以保持一定的渗透压。

④维持神经的传导性和兴奋性，维持肌肉的特性等。

⑤维持血液、组织液酸碱平衡等。

综上所述，无机盐在体内参与机体组织的构成，维持机体内环境恒定、调节机体各种生理活动等作用。无机盐根据在体内的含量多少或每日需要量的情况分为常量元素和微量元素两大类。

（二）无机盐需要及运动的关系

1. 钙

钙是构成人体的重要组分，正常人体内含有 $1000\sim1200g$ 的钙。其中 99.3% 集中于骨、齿组织，只有 0.1% 的钙存在于细胞外液，全身软组织含钙量总共占 $0.6\%\sim0.9\%$（大部分被隔绝在细胞内的钙储存小囊内）。

生理功能：构成机体的骨骼和牙齿，钙是构成骨骼的重要组分，骨骼中的钙占瘦体重（去脂体重）的 25% 和总灰分的 40%，钙对保证骨骼的正常生长发育和维持骨健康起着至关重要的作用。钙缺乏症是较常见的营养性疾病。主要表现为骨骼的病变，即儿童时期的佝偻病，成年人的骨质疏松症。

膳食推荐量及食物来源：中国居民成年人钙的推荐量为 $800mg/d$。成年人及 1 岁以上儿童钙的可耐受最高摄入量（UL）定为 $2000mg/d$。运动员由于汗液丢失钙的缘故，建议推荐量达到 $1000\sim1200mg$。奶和奶制品应是钙的重要来源，因为奶中含钙量丰富吸收率也高。另外，豆类、硬果类，可连骨吃的小鱼小虾及一些绿色蔬菜类也是钙的较好来源。

2. 镁

正常成人身体总镁含量约 $25g$，其中 $60\%\sim65\%$ 存在于骨、齿，27% 分布于软组织。镁主要分布于细胞内，细胞外液的镁不超过 1%。

生理功能：激活多种酶的活性，镁作为多种酶的激活剂，参与多种酶促反应。镁能与细胞内许多重要成分，如三磷酸腺苷等形成复合物而激活酶系，或直接作为酶的激活剂激活酶系。人体一旦缺镁，细胞能量过程就会发生障碍，导致肌肉耐力下降。维护骨骼生长和神经肌肉的兴奋性，镁是骨细胞结构和功能所必需的元素，对促进骨骼生长和维持骨骼的正常功能具有重要作用。

膳食推荐量及食物来源：中国营养学会制订的"中国居民膳食营养素参考摄入量"中成人镁推荐摄入量为 $330mg/d$。镁虽然普遍存在于食物，但食物中的镁含量差别甚大。由于叶绿素是镁卟啉的螯合物，所以绿叶蔬菜是镁的良好来源。

3. 钾

体内钾主要存于细胞内，约占总量的 98%，其他存在于细胞外液。

生理功能：参与碳水化合物、蛋白质的代谢；维持细胞内正常渗透压和神经肌肉的应激性和正常功能；维持心肌的正常功能，心肌细胞内外的钾浓度对心肌的自律性、传导性和兴奋性有密切关系；维持细胞内外正常的酸碱平衡，钾代谢紊乱时，可影响细胞内外酸碱平衡。

膳食需要量及食物来源：中国营养学会制订的"中国居民膳食营养素参考摄入量"中，参考国内外有关资料，提出了中国成人膳食钾的适宜摄入量（AI）为2000mg/d。大部分食物都含有钾，但蔬菜和水果是钾最好的来源。

4. 铁

人体内铁总量约为4～5g，有两种存在形式，一是"功能性铁"，是铁的主要存在形式，其中血红蛋白含铁量占总铁量的60%～75%，3%为肌红蛋白，1%为含铁酶类（如细胞色素、细胞色素氧化酶、过氧化物酶与过氧化氢酶等）；二是"贮存铁"，是以铁蛋白和含铁血黄素形式存在于血液肝、脾与骨髓中，约占体内总铁的25%～30%。在人体器官组织中铁的含量以肝、脾为最高，其次为肾、心、骨骼肌与脑。铁在体内的含量随年龄、性别、营养状况和健康状况而有很大的个体差异。

生理功能：铁为血红蛋白与肌红蛋白、细胞色素A以及一些呼吸酶的成分，参与体内氧与二氧化碳的转运、交换和组织呼吸过程。大多数人认为许多有关杀菌的酶成分、淋巴细胞转化率、吞噬细胞移动抑制因子、中性粒细胞吞噬功能等，均与铁水平有关。铁还有催化促进β-胡萝卜素转化为维生素A、嘌呤与胶原的合成、抗体的产生脂类从血液中转运以及药物在肝脏的解毒等功能。

膳食需要量及食物来源："中国居民膳食营养素参考摄入量"中指出，成人铁推荐摄入量男性为12mg/d；女性为20mg/d；可耐受最高摄入量男女均为42mg/d。铁广泛存在于各种食物中，但分布极不均衡，吸收率相差极大，一般动物性食物的含量和吸收率均较高。因此膳食中铁的良好来源主要为动物肝脏、动物全血、畜禽肉类、鱼类。蔬菜中含铁量不高，油菜、苋菜、菠菜、韭菜等所含的铁利用率不高。

5. 锌

锌作为人体必需的微量元素广泛分布在人体所有组织和器官中，成人体内锌含量约2.0～2.5g，以肝、肾、肌肉、视网膜、男性前列腺为高。

生理功能：锌对生长发育、免疫功能、物质代谢和生殖功能等均有重要作用。锌对运动员非常重要，缺锌与赛前紧张综合征密切相关。人类锌缺乏的常见体征是生长缓慢、皮肤伤口愈合不良、味觉障碍、胃肠道疾患、免疫功能减退等。

膳食推荐量及食物来源：在"中国居民膳食营养素参考摄入量"中对成年男性的锌推荐摄入量（RNI）定为12.5mg/d，女性为7.5 mg/d，锌的可耐受最高摄入量为40 mg/d。无论动物性还是植物性的食物都含有锌，但食物中的锌含量差别很大，吸收利用率也不相同。一般来说贝壳类海产品、红色肉类、动物内脏类都是锌的极好来源。干果类、谷类胚芽、麦麸、干酪、燕麦、花生酱、花生、玉米等为良好来源。一般植物性食物含锌较低。

6. 硒

硒是人体必需微量元素之一，20世纪70年代研究者发现硒是谷胱甘肽过氧化物酶（GPX）的必需组分，揭示了硒的第一个生物活性形式，继而纯化鉴定出人的红细胞GPX。硒遍布于人体各组织器官和体液中，肾中硒浓度最高，肝脏次之，血液中相对低些。肌肉中的硒占人体总硒量的一半。肌肉、肾脏、肝脏和血液是硒的组织贮存库。

生理功能：构成含硒蛋白与含硒酶的成分；抗氧化作用及维持免疫机能；对甲状腺激素

的调节作用；维持正常的生育功能。

膳食推荐量及食物来源："中国居民膳食营养素参考摄入量"提出的每日膳食硒参考摄入量，18 岁以上者为 60μg/d，最高耐受量为 400μg/d。食物中硒含量测定值变化很大，例如（以鲜重计）：内脏和海产品 0.4～1.5mg/kg，瘦肉 0.1～0.4mg/kg，谷物＜0.1mg/kg，奶制品＜0.1～0.3mg/kg；水果蔬菜＜0.1mg/kg。影响植物性食物中硒含量的主要因素是其栽种土壤中的硒含量和可被吸收利用的量。

五、维生素

维生素是维持人体正常生命活动所必需的一类有机化合物。维生素在人体内含量极微，但在机体的代谢、生长发育等过程中起重要作用。维生素分为水溶性和脂溶性两类。各种维生素的化学结构与性质虽然各异，但有共同特点：均以维生素本身或可被机体利用的前体化合物（维生素原）的形式存在于天然食物中；非机体结构成分，不提供能量；一般不能在体内合成（维生素 D 例外）或合成量太少，必须由食物提供；人体只需少量即可满足，但绝不能缺少，否则缺乏至一定程度，可引起维生素缺乏病。

维生素摄入过多时，水溶性维生素常以原形从尿中排出体外，几乎无毒性，但摄入过大（非生理）剂量时，常干扰其他营养素的代谢；脂溶性维生素大量摄入时，由于排出较少，可致体内积存超负荷而造成中毒。为此，必须遵循合理原则，不宜盲目加大维生素剂量。

（一）脂溶性维生素

1. 维生素 A

维生素 A 的化学名为视黄醇，属脂溶性维生素，在高温和碱性的环境中比较稳定，一般烹调和加工过程中不致被破坏。但是维生素 A 极易氧化，特别在高温条件下，紫外线照射可以加快这种氧化破坏。因此，维生素 A 或含有维生素 A 的食物应避光在低温下保存。

生理功能：维生素 A 对上皮细胞的细胞膜起稳定作用，维持上皮细胞的形态完整和功能健全；构成视觉细胞内的感光物质；促进生长发育和维护生殖功能；维持和促进免疫功能。

膳食参考摄入量及食物来源："中国居民膳食纤维参考摄入量"对成人维生素推荐量（RNI）男性为 800μg 视黄醇当量；女性为 700μg 视黄醇当量，最高可耐受量（UL）为 3000μg 视黄醇当量。维生素 A 的来源为动物肝脏、蛋黄、奶油等，胡萝卜素的来源主要为有色蔬菜和水果。

2. 维生素 D

维生素 D 是一类含环戊氢烯菲环结构并具有钙化醇生物活性的一大类物质，目前已知的维生素 D 至少有 10 种，但最重要的是维生素 D_2（麦角骨化醇）和维生素 D_3（胆钙化醇）。维生素 D 溶于脂肪溶剂，对热、碱较稳定，对光及酸不稳定。维生素 D 在肝和各种组织都有分布，特别在脂肪组织中有较高的浓度，但代谢较慢。

生理功能：促进肠道对钙、磷的吸收；对骨骼钙的动员；促进肾脏重吸收钙、磷。维生素 D 缺乏在婴幼儿以钙、磷代谢障碍和骨样组织钙化障碍为特征，严重者出现骨骼畸形，如方头、鸡胸、漏斗胸、"O"型腿和"X"型腿等。成人维生素 D 缺乏使成熟骨矿化不全，表现为骨质软化症，特别是妊娠和哺乳妇女及老年人容易发生，常见症状是骨痛、肌无力，并在活动时加剧，严重时骨骼脱钙引起骨质疏松，发生自发性或多发性骨折。

膳食推荐量：由于维生素 D 既可由膳食提供，又可经暴露在日光之下的皮肤合成，而皮肤合成量的多少又受到纬度、暴露面积、阳光照射时间、紫外线强度、皮肤颜色等影响，因此维生素 D 的需要量很难确切估计。由中国营养学会制订的"中国居民膳食参考摄入量"，对成人维生素 D 推荐量为 $10\mu g/d$，UL 值为 $50\mu g/d$。

食物来源：维生素 D 有两个来源，一个为外源性，依靠食物来源；另一个为内源性，通过阳光 (紫外线) 照射由人体皮肤产生。动物性食物中则含有维生素 D_3，以鱼肝和鱼油含量最丰富，其次在鸡蛋、乳牛肉、黄油和咸水鱼 (如鲱鱼、鲑鱼和沙丁鱼) 中含量相对较高。

3. 维生素 E

维生素 E 又名生育酚，为油状液体，橙黄色或淡黄色，溶于脂肪及脂溶剂。

生理功能：抗氧化作用是非酶抗氧化系统中重要的抗氧化剂，维生素 E 与维生素 C、β-胡萝卜素有抗氧化的协同互补作用、对胚胎发育和生殖的作用、对神经系统和骨骼肌的保护作用。

膳食推荐量及食物来源：中国营养学会在《中国居民膳食营养素参考摄入量》中制订了各年龄组维生素 E 的适宜摄入量，成年男女为 14mg α-TE/d，可耐受最高摄入量为 700mg α-TE/d。维生素 E 只能在植物中合成，植物的叶子和其他绿色部分均含有维生素 E。绿色植物中的维生素 E 含量高于黄色植物。麦胚、向日葵及其油富含 RRR-α- 生育酚，而玉米和大豆中主要含 γ- 生育酚。

4. 维生素 K

维生素 K 是肝脏中凝血酶原和其他凝血因子合成必不可少的。维生素 K 易遭酸、碱、氧化剂和光 (特别是紫外线) 的破坏。由于天然食物中维生素 K 对热稳定，并且不是水溶性的，在正常的烹调过程中只损失很少部分。

生理功能：调节凝血蛋白质合成。

膳食推荐量及食物来源："中国居民膳食营养素参考摄入量"中，成人维生素 K 的膳食适宜摄入量为 $120\mu g/d$，其广泛分布于动物性和植物性食物中。由于维生素 K 的膳食需要量低，大多数食物摄入基本可以满足需要。

(二) 水溶性维生素

1. 维生素 B_1

维生素 B_1 又称硫胺素，也称抗脚气病因子、抗神经炎因子等，是维生素中最早发现的一种。维生素 B_1 常以其盐酸盐的形式出现，为白色结晶，极易溶于水。维生素 B1 固态形式比较稳定，在 100℃时也很少被破坏。水溶液呈酸性时稳定，在碱性环境中易被氧化失活，且不耐热，在 $pH > 7$ 的情况下煮沸，可使其大部分或全部破坏，甚至在室温下储存，亦可逐渐被破坏。

生理功能：构成辅酶维持体内正常代谢；抑制胆碱酯酶的活性，促进胃肠蠕动。如果维生素 B_1 摄入不足或机体吸收利用障碍，以及其他各种原因引起需要量增加等因素，能引起机体维生素 B_1 缺乏。维生素 B_1 缺乏引起的疾病称脚气病。

膳食推荐量与食物来源：由于硫胺素在能量代谢尤其是碳水化合物代谢中的重要作用，其需要量常取决于能量的摄入，因此传统上按每 4184kJ（1000kcal）能量消耗为单位，来确定维生素 B_1 的需要量为 0.5mg/1000 千卡。中国营养学会的《中国居民膳食营养素参考摄入量》提出，成年男女的 RNI 分别为 1.4mg/d 和 1.2mg/d。维生素 B_1 广泛存在于天然食物中，最为丰富的来源是葵花子仁、花生、大豆粉、瘦猪肉；其次为粗粮、小麦粉、小米、玉米、大米等谷类食物；鱼类、蔬菜和水果中含量较少。

2. 维生素 B_2

维生素 B_2 又称核黄素，维生素 B_2 的中性和弱碱性溶液为黄色。维生素 B_2 在强酸性溶液中稳定，其强酸溶液为白色。膳食中大部分维生素 B_2 是以黄素单核苷酸和黄素腺嘌呤二核苷酸辅酶形式和蛋白质结合。

生理功能：维生素 B_2 以辅酶形式参与许多代谢中的氧化还原反应，在细胞呼吸链中的能量产生中发挥作用，或直接参与氧化反应，或参与复杂的电子传递系统。维生素 B_2 缺乏常伴有其他营养素缺乏，如烟酸的代谢易引起铁营养不良，此外，严重维生素 B_2 缺乏可引起免疫功能低下和胎儿畸形。

膳食推荐量及食物来源：维生素 B_2 与体内能量代谢密切相关。目前对所有年龄段人群的维生素 B_2 推荐量为 0.6mg/4184kJ。中国营养学会制订的居民膳食维生素 B_2 推荐摄入量，成人（≥18 岁）男性为 1.4 mg/d，女性为 1.2 mg/d。维生素 B_2 广泛存在于奶类、蛋类、各种肉类、动物内脏、谷类、蔬菜和水果等动物性和植物性食物中。主要以黄素单核苷酸（FMN）、黄素腺嘌呤二核苷酸（FAD）的辅酶形式与食物中蛋白质结合。粮谷类的维生素 B_2 主要分布在谷皮和胚芽中，碾磨加工可丢失一部分维生素 B_2。绿叶蔬菜中维生素 B_2 含量较其他蔬菜高。

3. 维生素 B_6

维生素 B_6 是一组含氮化合物，主要以天然形式存在，包括吡哆醛（PL）、吡哆醇（PN）和吡哆胺（PM）。维生素 B_6 的各种磷酸盐和碱的形式均易溶于水，在空气中稳定，在酸性介质中 PL、PN、PM 对热都比较稳定，但在碱性介质中对热不稳定，易被碱破坏。

生理功能：维生素 B_6 以其活性形式磷酸吡哆醛（PLP）作为许多酶的辅酶，参与神经递质、糖原、神经鞘磷脂、血红素、类固醇和核酸的代谢。维生素 B_6 参与一碳单位代谢和维持神经系统功能。缺乏的症状包括虚弱、失眠、周围神经病、唇干裂、口炎等。维生素 B_6 缺乏的典型临床症状是一种脂溢性皮炎，小细胞性贫血，癫痫样惊厥，以及忧郁和精神错乱。

膳食推荐量及食物来源：一般说来，维生素 B_6 的需要量随蛋白质摄入量的增加而增加，当维生素 B_6 与蛋白质摄入量保持适宜的比值（0.016mg：1g），就能够维持维生素 B_6 适宜的营养状态。中国营养学会的"中国居民膳食参考摄入量"中，成人维生素 B_6 推荐量为 1.4mg/d，最高可耐受量为 60mg/d。

食物来源：维生素 B_6 的食物来源很广泛，动植物性食物中均含有，通常肉类、全谷类产品（特别是小麦）、蔬菜和坚果类中最高。大多数维生素 B_6 的生物利用率相对较低。

4. 烟酸

烟酸又名维生素 PP、尼克酸、抗癞皮病因子，烟酸和烟酰胺都是吡啶的衍生物。烟酸为无色针状晶体，味苦；烟酰胺晶体呈白色粉状。两者均溶于水及酒精，不溶于乙醚。烟酰胺的溶解度大于烟酸，烟酸和烟酰胺性质比较稳定，酸、碱、氧、光或加热条件下不易被破坏；在高压下，120℃加热 20 分钟也不被破坏。一般加工烹调损失很小，但会随水流失。

生理功能：烟酰胺在体内与腺嘌呤、核糖和磷酸结合构成烟酰胺腺嘌呤二核苷酸和烟酰胺腺嘌呤二核苷酸磷酸，在生物氧化还原反应中起电子载体或递氢体作用。烟酸缺乏可引起癞皮病。此病起病缓慢，常有前驱症状，如体重减轻、疲劳乏力、记忆力差、失眠等。如不及时治疗，则可出现皮炎、腹泻和痴呆。由于此三系统症状英文名词的开头字母均为"D"字，故又称为癞皮病"3D"症状。

膳食推荐量：人体烟酸的需要量与能量的消耗量有密切关系。能量消耗增加时，烟酸需要量也增多。烟酸的需要量或推荐摄入量用烟酸当量（NE）表示。中国营养学会"中国居民膳食摄入量"中烟酸的推荐量：超过 18 岁的男女性分别为 14 与 12mgNE，UL 值为 35 mgNE。

食物来源：烟酸及烟酰胺广泛存在于食物中。植物性食物中存在的主要是烟酸；动物性食物中以烟酰胺为主。烟酸和烟酰胺在肝、肾、瘦畜肉、鱼以及坚果类中含量丰富；乳、蛋中的含量虽然不高，但色氨酸较多，可转化为烟酸。

5. 叶酸

叶酸即蝶酰谷氨酸，为淡黄色结晶粉末，微溶于水，其钠盐易于溶解，不溶于乙醇、乙醚等有机溶剂。叶酸在热、光线、酸性溶液条件下均不稳定，在酸性溶液中温度超过 100℃即分解。在碱性和中性溶液中对热稳定。食物中的叶酸烹调加工后损失率可达 50%～90%。

生理功能：叶酸在肠壁、肝脏及骨髓等组织中，经叶酸还原酶作用，还原成具有生理活性的四氢叶酸。四氢叶酸的主要生理作用在于它是体内生化反应中一碳单位转移酶系的辅酶起着一碳单位传递体的作用。以四氢叶酸作为载体，参与其他化合物的生成和代谢。缺乏时容易引起巨幼红细胞贫血

膳食推荐量及食物来源：中国营养学会提出的《中国居民膳食参考摄入量》对叶酸的成人推荐量为 400μgDFE/d，UL 值为 1000μgDFE/d。叶酸广泛存在于各种动、植物食品中。富含叶酸的食物为猪肝、猪肾、鸡蛋、豌豆、菠菜等。

6. 维生素 C

维生素 C 又称抗坏血酸，是一种含有 6 个碳原子的酸性多羟基化合物，维生素 C 虽然不含有羧基，仍具有有机酸的性质。维生素 C 呈无色无嗅的片状结晶体，易溶于水。

生理功能：维生素 C 是一种较强的还原剂，可使细胞色素 C、细胞色素氧化酶及分子氧还原。维生素 C 参与羟化反应，羟化反应是体内许多重要物质合成或分解的必要步骤，如胶原和神经递质的合成，各种有机药物或毒物的转化等，都需要通过羟化作用才能完成。

膳食推荐量及食物来源：中国营养学的"中国居民膳食参考摄入量"中，对维生素 C 的推荐量：成人为 100mg/d，UL 值为 2000mg/d。维生素 C 的主要食物来源是新鲜蔬菜与水果。

蔬菜中，辣椒、茼蒿、苦瓜、豆角、菠菜、土豆、韭菜中含量丰富；水果中，酸枣、鲜枣、草莓、柑橘、柠檬中含量最多；在动物的内脏中也含有少量的维生素 C。

第三节　运动期间的营养问题及合理营养

一、运动锻炼期间膳食中常见问题

运动锻炼期间的膳食失衡表现在多方面。长期失衡的膳食营养损害运动者的健康，降低训练的效果，延缓疲劳的消除。结合近年来的研究发现，膳食问题主要存在以下方面：

(一)碳水化合物(糖)摄入不足

碳水化合物占总热能比例55%～65%，是运动中的主要能量来源。碳水化合物摄入严重不足不仅会严重影响训练质量和运动能力，同时还会影响其他物质的正常代谢。随着生活水平的改善，人们把摄取更多的动物性食物作为改善营养的标准，相应的碳水化合物的食物摄取就被忽略。

膳食中碳水化合物严重缺乏会制约训练质量和运动能力。通常训练水平越高的选手，膳食中碳水化合物的比例也应该越高。所以为了保证训练效果和提高运动能力，应增加膳食碳水化合物的摄入量。

(二)脂肪和蛋白质摄入过多

合理膳食中脂肪和蛋白质的供应量应分别占总热能的25%～30%和12%～15%，若摄取过多，也会损害运动员的健康，降低训练效果。普遍认为"肉类即是营养"和流行"吃主食发胖"的错误观念，导致膳食中脂肪和蛋白质摄入过多。另外，烹调使用太多的食用油，偏好油炸食品，以及忽视主食的摄取等都容易导致脂肪和蛋白质摄入过多。

长期过多的脂肪和蛋白质摄入不利于健康和运动能力的提高。过剩的脂肪和蛋白质造成能量过剩，增加体重；蛋白质和脂肪代谢加重肝、肾的负担，并产生酸性产物，使体液酸化，从而导致疲劳的过早发生；过多的膳食脂肪使肠道内铁和蛋白质的吸收降低，过多的蛋白质摄入也容易造成钙的丢失和引起脱水等。

(三)部分维生素摄入不足

运动锻炼期间能量代谢旺盛，对参与代谢的 B 族维生素需求量大。训练期间汗液丢失量大，也容易导致水溶性维生素丢失增多。再加上膳食加工过程中，水溶性维生素也容易被破坏。

(四)运动中补液不科学

水占人体体重的65%左右，具有调节体温、参与代谢、促进代谢废物清除的功能。研究表明，运动中丢失水得不到及时的补充，将导致血容量的下降，从而增加心脏的负担，使心率过度增高。通常体液丢失达到体重的2%～3%，机体调节体温的能力下降，运动能力就会受到损害。

二、运动期间合理营养的意义

合理营养是指在维持健康的基础上，摄入的营养物质能够满足运动训练或比赛的需求。合理营养可以提供全面而均衡的营养素，使体内有充足的营养储备，维持良好的运动能力。

(一) 有助于提供充足的能量，维持适宜的体重和体脂比例

运动训练增加能量的消耗，而体内可快速动用的能源储备有限，如果无充足的能源补充，即体内糖原水平降低时，就不能维持高效的三磷酸腺苷（ATP）合成速率。因此在训练或比赛前应摄取充足的含碳水化合物的食物，保证体内有充足的肌糖原和肝糖原储备。适宜的体重和体脂比例也是运动员良好运动能力的保障，而能量的平衡是维持良好的体重、体脂比例的关键。

(二) 有助于延缓疲劳和加速运动后的恢复

机体能源物质的大量消耗和代谢产物的堆积是引起疲劳的主要原因。运动前、中、后合理的补糖、补液，可以预防运动中脱水、纠正电解质紊乱和防止低血糖的发生，从而有助于延缓运动性疲劳。代谢能力的恢复主要靠合理营养措施才能实现，运动后及时的营养物质补充有助于能源物质的快速恢复和储备。

(三) 有利于改善免疫机能和运动能力

大负荷运动训练、不合理的膳食营养可抑制机体的免疫机能，增加感染的危险性。通过合理的膳食营养，尤其在大负荷训练期特殊营养的营养补充能够调节机体的免疫功能。

(四) 有助于克服特殊的运动医学问题

按体重级别进行比赛的运动项目，减、控体重是运动训练的重要内容，而由此会引起营养不良、脱水、电解质紊乱、低血糖等医学问题；特殊环境训练的医学问题，如高原训练、热环境及冷环境条件下训练的医学问题，需要特殊的营养监控，保证运动训练和良好的健康水平。

三、合理营养的要求

由于健身运动者的性别、年龄的差异，以及从事运动项目的不同，其营养需求必然存在差异。且运动项目要求复杂，活动强度大，能量消耗高，与一般体力劳动者不同。因此，制定一个通用的营养标准是困难的，也是不现实的。只能给出建议，以达到合理膳食营养的要求。

(一) 合理膳食营养的基本要求

①食物的数量和质量应满足需要。
②食物应当营养平衡和多样化，且易于消化吸收。
③食物应当是浓缩的，营养密度高、体积重量小。
④一日三餐食物的能量分配应根据运动训练或比赛的任务来安排。
⑤食物要具有良好的感官性状，色、香、味俱全，能够引起食用者的食欲。

因此，制定饮食建议时，需要对每一个运动员进行详细的营养状况评定，包括运动员的最佳体重、体成分、饮食和生活方式、健康状况、心理和生理评定等，要参照运动的专项训练目标及运动强度、时间等。

(二)膳食制度的要求

1. 进餐时间

应养成良好的进餐习惯：定时进餐，饮食有节。进食的时间和餐次应有规律，定时进餐可使大脑皮层的兴奋性规律性地升高，促进食物的消化吸收。一般食物在进食后3～4小时可从胃排空，含脂肪少的食物如植物性食物停留较短，而脂肪多的食物停留时间较长。一般进餐后2～2.5小时再进行运动为宜，这是因为：进餐后的短时间内，胃的充盈抑制了膈肌的活动，影响呼吸，不利于运动；另外，若进餐后立即运动，由于血液的重新分配，导致消化系统的血流量减少，致使消化吸收能力下降，影响运动能力的发挥。

运动结束后的一段时间内，胃肠道的血液分布才会逐步恢复正常，运动后最好休息30分钟以上再进餐，大运动量后要休息45分钟以上。另外，对于能量消耗的运动员，包括青少年运动员，在训练或比赛间歇可安排加餐，加餐的食物要易于消化吸收，以不增加消化器官的负担为前提。

2. 进餐方式和分配

运动前一餐的食物要求体积不能过大，能量密度高，且易于消化吸收，应该以谷类为主，动物性食物为辅。运动后的食物选择可以适当增加蔬菜、水果的摄取，满足维生素、矿物质和膳食纤维的需要。

一日三餐的能量分配应根据训练或比赛情况来安排，原则是运动前的一餐应注重碳水化合物能量的摄取。对于三餐的要求，一般早餐摄入充足的蛋白质和维生素，有利于整个上午的生理机能保持较高的水平。午餐可以丰富一些，晚餐量不宜大，尤其脂肪和蛋白质不宜多，也不宜有难消化和刺激性的食物，以免影响睡眠和次日的食欲。

四、中国居民膳食指南（2022）

膳食指南是根据科学原则和当地百姓健康需要，以及当地食物生产情况和人民生活实践，以政府或者权威学术机构提出的食物选择和身体活动的指导性意见。它也是一个国家公共卫生政策的基础性文件，当然也是健康教育基础性文件，是国家实时推动合理膳食、合理消费和改善人群营养状况的一个重要组成部分。《中国居民膳食指南（2022）》提出了新的八条准则：

(一)食物多样，合理搭配

核心推荐：坚持谷类为主的平衡膳食模式；每天的膳食应包括谷薯类、蔬菜水果、畜禽鱼蛋奶和豆类食物；平均每天摄入12种以上的食物，每周25种以上，合理搭配；每天摄入谷类食物200～300g，其中包含全谷物和杂豆类50～150g；薯类50～100g。

（二）吃动平衡，健康体重

核心推荐：各年龄段人群都应天天进行身体活动，保持健康体重；食不过量，保持能量平衡；坚持日常身体活动，每周至少进行 5 天中等强度身体活动，累计 150 分钟以上；主动身体活动最好每天坚持 6000 步；鼓励适当进行高强度有氧运动，加强抗阻运动，每周 2～3 天；减少久坐时间，每小时起来动一动。

（三）多吃蔬果、奶类、全谷、大豆

核心推荐：蔬菜水果、全谷物和奶制品是平衡膳食的重要组成部分。餐餐有蔬菜，保证每天摄入不少于 300g 的新鲜蔬菜，深色蔬菜应占 1/2；天天吃水果，保证每天摄入 200～350g 的新鲜水果，果汁不能代替鲜果；吃各种各样的奶制品，摄入量相当于每天 300mL 以上的液态奶；经常吃全谷物、大豆制品，适量吃坚果。

（四）适量吃鱼、禽、蛋、瘦肉

核心推荐：鱼、禽、蛋类和瘦肉摄入要适量，平均每天 120～200g；每周最好吃鱼 2 次摄入量相当于 300～500g，蛋类 300～350g，畜禽肉 300～500g；少吃深加工肉制品；鸡蛋营养丰富，吃鸡蛋不弃蛋黄；优先选择鱼，少吃肥肉、烟熏和腌制肉制品。

（五）少盐少油，控糖限酒

核心推荐：培养清淡饮食习惯，少吃高盐和油炸食品。成年人每天摄入食盐不超过 5g，烹调油不超过 25～30g；控制添加糖的摄入量，每天不超过 50g，最好控制在 25g 以下；反式脂肪酸每天摄入量不超过 2g；不喝或少喝含糖饮料；儿童、青少年、孕妇、乳母以及慢性病患者不应饮酒，成年人如饮酒，一天饮用的酒精量不超过 15g。

（六）规律进餐，足量饮水

核心推荐：合理安排一日三餐，定时定量，不漏餐，每天吃早餐；规律进餐、饮食适度，不暴饮暴食、不偏食挑食、不过度节食；足量饮水，少量多次。在温和气候条件下，低身体活动水平成年男性每天喝水 1700mL，成年女性每天喝水 1500mL；推荐喝白开水或茶水，少喝或不喝含糖饮料，不能用饮料代替白开水。

（七）会烹会选，会看标签

核心推荐：在生命的各个阶段都应做好健康膳食规划。认识食物，选择新鲜的、营养素密度高的食物；学会阅读食品标签，合理选择预包装食品；学习烹饪、传承传统饮食，享受食物天然美味；在外就餐不忘适量与平衡。

（八）公筷分餐，杜绝浪费

核心推荐：选择新鲜卫生的食物，不食用野生动物；食物制备生熟分开，熟食二次加热要热透；讲究卫生，从分餐公筷做起；珍惜食物，按需备餐，提倡分餐不浪费；做可持续食物系统发展的践行者。

运动技能篇

第五章　田径运动

第一节　田径运动概述

一、田径运动的定义

田径运动是人类最古老的运动之一，它起源于人类漫长的历史过程中，在与大自然及动物的斗争中，人类不得不奔跑相当长的距离、跨越过各种障碍、投掷石块以及使用各种捕猎工具，以求获得生存资料。在劳动中不断重复这些动作，便形成了各种走、跑、跳跃和投掷的技能。随着社会的发展，人们有意识地把走、跑、跳跃、投掷作为军队训练和比赛形式，以此来发展个体的身体素质。

在现代田径运动形成和发展的一个多世纪中，世界各国田径运动的名称尽管不尽相同，但对其定义的内容基本上大同小异。"田径"一词由 19 世纪末欧洲传教士传入我国，当时称为"田径赛"（Track and Field），意为在小路和田野中的竞技比赛，后来逐步演变为"田径运动"。国际田联章程给其下的定义为："田径运动是由径赛和田赛、公路赛跑、竞走和越野赛跑组成的运动项目。"

二、田径运动的发展概况

田径比赛起源于古希腊的古代奥运会。最早的田径比赛，是公元前 776 年在希腊奥林匹克村举办的第一届古代奥运会上进行的。其比赛项目只有短距离赛跑，跑道为一条直道，长 192.27 米。到公元前 708 年的第 10 届奥运会上，才正式列入了跳远、铁饼、标枪等田赛项目。从公元前 776 年至公元 394 年，古代奥运会共举办了 293 届，之后被罗马帝国皇帝狄奥西多下令废止。

第一届现代奥运会于 1896 年在希腊举行。在这届奥运会上，田径的走、跑、跳跃、投掷等项目，被列为大会的主要竞技项目。现代奥运会已经举行了 33 届，田径运动赛场涌现出许多英雄般的运动员。美国的卡尔·刘易斯参加了 1984 年、1988 年、1992 年和 1996 年共 4 届奥运会，在男子短跑以及跳远项目上总共夺得 10 枚奖牌，其中包括 9 枚金牌（平奥运会夺金纪录）；同时，刘易斯还曾八夺世界冠军并八次刷新世界纪录。荷兰女子田径运动员布兰克尔斯·科恩堪称世界田径史上最全面的女选手，她在长达 20 年的运动生涯中，曾 15 次创造世界纪录。在第 14 届奥运会上科恩获得 4 枚金牌并被称为"女欧文斯"。牙买加短跑运动员尤塞恩·博尔特两度获得奥运会 100 米、200 米和 4 × 100 米接力三个项目的冠军（2008 年北京奥运会和 2012 年伦敦奥运会），保持着男子 100 米（9′58″）、200 米（19′30″）世界纪录。

中华人民共和国成立后，田径运动在我国得到迅速普及，技术水平很快提高。1953 年起，几乎每年都举行规模较大的全国性田径运动会，在群众性体育运动广泛开展的基础上，中国逐渐缩短了与国际田径技术水平和成绩的差距。1956 年，女子跳高运动员郑凤荣以 1.77 米的成绩打破了当时 1.76 米的世界纪录。20 世纪 60 年代，中国有 10 个项目进入了世界前 10 名。1983 年，在上海举行的第五届全运会上，朱建华以 2.38 米的跳高成绩打破了他自己保持的 2.37 米的世界纪录。同年，徐永久以 45′13″4 的成绩创下女子竞走世界纪录，成为中国第一个在世界比赛中获得冠军的田径运动员。王军霞在 1996 年第 26 届亚特兰大奥运会上获得女子 5000 米金牌、10000 米银牌，是中国首位获奥运会长跑金牌的运动员，被誉为"东方神鹿"。2000 年第 27 届悉尼奥运会上，中国运动员王丽萍获得 20 公里竞走金牌。2004 年第 28 届雅典奥运会上，刘翔夺得 110 米栏冠军并平世界纪录。邢慧娜在 2004 年第 28 届雅典奥运会上获得女子 10000 米金牌。2015 年，刘虹获得女子 20 公里竞走金牌，同时打破世界纪录。竞走运动员陈定在 2012 年伦敦奥运会男子 20 公里竞走比赛中夺冠，打破奥运会纪录。竞走运动员王镇在 2016 年里约热内卢奥运会男子 20 公里竞走比赛中夺冠，竞走运动员蔡泽林夺得亚军。

第二节　田径运动项目分类

田径运动是由走、跑、跳跃、投掷等一系列人类最基本的活动形式所组成的一项运动，也是各种体育比赛中单项最多的一项运动。一方面，它所包括的单项较多，另一方面，有男女之分，又有成年、青年、少年之分；有奥运会正式比赛项目，也有许多奥运会未设立比赛的项目；有室外比赛项目，也有室内比赛项目；有以公米制计算的项目，也有以英制计算的项目……目前，按照国际重大比赛的项目设置对田径运动的项目进行分类，主要可分为以下五大类：田赛、径赛、公路赛、竞走、越野赛。人们通常把以时间作为计算单位、判断比赛胜负的项目称为"径赛"；把以远度和高度为计算单位的项目称为"田赛"；全能项目是由跑、跳、投三类中的一些项目组成的一种多项比赛运动，它有严格的比赛项目顺序和休息时间规定，各项成绩最后要换算成相应的分数来决定最终比赛成绩。

国际业余田径联合会至今承认的有世界纪录的田径运动项目已达 150 多项。以下是田径运动主要比赛项目分类。

1. 竞走

场地竞走：男子 10 公里、20 公里；女子 5 公里、10 公里。

公路竞走：男子 20 公里、50 公里；女子 10 公里、20 公里。

2. 跑类

短跑：100 米、200 米、400 米。

中跑：800 米、1500 米。

长跑：3000 米、5000 米、10000 米。

超长距离跑：马拉松跑、越野跑、公路跑。

接力跑：4×100 米、4×400 米、4×800 米、公路接力跑。

障碍跑：3000 米障碍跑。

跨栏跑：男子 110 米栏、400 米栏；女子 100 米栏、400 米栏。

3. 跳跃类

跳跃类包括：跳高、撑竿跳高、跳远、三级跳远。

4. 投掷类

投掷类包括：铅球、铁饼、标枪、链球。

5. 全能类

男子十项全能：100 米、跳远、铅球、跳高、400 米、110 米栏、铁饼、撑竿跳高、标枪、1500 米。

女子七项全能：100 米栏、跳高、铅球、200 米、跳远、标枪、800 米。

第三节 田径运动技术理论

一、短跑

公元前 776 年在第一届古希腊奥林匹克运动会上，就有了短跑项目。跑是人体的自然动作，跑的步频、步幅是影响短跑跑速最重要的两个因素。随着塑胶跑道的逐渐普及，从跑的技术要领看，现代跑的技术基本属于摆动式跑范畴，后蹬不必过分蹬直。强调摆动腿高抬，前摆时积极送髋，着地时脚掌积极"扒地"，后蹬时"屈蹬"，以减小蹬地的角度，突出实效性。同时强调蹬摆协调配合，摆动幅度大而向前，整个动作轻快、柔和、自然、协调、步幅大、频率快。短跑是发展速度素质最有效的手段，是田径运动的基础项目，在其他项目的训练中也占有极其重要的位置。短跑是人体运动器官和内脏器官在大量缺氧的条件下完成最大强度的工作，属于一种极限运动。

(一) 短跑技术

短跑技术是一个不可分割的整体，为了便于分析，一般把它分为起跑、起跑后的加速跑、途中跑及终点跑几个部分。

1. 起跑技术

在短跑比赛中必须用蹲踞式起跑。起跑器的安装：一般有普通式、接近式和拉长式三种安装方法，这三种方法各有优点，采用时可根据个人的身高、体型、身体素质和技术水平等特点来选择。一般前起跑器抵足板与地面的夹角为 45° 左右，后起跑器为 60°～80°，两个起跑器之间宽度为 15 厘米。起跑发令过程包括"各就位""预备""鸣枪"三个环节。听到"各就位"口令后，运动员应轻快地跑到起跑器前，俯身用两手撑地，两脚依次踏在前、后起跑器的抵足板上，将有力的腿放在前面，后膝跪地，然后两手收回到起跑线后，两臂伸直或微屈，两手间的距离约比肩稍宽，四指并拢和拇指成"人"字形，身体重心稍前移，颈部自然放松，两眼看前下方 40～50 厘米处。听到"预备"口令时，抬起臀部，使之稍高于肩。同时身体重心适当前移，这时体重主要落在两臂和前腿上。听到枪声或"跑"的口令时，两手迅速离开地面，屈肘做有力的前后摆臂，同时两腿迅速蹬起跑器，把身体推向前方。

2. 起跑后的加速跑

①起跑后的加速跑，第一步摆动腿尽可能贴近地面向前摆出，然后积极下压，前脚掌着地，着地点在身体重心投影点的后方，并迅速转入蹬伸。

②双臂配合下肢动作大幅度前后摆动，维持身体平衡。

③从第一步开始，步长逐渐增大，维持至约30米。

④不要过早抬起上体，上体前倾的角度随速度增加而逐渐恢复竖直。

3. 途中跑

百米跑的途中跑距离为65～70米，占百米全程的70%。

摆臂动作：途中跑时上体稍前倾或正直，两眼平视，颈肩放松，手成半握拳，两臂弯曲，以肩关节为轴，大臂用力前后摆动。两臂不能摆过身体胸前的中线形成交叉摆动。前后摆动的幅度，应与运动员的跑速相适应。

摆动腿的动作：后蹬结束、蹬地脚蹬离地面后，即进入摆动动作。随着跑动惯性，摆动腿快速积极地向前摆动，这是当代短跑技术的主要特点之一。摆动腿的大腿从脚一离地后便带动小腿积极向前摆动，摆过支撑点垂直面上方时积极向前上方摆动，同时送髋，膝部前顶。高抬大腿后，随即积极下压。在摆动腿大腿下压的同时，摆动腿膝关节放松，小腿顺惯性向前继续摆动后及时迅速回摆，用前脚掌积极向后"扒地"。一般情况下，摆得快，步频快；摆幅大，步幅大。

蹬伸动作：前脚掌落地后足跟稍下沉，膝、踝两关节略弯曲，这个动作叫作"缓冲"。在缓冲时踝应尽量保持较高的支撑，膝关节弯曲不宜过大。现代塑胶跑道的出现，要求踝关节有力量，支撑高，缓冲小，摆动、"扒地"、蹬伸要快。

4. 终点跑

终点跑是途中跑的继续，如果有能力最好保持途中跑的技术跑到终点。但是，从目前的技术观察来看，由于疲劳，百米运动员在终点段有降低步频、拉大步长的现象。撞线时的最后1～2步应迅速前倾上体，到终点线时，达到最大的上体前倾，尽量用躯干部位先到达终点。通过终点后，要调整步频和步幅，维持身体平衡，逐渐减速。

(二)短跑技术教学中跑的专门练习

1. 小步跑

上体稍前倾，膝、踝关节放松，大腿抬起约45°后积极下压，小腿顺势以前脚掌积极着地，完成"扒地"动作。上臂屈肘前后摆，配合两腿动作，加快频率。小步跑还可以起到加强踝关节力量训练的目的。

2. 高抬腿跑

上体正直或稍前倾，提起重心。大腿向前上方高抬与躯干接近直角，然后积极下压以前脚掌着地，两臂屈肘成90°在两侧做前后摆动，腰部要直，使骨盆前送。做的形式可以采用原地、行进、加速做。高抬腿跑可以增强抬腿的肌肉力量，发展膝关节的灵活性，加快动作速率。高抬腿跑是"摆动式"跑法的关键练习，十分重要。

3. 后蹬跑

上体正直或稍前倾，两臂自然摆动。摆动腿积极向前上方摆出，由于摆动幅度大，躯干略有扭转进行补偿运动后，使同侧髋关节充分前送。另一侧大腿积极下压，经足掌着地，髋、膝、踝关节缓冲，着地后迅速滚动转入"屈蹬"。

4. A-skip 练习

一条腿站立在地面上。另一条腿抬高，脚跟靠近该侧的臀部。抬高的腿的脚踝做背屈动作（脚趾向上勾起）。抬高腿对侧的手臂摆动至对应的位置。练习时可以向前慢跑时做。练习时注意勾起脚尖，脚跟和膝盖朝向上方。

5. B-skip 练习

练习时可以边慢跑边做。起始动作与 A-skip 动作一致。摆动腿抬高后，膝盖充分伸展，脚向前方伸出。做动作时脚跟要靠近臀部。

二、中长跑

现代中长跑运动最先在英国兴起。18 世纪初，英国已有职业长跑选手进行一些长距离跑项目的比赛，比赛主要以越野跑的形式进行，很受人们的欢迎，后便在世界各国普遍开展起来。19 世纪末，1896 年第一届现代奥林匹克运动会上就有了 10000 米跑的成绩纪录。1912 年国际田联成立之后，先后审批承认了男女共 9 个项目的中长跑单项世界纪录。

中长跑运动水平的持续提高与不断采用科学训练方法有直接关系。现代中长跑训练以运动生理、运动生化、运动医学等自然科学理论作为科学依据，根据上述理论基础合理地安排运动训练负荷，通过长期和多年的系统训练，使运动员能够较充分地发挥人体潜力。此外，由于长跑对人们的呼吸系统、血液循环系统、运动肌肉骨骼系统等都有很大的锻炼作用，因此已经被广大人民群众作为健身的重要手段之一。我国目前各地正在兴起马拉松和半程马拉松运动，显示出长跑已然成为人们较为青睐的娱乐健身手段之一。

(一) 中长跑的技术和战术

1. 起跑和起跑后的加速跑

中长跑要求起跑姿势为"站立式"，按"各就位""鸣枪"两个口令进行。

(1)"站立式"起跑

"各就位"时，运动员从集合线走到起跑线处，两脚自然前后开立，将有力的腿放在前面，后脚距前脚约一脚长，上体前倾，两膝弯曲，两臂一前一后，身体重心主要落在前脚上，保持稳定姿势，集中注意力听枪声。听到枪声后，后面的腿用力蹬地后快速前摆，前面的腿用力蹬伸，两臂配合腿部动作，快速用力前后摆动，身体向前冲出。

(2) 起跑后的加速跑

起跑后，运动员上体保持一定的前倾，脚的着地、腿的蹬地和前摆以及两臂的摆动都应快速积极，逐渐加大步长和加快速度。随着加速跑段的延长，上体逐渐抬起转入途中跑。加速段距离的长短和速度，应根据个人特点、战术要求和临场情况而定。

2. 途中跑

（1）上体姿势

途中跑时上体应自然伸直，适度前倾（3°～5°），下颌微收，两眼平视，颈部肌肉放松。

（2）摆臂动作

两臂自然弯曲约成90°，两手放松或半握拳，肩部放松，以肩为轴，两臂自然地做前后摆动。前摆时稍向内，后摆时稍向外。

（3）两腿动作

当身体重心移过支撑点后，摆动腿由大腿带动小腿继续向前摆动，在它的摆动配合下，髋部向前送出。随之蹬地腿迅速有力地伸髋、伸直膝和踝关节。在摆动腿前摆的过程中，膝部和小腿自然放松。

3. 终点跑

终点跑阶段，身体已处于疲劳状态，技术动作容易变形。为了力争保持速度，应根据体力情况选择加快摆臂或加大摆幅，同时转动髋部，有利于抬腿迈步。终点冲刺的距离应根据自己的体力情况而定。一般中距离跑为200米左右，长跑在300米以上。

4. 中长跑的呼吸和"极点"现象

中长跑途中，为了加大肺通气量，以满足机体的需要，呼吸时采用口鼻同时进行呼吸的方法。呼吸的节奏应和跑的节奏相配合，一般采用两步一呼，两步一吸（有时也采用三步一呼，三步一吸）。呼吸时要注意加大呼气的深度。中长跑时，由于人体生理惰性，氧气的供应落后于机体的需要。跑到一定距离时，会出现胸部发闷，呼吸节奏被破坏，呼吸困难，四肢无力和难以跑下去的感觉，这种现象被称为中长跑中的"极点"，这是人体的正常反应。当出现"极点"时要以顽强的意志坚持跑下去，同时加强呼吸（特别是呼气），必要时还可适当调整速度和步幅。再坚持一段距离的跑步后，"极点"现象就会消失，人体就可以轻松自然地继续跑了。

5. 中长跑的战术

（1）变速跑战术

在中长距离全程跑的各段中，领先者为了甩掉对手在领先跑时采用突然加速或者减速跑的战术，以打乱对手跑的节奏，消耗对手的体力。采用这种跑法通常要有强大的实力为基础，否则只能失败，因为采用变速跑是非常消耗体力的。

（2）领先跑战术

运动员出发后或在跑了一段距离后，占据领先位置，并尽力保持较高速度直至领先到达终点。这是速度稍差而耐力较好的运动员常采用的方法。目的在于用自己较好的耐力拖垮对手。

（3）跟随跑战术

出发后，始终跟随在领先者或小集团后面，力争在最后冲刺阶段中奋力超越对手，这种战术通常为速度好而耐力相对较差的运动员所采用。一般情况下，跟随者比领先者体力消耗少。

（4）匀速跑战术

除起跑后加速跑及最后冲刺跑外，跑程中基本上采用匀速跑。匀速跑的时间一般按赛前制订的计划跑，不论赛场上出现什么情况，都坚持按计划进行，以求达到赛前规定的时间。这种跑法对中长跑全程中体力分配较好，但显得保守。

（二）中长跑素质练习

①各种球类活动 40～60 分钟，如踢足球、打篮球等；或骑自行车、游泳、滑冰等耐力性运动。发展一般耐力和身体的协调性。

②力量训练，用轻重量的杠铃练习，发展上肢和下肢力量。

③负重与不负重的各种跳跃练习，重复多次，提高腿部力量。

④负重高抬腿走或跑 60～100 米，发展腿部力量。

⑤负重与不负重的腰、腹、背肌练习，发展躯干肌群的力量。

⑥各种跨栏跑练习，提高髋关节的灵活性，增加腿部力量。

三、立定跳远

立定跳远是最古老的田径项目之一，早在古代奥运会上就有了立定跳远比赛，现代奥运会也把它作为田径运动项目之一。1904 年在美国圣路易举行的第三届奥运会上，尤里蝉联了立定跳跃的全部三项冠军，成绩为立定跳高 1.50 米、立定跳远 3.476 米（创世界纪录）、立定三级跳远 10.55 米。立定跳远从立定姿势开始，两脚同时原地起跳的跳远，是集弹跳力、下肢爆发力、上下肢协调性等于一体的跳跃运动。完整的立定跳远技术由准备姿势、预摆、起跳、腾空和落地五个步骤组成。

（一）立定跳远的方法

立定跳远是不用助跑从立定姿势开始的跳远，比赛时运动员双脚站立的位置不限定。跳时，只准离地一次，若双脚离地后不起跳，落下后再起跳，即为连续离地两次，作为一次试跳失败论。

立定跳远在田径训练中经常被采用，为"达标"项目之一，是体育考试、体质测试的必测项目。

（二）作用与特点

立定跳远是发展下肢爆发力与弹跳力的运动项目。它要求下肢与髋部肌肉协调快速用力，并与上肢的摆动相配合，所以它也需要一定的灵巧性。立定跳远具有简便易行的特点，平地上就能进行练习。

（三）技术分解（图 5-1）

1. 准备姿势与预摆

两脚开立，与肩同宽，双臂自然下垂，前后摆动；前摆时，双腿伸直，重心提高；后摆时，屈膝降重心，上体稍前倾且手臂尽量向后摆。

2. 起跳

经过预摆动作后，人体处于半蹲压紧的姿势，此时两脚快速用力蹬地，同时两臂由后向前上方快速摆动、突停，身体顺势向前上方腾空跳起。

3. 腾空

起跳后，空中展体要充分，待身体完全展开后，顺势收腹屈髋收腿。

图5-1　立定跳远分解动作

（四）影响跳远成绩的因素

1. 力量因素

立定跳远对下肢肌群的爆发用力能力及对踝关节的力量提出了较高的要求。立定跳远的最后用力点是在前脚掌，甚至是脚尖，需要踝关节的跖屈用力有相当大的强度。

2. 协调用力的能力

协调用力的能力是指骨盆肌群与下肢肌群协调用力的能力（包括踝关节）。协调用力正确的标志是髋、膝、踝三关节能迅速有力地蹬直，上肢能做出协调的摆动，起到带、领、提、拉的作用。

3. 臂的摆动作用

立定跳远必须直臂摆动，摆幅越大，带、领、提、拉动作越强。请注意观察，凡屈臂摆动者，必然造成上体的波浪动作，从而影响跳的远度。

4. 能量的转换

从站立状态到下蹲状态，势能转化为动能，这样就相当于有一定的助跑，从而可以更有效地提高初速度，增加跳远的远度。

（五）立定跳远的练习方法

1. 蹲跳起

这是主要发展腿部肌肉力量和踝关节力量的练习。

动作方法：双脚左右开立，脚尖平行，屈膝向下深蹲或半蹲，两臂自然后摆。然后两腿迅速蹬伸，使髋、膝、踝三个关节充分伸直，同时两臂迅速有力地向前上方摆，最后用脚尖蹬离地面向上跳起，落地时用前脚掌着地屈膝缓冲，接着再跳起。每次练习15～20次，重复 3～4 组。

2. 单脚交换跳

这是发展小腿、脚掌和踝关节力量的练习。

动作方法：上体正直，膝部伸直，两脚交替向上跳起。跳时主要是用踝关节的力量，用前脚掌快速蹬地跳起，离地时脚面绷直，脚尖向下。原地跳时，可规定跳的时间（30 秒～1 分钟）或跳的次数（30～60 次）。行进间跳时，可规定跳的距离（20～30 米）。以上练习重复 2～3 组。

3. 踮跳步

踮跳步主要用来发展腿部后群肌肉和踝关节的力量，训练身体的协调性。

动作方法：用右（左）腿直膝向前上方跳起，同时左（右）腿屈膝向上举，右腿落地，然后换腿，用同样方法跳，两臂配合腿前后大幅度摆动。跳时踝关节和前脚掌要用力，整个动作要轻快。它与舞蹈中的"踮跳步"动作类似。

4. 纵跳摸高

这是为发展腿部肌肉和踝关节力量而经常采用的一种练习方法。

动作方法：两脚自然开立成半蹲预备姿势，一臂或两臂向上伸直，接着两腿用力蹬伸向上跳起，用单手或双手摸高。每组练习 10 次左右，重复 3～4 组。

5. 蛙跳

蛙跳是发展大腿肌肉和髋关节力量的练习。

动作方法：两脚分开成半蹲，上体稍前倾，两臂在体后成预备姿势。两腿用力蹬伸，充分伸直髋、膝、踝三个关节，同时两臂迅速前摆，身体向前上方跳起，然后用全脚掌落地屈膝缓冲，两臂摆成预备姿势。连续进行 8～10 次，重复 3～4 组。

6. 障碍跳

障碍跳主要发展腿部肌肉和踝关节爆发力。

动作方法：接近障碍物时，应保持身体平衡。起跳时，确保身体重心前移，并控制起跳的节奏和力度。腾空过程中，利用手臂的协调动作来控制身体的平衡和方向。落地时，积极收腹举腿，小腿向前伸，同时，两臂用力向后摆动，以屈膝方式缓冲落地。反复体会动作过程中的腿部用力和手臂的配合。

（六）立定跳远的辅助练习

1. 挺身跳

原地屈膝开始跳，空中做直腿挺身动作，髋关节完全打开，做出背弓动作，落地时屈膝缓冲。

2. 单足跳前进练习

一般采用左（右）去右（左）来的方法进行练习，距离控制在 25～30 米，完成 4～6 组。

3. 收腹跳练习

从原地直立开始起跳，空中做屈腿抱膝动作或双手在腿前击掌，落地时一定要屈膝缓冲。

4. 跳深

跳深是增加垂直爆发力的常用动作，它是一种增强式训练，通过使肌肉牵张后快速收缩，让肌肉弹性能充分达到储存与释放，以产生快而有力收缩动作的神经肌肉训练。

方法：选择一定高度的台阶或箱子，高度不宜过高，以站立在箱子上为起始姿势；双脚跳下箱子→顺势下蹲→下肢关节同时伸展向上爆发跳起。

(七) 立定跳远的常见错误和解决方法

①预摆不协调。解决办法：反复做前摆直腿后摆屈膝的动作，由慢到快。

②上体前倾过多，膝关节不屈，重心降不下去，形成鞠躬动作。解决办法：做屈膝动作，眼睛往下看，垂直视线不超过脚尖，熟练后可不用眼睛看。

③腾空过高或过低。解决办法：利用一定高度或一定远度的标志线来纠正这类错误。

④收腿过慢或不充分。解决办法：反复做收腹跳的练习，需要注意，是大腿往胸部靠而不是小腿往臀部靠，击掌动作要及时。

⑤落地不稳，双腿落地区域有较大的差异。解决办法：多做近距离的起跳落地动作，手臂的摆动要协调配合。地面设置标志物，双脚主动有意识地踩踏标志物。

第六章　篮球运动

第一节　篮球运动发展概述

篮球运动起源于美国马萨诸塞州，1891年，由当地体育教师詹姆斯·奈史密斯博士发明。他受到桃子投入桃子筐的启发，采纳足球等其他项目特点，发明了篮球游戏。随着场地设施的不断改进，这项运动受到越来越多人的喜爱和关注，篮球运动从而风靡美国，受到众多球迷的喜爱。随着1892年篮球运动从美国传入墨西哥，紧接着篮球运动先后传入世界各国，并在全球范围普及和发展。

篮球运动正式传入我国是在1895年，美国人鲍勃·盖利将篮球传入中国，在1896年进行了第一次篮球游戏表演。此项运动随后在北京、天津中青年人群中开展起来。1914年和1924年我国第二届和第三届全运会上篮球被列为男子、女子正式竞赛项目。1936年第11届奥运会将男子篮球列入正式比赛项目。随后的1951年和1953年分别举行了世界男子、女子篮球锦标赛。女子篮球于1976年第21届奥运会被列入正式比赛项目。目前篮球运动的发展趋势仍然延续着"高、快、全、准"。"高"不仅表现在身高，而且还表现在弹跳高，更有利于球员取得空中优势。"快"即速度快，随着篮球规则的不断改进，对速度的要求越来越高，促使球员不断提高速度。"全"指球员技术越来越全面，内线球员能提到三分线外投篮得分，有些身材高大的球员动作非常灵活，球员的场上"外置"概念越来越"模糊"。同时对球员各方面能力，如体能、战术能力、技术能力、心理能力、智力能力的要求也更全面。"准"意味着篮球以得分为目的，当今篮球比赛中球员命中率非常高，涌现出一批以斯蒂芬·库里为代表的"神射手"。

美国职业篮球联赛（National Basketball Association, NBA）是美国第一大职业篮球赛事，代表了世界篮球的最高水平。该协会一共拥有30支球队，分属两个联盟，即东部联盟和西部联盟；每个联盟各由三个赛区组成，每个赛区有五支球队。30支球队当中有29支位于美国本土，另外一支位于加拿大的多伦多。NBA成立于1946年6月6日。刚开始成立时叫BAA，即全美篮球协会，是由11家冰球馆和体育馆的老板为了让体育馆在冰球比赛以外的时间不至于闲置而共同发起成立的。中国球员巴特尔、王治郅、姚明、易建联、孙悦、周琦、丁彦雨航都曾在NBA赛场留下身影，其中影响力最大的还属姚明和易建联，我们也期待越来越多的中国球员能够出现在NBA赛场上。

自从1992年国际篮联允许职业球员参加奥运会等国际比赛后，美国男篮一直雄居世界篮球的霸主地位，但随着NBA国际球员越来越多，其他国家与美国男篮的水平差距正在逐渐缩小，西班牙、法国实力紧随其后。而美国女篮实力远远超过其他国家，排在其后的是中国、西班牙、法国、捷克、加拿大等劲旅。

在中华人民共和国成立后，经过几代人篮球人的拼搏与奋斗，我国篮球运动水平稳步发展提高，始终处于亚洲三强的位置。中国男篮曾获得1996年亚特兰大奥运会、2004年雅典奥运会、2008 年北京奥运会第八名。目前，中国男篮世界排名第 29 名，亚洲第 6 名。成绩上女篮优于男篮。中国女篮曾获得 1992 年巴塞罗那奥运会的银牌，2008 年北京奥运会第四名。2022 年，中国女篮在女篮世界杯中荣获第二名。2023 年，中国女篮登亚洲杯第一名的宝座。

中国男子篮球职业联赛（CBA）是中国最热门的篮球赛事。2017 年 2 月著名篮球运动员姚明当选篮球协会主席，并进行一系列篮球运动改革，对国家队采取红队蓝队政策，让更多年轻球员得到锻炼。对 CBA 机制也进行了改革，真正能为球员和球队解决问题、解决好问题。在裁判员队伍管理上也提出了更高的要求，让比赛更加公正、透明等。一系列的改革推动了我国篮球水平的持续健康发展。

我国大学生篮球联赛的开展也是如火如荼，全国范围的大学生篮球联赛（CUBA）目前是国内大学生最高级别的赛事，这一联赛于每年 12 月开始在四个分赛区进行预选赛，第二年进行男八强和女四强的总决赛。除此之外，各省市地方也在大力推动篮球运动发展，积极组织各级各类篮球赛事、篮球进校园活动，大力培养我国篮球后备人才。

第二节　篮球运动基本技术

一、准备姿势

(一) 动作要求

双脚前后或者左右开立，与肩膀同宽或略宽于肩膀，膝关节弯曲，全脚掌着地，身体重心位于两脚之间，上身略微向前倾，两臂屈肘自然弯曲置于身体两侧，两眼注视前方。防守准备时两臂屈肘前后或者左右张开。

(二) 练习方法

①听口令做准备姿势和球性练习。
②以一脚为轴心听口令做跨步、撤步、交叉步后恢复准备姿势练习。

(三) 要点

双腿尽量弯曲，后脚掌略微抬起，便于移动，双眼注视场上情况。

二、手型

(一) 动作要求

触球时五指张开，掌心空出，指根以上部位触球，双脚自然分开站立。

(二) 熟悉球性练习方法

①拨球练习：双手手指来回拨球，眼睛不要看球，注意保持手型，增加球感。
②腰部绕环：持球双手交替在身体前后做绕腰部练习。
③胯下绕"8"字：两腿自然分开，身体前倾，让球在胯下做"8"字绕环练习。

④抛球练习：单手持球，单手将球从身体一侧经头顶抛至身体另一侧接住。
⑤运球练习：原地单手体前、体侧推拉运球，双手体前、胯下、背后交换推送运球。

三、移动

(一)动作要求

脚步移动是以踝关节、膝关节、髋关节为轴，同时包含多个运动轴，并与上肢进行配合，尤其需要腰部、腿部、脚部的协调发力控制和重心移动，以维持身体平衡。所有的移动均由前脚掌蹬地和后脚掌的制动实现。必须重视下肢蹬地和腰部协调发力，利用力的传导和反作用力，很好地控制身体平衡和转动，使身体快速地启动、制动、跳跃、转身进攻或摆脱防守人。

(二)练习方法

①领会动作要点，进行各种脚部移动练习，例如侧身跑、倒退跑、转身等。
②利用障碍物或篮球场上的标线做各种脚部移动组合练习。
③听口令快速做各种脚部移动练习。
④结合实战练习：两人一组，一人进攻、一人防守。

(三)要点

移动是篮球运动的核心技术，在练习过程中要与实战结合，按照启动、急停、转身、滑步等进行组合练习，注重动作的突然性、快速性。

四、传接球

(一)动作要求

1.持球

双手八字持球：双手手指自然分开，持于球后侧方；双手两拇指成"八"字形，手掌心空出，两肘弯曲，自然下垂，手腕自然放松。
单手持球：手指自然分开，掌心空出，托球的后下部；手腕向后弯曲，小臂向上，用指根以上部位托住球。

2.传球

传球时由下肢蹬地，全身协调用力，最后通过伸臂、屈腕和手指拨球的力量将球传出。中近距离传球主要靠前臂的伸展及手指和手腕的用力。手腕、手指力量用于控制传球的距离，而手腕、手指作用于球的不同方向和部位用于控制球的飞行路线。在球即将离手的一刹那，用力越大，发力越快，球飞行的速度就越快。

3.接球

双手接球：两臂伸臂迎球，两拇指成"八"字形，手指向上自然张开，掌心斜向前似球状，当手指触球时随球收臂后引，持球于腰腹间。

单手接球：左(右)脚朝来球方向迈出，两眼注视来球，手指成勺形自然分开，迎来球方向伸出，当手指触球时顺势将手臂收向后下方，右(左)手立即协助握球，双手持球于腰腹之间。

(二)练习方法

①自抛自接球练习。

②徒手模仿原地传接球练习。

③原地两人相对传接球练习。

④原地三角、四角传球(顺时针、逆时针、无固定顺序)。

⑤迎面跑动传接球：多人一组，分两队相向站立，距离4~8米，相互传球后跑到本队或对面队的队尾。

⑥三角移动传接球：练习者分成三组，呈三角形站立，进行传接球练习，传球者传球后回到本队队尾。

⑦N角移动传接球：练习者分成多组，每组3~5人参照三角移动传接球。

⑧两人一组全场短传球推进练习：传球要有提前量，跑动时脚尖朝前，侧向面对同伴。

⑨三人绕"8"字短传推进练习：三人中间者传球后，从接球者的身后绕过，三人在传接球的同时，从后场向前场推进。

五、投篮

(一)动作要求

1. 原地单手肩上投篮

右(左)手持球于肩上方，左(右)手扶球的左(右)侧，右(左)臂屈肘，前臂与地面接近垂直。两脚前后开立，双膝微屈。投篮时下肢蹬地发力，右(左)臂向前上方伸直，手腕前屈发力，中指和食指用力拨球，力量由下肢传递到手指，全身协调用力将球投出。

2. 跳投

跳投即跳起后将球投出，这种投篮的出手点较高，防守队员较难防守。准备动作与原地单手肩上投篮相同，接球一刹那，单脚依次或双脚同时着地，两膝弯曲程度更大，用力跳起，当身体接近最高点时将球投出。

3. 行进间单手低手上篮(三步上篮)

运球或接球时右(左)脚跨出一大步，同时双手或单手持球于体前，左(右)脚再跨出一步用力向上起跳，右(左)腿屈膝上提，双手或单手向前上方托举球，当身体接近最高点时，右(左)手伸臂屈腕，用手指拨球将球投出。整个动作要流畅，一气呵成，不要出现明显停顿动作。

(二)练习方法

1. 原地投篮练习

①徒手模仿练习。

②定点投篮练习：在篮下任意一点投篮练习，及时纠正错误动作。

③多人定点投篮练习：练习者投篮后跑到篮下抢篮板球，传给下一个练习者，然后回到队尾，依次练习。

④不同角度、距离的投篮练习：要求由近及远，由易到难。

2. 行进间投篮练习（三步上篮）

①徒手模仿练习：练习者按照先跨右（左）脚接球，上左（右）脚起跳，然后腾空投篮的顺序做徒手模仿练习。着重体会"一步大、二步小、三步跳"的动作要领和节奏。

②跨步拿球上篮模仿练习：一人单手持球侧举，练习者跨步拿球做持球上篮模仿练习。

③跨步接球投篮练习：一人抛球，练习者接抛起的球做跨步投篮，抛球的距离可由近而远。

④慢跑中接近距离传球上篮。

⑤快速跑动中接传球上篮。

⑥多人一组半场（全场）传接球上篮。

3. 移动投篮练习

①两人一组，一人传球，另一人上步接球投篮。

②练习者分成两组，每组多人，一组传球，另一组练习者绕一定路线跑动后接球投篮。投篮者自己抢篮板球后站在传球组的队尾，依次练习。

（三）注意事项

①应先学习原地投篮，再学习行进间或移动中的投篮，注意投篮手上动作。

②在练习过程中结合实战，把投篮与传接球、运球、脚步动作、抢篮板球等技术结合起来。

六、运球

（一）动作要求

双脚前后或左右自然开立，双膝微屈，上身前倾，眼睛平视前方。手臂自然弯曲，随运球高度以肘关节为轴，利用前臂和手指力量控制球的高度，手与球接触部位控制运球的方向，另一只手臂自然张开，用以保护球。

（二）运球种类

1. 高运球

通常在防守松懈的情况下用这种方法。运球时，双腿微屈，眼睛目视前方，运球手在腰腹间触球，另一只手臂自然弯曲保护球，手脚协调配合，拍球后上方有节奏地推进向前。

2. 低运球

通常在防守紧逼的情况下用这种方法，目的是更好地保护球。双腿弯曲，上身前倾，用身体保护球的同时短促地拍球，主要以手指、手腕发力为主，使球的反弹高度在膝部以下。

3. 急停急起运球

通常是在利用速度和节奏的变化来摆脱对手的情况下用这种方法。

4. 体前变向运球

这是防守队员堵截在运球前进路线上，离身体较远时，通过突然向左或向右改变运球方向，同时交换控球手来摆脱对手的运球方式。

5. 背后运球

当防守队员堵截在运球前进路线上，离身体较近时，可以用背后运球。变向时右(左)脚在前，右(左)手将球拉至身体右(左)侧后方，迅速拍球的右(左)后方，将球从身后拍至左(右)侧前方，然后换左(右)手加速运球。

6. 胯下运球

当防守队员堵截在运球前进路线上，可以用胯下运球摆脱防守队员。变向时左(右)脚在前，右(左)手拍球的右(左)上部，将球从双腿之间运至身体左(右)侧，然后上右(左)脚并换手运球，加速前进。

7. 后转身运球

当防守队员堵截在运球前进路线上并离身体较近时，也可用后转身运球过人。变向时，左(右)脚在前为轴做后转身，右手(左)将球拉至身体左(右)侧前方，然后换手运球，加速前进。运球时身体重心要降低，身体不要上下起伏。

(三)练习方法

①练习原地垂直、前后、左右地高、低运球，体会运球动作要点。
②进行对墙运球练习，提高手腕、手指的控球能力。
③进行体前左右手交替换手横向变向运球练习。
④进行体前单手做前后、左右推拉运球练习。
⑤球场两底线间做行进间直线折回高低运球，要求运球往返时分左、右手交换练习，运球时注意目视前方，不要低头看球。
⑥利用球场的罚球线及延长线、中线、底线等横线为标志做急停急起运球练习。
⑦听教练口令做各种运球练习，运球时注意目视前方，不要低头。

七、持球突破

(一)交叉步持球突破

双脚左右开立，双膝自然微屈，双手持球于腰腹间。突破时，左(右)脚前脚掌内侧迅速蹬地，上身向右(左)转，重心向右(左)前方移动，左侧肩膀压低，左(右)脚向右(左)侧前方跨出一大步，将球引于右(左)侧运球，然后中枢脚向前迅速跨出超越防守队员。整个动作连贯、迅速，按照"侧身、探肩、放球"的顺序进行。注意先放球，再抬起中枢脚，以防带球走违例。

(二)顺步持球突破

准备姿势与交叉步持球突破姿势相同。突破时，右(左)脚向右(左)前方跨出一步，向右(左)转体探肩，重心前移，右(左)手运球，右(左)侧肩膀压低，左(右)脚前脚掌迅速蹬地，向右(左)前方跨出一大步，突破防守队员。

八、防守

(一)防守有球队员

防守有球队员时，防守队员应站在有球队员和篮筐之间的位置，降低身体重心，双臂屈肘外张用以扩大防守面积。防守时应主动防守，即在与有球队员接触瞬间提前发力。

(二)防守无球队员

防守无球队员时，防守队员要人球兼顾，站在防守队员和篮筐之间，偏向于有球队员一侧。防守时不仅要关注自己的防守队员，还要观察有球者的传球意图，以便及早判断，提前抢占有利的防守位置。

九、抢篮板球

(一)练习要求

1.抢进攻篮板球

尽早绕到防守者身前，抢到有利位置，正确判断篮板球的落点，用助跑、单脚或双脚起跳，手臂用力伸向球的反弹方向，手到达最高点时，用双手或单手紧握住或勾住球，同时两肘自然外张，以保护球。

2.抢防守篮板球

首先将进攻者挡在身后，不让其强占有利位置，正确判断篮板球的落点，然后屈腿抬臂，两腿迅速起跳，手臂用力伸向球的反弹方向，手到达最高点时，用双手或单手紧握住或勾住球，同时两肘自然外张，以保护球，以防对方抢到球进行二次进攻。

(二)练习方法

1.手部动作练习

自己原地向上抛球，双手或单手接下落的球，逐步过渡到跳起来接球，着重体会手指触球时的动作，即扣腕屈臂将球握住下拉、手肘外张的动作要点。

2.篮下接篮板球练习

要求先原地练习，后跳起练习，把球抛向篮板或篮筐，先双手后单手接球，着重体会抢球动作和判断球的反弹方向、速度和距离。

3.抢占位置练习

一人持球，另外几人分成攻守相同人数的两组，双方站在篮下围成一圈，当持球者将球向篮筐或篮板抛起时，圈内防守者要先挡人再抢球，圈外进攻者则要想方设法绕过防守者，冲进圈内抢球。练习一定次数后，攻守双方交换位置。

(三)注意事项

①明确抢篮板球在比赛中的重要性，在练习中培养拼抢意识和勇猛顽强的作风，养成"有投必抢"的习惯。

②抢进攻篮板球应强化"冲抢"意识，抢防守篮板球应强化"先挡后抢"意识，要加强攻守对抗练习。

③注意结合实战将抢进攻篮板球同补篮、投篮技术一同练习；而将抢防守篮板球与回传快攻、运球突破等技术结合练习。

第三节　篮球的基本战术

一、基本战术配合

基础战术配合是两三个人之间有目的、有组织、合作行动的方法。它包括进攻和防守战术配合两部分，是全队攻守战术的基础，也是培养篮球运动员攻防意识的手段。

(一)进攻基础配合

进攻基础配合有传切配合、突分配合、掩护配合和策应配合，所有进攻战术配合以及全队的进攻战术都是以这四种配合为基础进行的。

传切配合：传切配合是传球者传球后跑向篮下，接回传球的进攻方式。如图6-1所示，②传球给①后，立即摆脱对手向篮下切入，接①的回传球投篮。

突分配合：持球队员突破对手后，主动将球传给同伴的进攻方式。如图6-2所示，②从防守者的左侧突破，⚠防守队员协防，此时①及时跑到有利位置，接②的传球投篮。

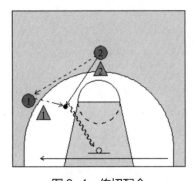
图6-1　传切配合

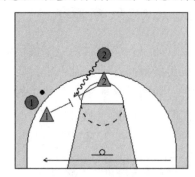
图6-2　突分配合

掩护配合：俗称"挡拆"，简言之，即一挡一拆，是无球队员用身体挡住防守持球队员的移动路线，利用有利位置寻找进攻机会的方法。如图6-3所示，②传球给①后跑到⚠的侧面做掩护，①接球后做投篮或突破动作吸引⚠，②达到掩护位置时，①持球从⚠的右侧突破投篮，②掩护后移动到有利位置接球或抢篮板球。

策应配合：是中锋在罚球线位置接球，创造和寻找进攻机会的方法。如图6-4所示，

①摆脱防守插到罚球线做策应，②将球传给①并空切篮下，接①的策应传球投篮。

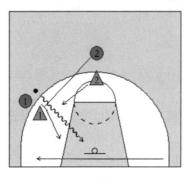
图6-3 掩护配合

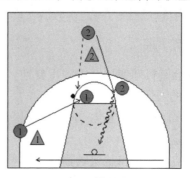
图6-4 策应配合

(二) 防守基础配合

关门配合：是临近的防守队员夹击持球进攻队员的防守方法。如图6-5所示，当②从正面突破时，△与△、△与△进行关门配合。

挤过配合：如图6-6所示，当②传球给①后跑去给①做掩护，△发现后及时提醒同伴△，△在②临近的瞬间，迅速抢在②之前继续防守。

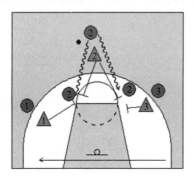
图6-5 关门配合

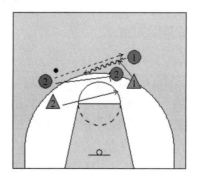
图6-6 挤过配合

穿过配合：如图6-7所示，当②传球给①后跑去给①做掩护，△发现后及时提醒同伴△，△在②临近的瞬间主动后撤一步，从②和△中间穿过，继续防守。

交换配合：如图6-8所示，②给①做掩护，△要主动发出信号，及时封堵①向篮下突破的路线，此时△及时调整自己的防守位置，防止②向篮下空切。交换配合后容易造成以

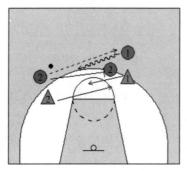
图6-7 穿过配合

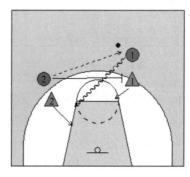
图6-8 交换配合

大打小，因此只有在迫不得已下才使用。

二、人盯人防守

人盯人是指在半场内，每名防守队员固定自己的盯防对象，进行集体防守的防守战术。它的防守原则是"以人为主，人球兼顾"和"有球紧，无球松，近球紧，远球松"。防守时要积极移动，抢占有利的防守位置，破坏对方的进攻配合，加强集体防守。在人盯人的防守中，一般是根据身材、位置和防守能力来选择盯防对象。如高防高，矮防矮，强防强，弱防弱，后卫防后卫等。但在特殊情况下可以调整策略（图6-9）。

三、区域联防

区域联防是一种半场的全队防守战术，防守队员在由攻转守后，快速退回自己的半场，每个队员分工负责防守一定的区域，并且把每个区域有机地结合起来，严密防守进攻该区的球和队员，并与同伴协同防守。

区域联防的原则是"以球为主，人球兼顾"。因此，要求每名防守队员对持球者的防守要紧，加强对有球一侧的防守，相互补位。区域联防的阵形有"2—1—2"（图6-10）、"2—3"、"3—2"（图6-11）、"1—3—1"（图6-12）等。

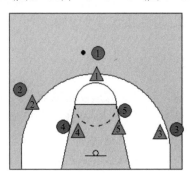

图6-9 人盯人防守

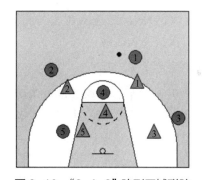

图6-10 "2-1-2"阵形区域联防

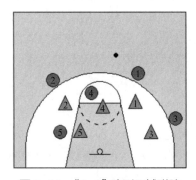

图6-11 "3-2"阵形区域联防

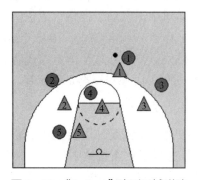

图6-12 "1-3-1"阵形区域联防

第七章　足球运动

第一节　足球运动概述

一、足球运动发展简介

（一）中国足球运动发展概况

1. 中国古代足球游戏

据史料记载，中国古代足球游戏起源于战国时期。当时人们用皮革制作内填毛皮一类有弹性物质的球，称为"蹴鞠"或"踏鞠"，"蹴"和"踏"都是踢的意思，"鞠"则是指球。汉朝时期，"蹴鞠"已是一项重要的游戏活动。唐朝，蹴鞠最为盛行，场地和器材有了发展，一是有了"充气的球"，二是设立了"球门"。宋朝，开始出现球会组织。到了元明清时期，足球游戏由对抗演变为表演。

2. 近代中国的足球运动

1840 年鸦片战争后，中国香港沦为英国殖民地，现代足球运动也随之传入中国。1908年中国成立了现代足球的第一个组织"南华足球会"。1910 年和 1914 年举行过两届全国运动会，均把足球列为正式项目。1913 年至 1923 年中国足球队还参加了六届远东运动会的足球比赛。除第一届外，其余五届均获冠军。1923 年至 1936 年，是近代中国足球的兴旺发展时期，在第七至第十届远东运动会足球比赛中连续夺冠。中国足球队还参加了在柏林举行的第 11 届奥运会，对提高中国足球运动水平和扩大国际影响力起到了重要的作用。1937 年日本帝国主义对中国发动了侵略，使正值发展时期的中国足球运动受到严重的破坏。沪港两地埠际对抗赛到 1940 年终止。1945 年抗日战争胜利后，足球运动在我国香港、上海、东北地区恢复较快，曾举办过全国足球比赛和香港与上海的埠际对抗赛等，我国还派队参加了在伦敦举行的第 14 届奥运会足球比赛。

3. 新中国的足球运动

1974 年 9 月，中国足球协会被亚足联第六届大会接纳为亚洲足球联合会员之后，1979年 10 月 13 日通过了重新接纳中华人民共和国足球协会为会员的决议，从此中国又回到世界足球大家庭。1974 年至 1990 年，中国国家队、青年队及少年队先后参加了亚洲杯、亚运会、奥运会、世界杯等重大比赛。1978 年在第八届亚运会比赛中，中国国家队获第三名。1983 年和 1985 年，国家青年男队分别打入第二届和第三届世界青年足球锦标赛的决赛圈，1988 年打入第 24 届奥运会足球决赛圈。更值得一提的是我国女子足球运动水平在这一阶段得到迅速发展。1986 年 12 月，中国好足球队在第六届亚洲杯女子足球锦标赛上获得冠军，1988 年在广州国际足联女子足球锦标赛上取得第四名，1989 年在我国香港第七届亚洲杯女子足球锦标赛上再次取得冠军。1990年亚洲运动会首次将女子足球列为比赛项目，中国女足夺得冠军。1991年6月，中国女足以绝对优势在第八届亚锦赛上蝉联冠军。1995年在第二届世界女子足球锦标赛上，中国队不负众望跻身第三名。1996年第26届奥运会上，中国女子足球队敢打敢拼，取得亚军。1998年在第13届亚运会上，中国女足力克朝鲜队荣获冠军。1999年7月，中国队在第三届世界女足锦标赛冠军争夺战中，因点球告负收获亚军。2000年4月，中国女足队员孙雯荣获国际足联颁发的女足世界杯金球奖和金靴奖，并荣获亚足联授予的"最佳运动员"称号，成为中国足球史上享有足球最高殊荣的第一人。1994年起实行以俱乐部职业队为主的全国甲级A、B组联赛（现更名为中国足球超级联赛），使我国足球运动水平得到了迅速的提高，中国足球事业飞速发展。2001年亚洲十强赛中，中国男足以6胜1平1负的战绩夺得小组第一名，获得直接进入第17届世界杯32强决赛圈的资格，首次冲出亚洲走向世界。

（二）世界现代足球运动发展概况

1. 亚洲足球运动发展概况

亚洲足球联合会成立于1954年，总部设在马来西亚，拥有37个会员国。亚洲足联举办的比赛有两大赛事，一是亚洲杯足球比赛，从1956年起每四年举行一次；二是亚运会足球比赛，自1951年开始，也是每四年举行一次。

2. 世界足球运动发展概况

现代足球运动诞生于1863年，英国成立了世界上第一个足球组织——英国足球联合会，并制定了统一的足球规则，故世界足坛把这一天称为现代足球运动的诞生日。1846年，英国剑桥大学为了适应本国各学校的足球比赛而综合制定了一个简单的规则，当时称为"剑桥规则"。

1863年以后，欧洲一些国家纷纷成立了足球协会。1885年英格兰首创了职业足球俱乐部，这是世界上第一个职业足球俱乐部。1904年5月21日，在巴黎由法国、瑞士、西班牙、荷兰等国的代表发起成立国际性的足球组织——国际足球联合会。

目前国际足联已成为世界上最大的体育单项组织，总部设在瑞士的苏黎世，拥有200多个会员国。国际足联举办的重大足球比赛有世界杯男子足球比赛、奥运会足球比赛和世界女子足球锦标赛。

二、足球运动的特点

（一）对抗激烈，强度大

在比赛中，为了把球踢进对方球门，运动员会围绕争夺控球权而进行激烈的拼抢与竞争，尤其是在罚球区附近的争夺更为激烈。高强度、强对抗已成为现代足球的重要标志和特点。

（二）技术动作多，战术复杂，难度大

足球是一项非周期性的运动项目。足球运动是用脚去支配和控制球的，因此技术动作比较难掌握，在足球比赛中，除了守门员在罚球区内可以用手臂以外，其他队员都不准用

手臂触摸球。由于足球比赛参加的人数多，场上出现的情况瞬息万变，行动不易协调和统一，因此攻守战术的配合相对来说要比其他项目困难一些。

（三）比赛时间长，能量消耗大

正式足球比赛时间为 90 分钟，有的比赛还有附加赛 30 分钟，甚至以互罚点球决定胜负。在一场激烈的比赛中，一名优秀运动员的跑动距离达 10000 米以上，少则也有 6000～7000 米以上，同时运动员要做上百个有球或无球动作，体能消耗很大，据测一场激烈的比赛会使运动员的能量消耗 2000 卡左右、体重下降 3～5 千克。

第二节　足球运动基本技术

一、颠球

颠球是指运动员用身体的各个有效部位连续地触击球，并加以控制尽量使球不落地的技术动作。

（一）技术动作要领

单脚颠球：支撑脚踏在球的侧后方 25～30 厘米处，膝关节微屈，牢固支撑身体重心，挑球脚前脚掌轻轻放在接近球顶部位，屈小腿（大腿微伸）将球轻轻拉向身体，当球被拉动后，前脚掌迅速向往回滚动的球下伸去，在球滚至趾背的同时，脚趾伸（脚尖翘）、小腿微伸、大腿屈，并向前上方轻轻用力将球挑起。

双脚脚背颠球：脚向前上方摆动，用脚背击球，击球时踝关节固定，击球的下部。两脚可交替击球，也可一只脚支撑，另一只脚连续击球。击球时用力均匀，使球始终控制在身体周围。

双脚内侧、外侧颠球：抬腿屈膝，用脚的内侧或外侧向上摆动，击球的下部，两脚内侧或外侧交替击球。

大腿颠球：抬腿屈膝，用大腿的中前部位向上击球的下部，两腿可交替击球，也可一只脚做支撑，用另一侧的大腿连续击球。

头部颠球：两脚开立，膝盖微屈，用前额部位连续顶球的下部。顶球时，两眼注视球，两臂自然张开，以维持身体平衡。

（二）易犯错误

①脚击球时踝关节松弛，造成用力不稳定。
②击球时脚尖向下或向上勾，造成球受力后向前或向后触碰身体，使球难以控制。
③颠球时身体其他部位不够放松，以至于动作僵硬。
④头部颠球时腿部、躯干、颈部配合用力不协调，仅靠颈部。

（三）练习方法示例

一人一球颠球：体会触球的时间、触球的部位、触球的力量和整个动作的协调配合。
两人一球颠球：用脚背、大腿、头部以及身体各部位触球，掌握好触球的力度，尽量不让球落地。每人可触球一次颠给对方，也可触球多次互颠。

二、踢球

踢球是指运动员有目的地用脚把球击向预定目标的技术。踢球是足球技术中最重要的技术，主要用于传球和射门。

（一）技术动作结构分析

踢球的方法很多，动作要领也有所不同，但是每一种踢法都是由助跑、支撑脚站位、踢球腿的摆动、脚触球和踢球后随前动作五个环节组成。在这五个环节中，支撑脚的站位、踢球腿的摆动、脚触球是主要的因素。

助跑：调整人与球的方向、距离，以便在踢球时使支撑脚处于正确位置，从而增加击球力量。助跑最后一步要大一些，为踢球腿的充分摆动、增大摆腿速度、制动身体的前冲和提高击球的准确性创造条件。

支撑脚站位：支撑脚的位置要以踢球腿的摆动能达到最大的摆幅、发挥最大的速度和最有利于踢球脚准确地接触球的合适部位为原则。支撑脚的位置一般是由所使用的踢球方法来决定的。凡采用的踢法需要踩在球侧后方的，一般距离球25～30厘米。踢活动球时，更要掌握好支撑脚的位置。因支撑脚落地后球仍在继续运行之中，要把踢球脚后摆的时间计算在内。如追踢向前滚动的球时，支撑脚落地的位置要稍靠前，这样才能与球保持合适的距离。支撑脚要积极踏地以制动身体的前冲力量；膝关节要微屈，以维持身体的平衡并保证充分摆腿及自如踢球，支撑脚实际上起着固定支点的作用。

踢球腿的摆动：摆幅的大小、摆速的快慢、踢出去的摆动动作是否正确，直接关系到踢球的力量、击出球的速度和球的运行距离。踢球腿的摆动是在支撑脚跨步时（助跑最后一步）顺势向后向前摆，当膝盖摆到接近球的垂直上方的刹那或球内侧的垂直上方的刹那，小腿加速前摆。

脚触球：一般来说，用脚的某一部位击球的后中部，作用力通过球心，出球平直。当踢各种活动来球时，应准确判断来球的速度、方向等，根据出球目标，合理选择踢球脚以及踢球脚的部位和击球的部位。在现代足球比赛中，运动员已广泛地采用了弧线球（香蕉球）踢法。这种踢法主要运用脚背内侧或外侧击球，击球的作用力不通过球心，使球产生旋转，并沿着一定弧线运行。这种球具有一定的隐蔽性。

踢球后随前动作：踢球后随着腿的前摆和送髋，使身体重心向前移动，这样易于控制出球方向并可加大踢球力量，还能缓和因踢球腿急速前摆而产生的前冲惯性，以维持身体的平衡。

（二）技术动作要领

踢球的方法很多，主要有脚内侧、脚背正面、脚背内侧、脚背外侧以及脚尖和脚跟踢球等。

1. 脚内侧踢球

其特点是脚与球接触面积大，出球准确平稳且易于掌握，但出球力量相对较小。

脚内侧踢定位球时，直线助跑，支撑前的最后一步稍大，支撑脚站在球的侧面约15厘米处，脚尖正对出球方向，支撑腿膝关节微屈。在支撑脚落地时，踢球腿大腿带动小腿由后向前摆动，在前摆的过程中大腿外展，当膝关节的摆动接近球的正上方时小腿做爆发式摆动，在触球前将脚跟送出使得脚内侧部位所形成的平面与出球方向垂直，踢球脚脚底与地面平行，脚尖微微翘起，踝关节功能性地紧张使脚型固定，触球后身体跟随移动，髋关节向前送。

脚内侧踢各种方向来的地滚球时，脚触球瞬间，支撑脚与球的相对位置能否保证与踢定位球时基本相同。出球方向应考虑与脚接触时的入射角及球运行的速度。由于来球方向不同，踢球腿摆动多数依靠小腿爆发式的摆动。

2. 脚背正面踢球

脚背正面踢球由于其解剖特点，力量大，准确性也较强。但出球的方向及性质相对变化也较小。

脚背正面踢定位球时，直线助跑，最后一步稍大些，支撑脚积极着地支撑，在球的侧面10～12厘米处，脚尖正对出球方向，膝关节微屈，踢球腿随跑动向后摆动，小腿弯曲，支撑的同时踢球腿以髋关节为轴，大腿带动小腿由后向前摆动。当膝关节摆至接近球的正上方时，小腿做爆发式的摆动，脚趾屈，以脚背正面部位击球的后中部。击球后身体及踢球腿随球前移。

3. 脚背内侧踢球（又称内脚背踢球）

这是一种用第一跖骨及跖趾关节部位触击球的踢球方法。其技术结构与前两类踢球方法相同，但技术细节则有所区别。

脚背内侧踢定位球时，斜线助跑，助跑方向与出球方向约成45°，最后一步稍大，以支撑脚底积极着地，脚尖指向出球方向，距球内侧后方20～25厘米，膝关节微屈。在支撑同时，踢球腿已完成后摆，并开始以髋关节为轴大腿带动小腿由后向前摆动，当大腿摆至与支撑腿接近同一平面时，小腿做爆发式摆动，此时脚尖外转、脚背绷直，以脚背内侧部位触击球。击球后踢球腿及身体继续随球向前。

脚背内侧踢各种方向来的地滚球时，根据来球的速度、运行轨迹，选好击球时的位置并及时移动到位。在选择支撑点时应考虑到来球的情况和摆腿的速度，以保证脚触球的瞬间球与脚的相对位置仍能保持规格要求。

4. 脚背外侧踢球（又称外脚背踢球）

脚背外侧踢球是用三、四、五跖骨部位接触球的一种方法。由于踢这种球的脚踝灵活性较大，摆腿方向变化较多，且助跑时又是正常的跑动姿势，故其出球隐蔽性较强，足球比赛中各种距离的弧线球及非弧线球均可使用。

脚背外侧踢定位球时，助跑、支撑脚站位及踢球腿摆动均与脚背正面踢球技术的三个环节相同，脚触球是用脚背外侧部位。此时要求膝关节和脚尖内转，脚背绷紧，脚趾紧屈并提膝，触球后身体随踢球腿的摆动前移。

脚背外侧踢地滚球时，可用于踢前方、侧前方及正侧方、侧后方来的地滚球。踢球的动作规格要求与踢定位球相同，但支撑脚站位时应考虑球的滚动速度，以保证在脚触球的瞬间支撑脚与球的相对位置符合规格要求。

5. 脚跟踢球

这是用脚跟（跟骨的后面）接触球的一种踢球方法。球在支撑脚外侧时，踢球脚在支撑脚面交叉摆到支撑脚外侧用脚跟击球。

(三) 易犯错误

1. 踢定位球

①支撑脚位置偏后，踢球时身体后仰或臀部后坐，脚触在球的后下部，踢出球偏高。

②踢球腿的后摆摆幅较小或没有后摆，而仅是将球踢出以至前摆过分，造成踢球无力或出球较高。

③在前摆过程中小腿爆发式的摆动过早，使得出球时并非是小腿摆速最大之时，因而出球无力（对出球方向也有影响）。

④踢球腿摆动方向不正，以至踢球施力方向没通过球的重心，出球旋转。

⑤脚趾屈得不够，以至不能用脚的正确部位触球，出球力量和方向均受到影响，且易损伤脚趾。

⑥踢球脚与球接触时未能按要求接触球的合理部位，影响了出球的准确性，对出球力量及性质也相应产生影响。

2. 踢地滚球

①支撑脚部位不当，没有根据来球的方向、速度、性能等选择支撑脚的位置，也没有对自己踢球腿的摆动速度加以控制。

②没有根据来球的方向和速度合理选择助跑路线和脚法。

(四) 练习方法示例

①各种踢球技术动作的模仿练习：在地面设想有一目标（足球），跨步上前做踢球动作，然后过渡到几步慢速助跑的踢球模仿动作练习，最后可做快速助跑踢球的模仿动作练习。练习中应注意要求有设想球，尤其注意设想触球一瞬间踢球脚踝关节的固定和脚背绷紧。

②一人用脚底挡球，另一人踢球：此方法应注意踢球腿摆动与触球部位的正确与否。

③利用足球墙和标杆做踢旋转球的练习：可将标杆插在踢球者与墙之间，标杆与人及墙的距离视需要而定，开始可大些，当技术掌握后再逐步缩小。各种旋转球的练习都可以利用足球墙进行，尤其对初学者，使用足球墙既可充分利用练习时间增加练习次数，又能使练习者较好地集中注意力掌握技术规格。对于要求提高技术的练习者，足球墙同样也是一个有力的帮手。

④各种脚法的两人练习：若两人练习踢定位球，则辅以接球练习；若进行踢活动球练习，则可相隔一定的距离进行不停顿的连续传球练习。两人一组还可以进行有对抗的传射练习。

三、接球

接球是指运动员有目的地用身体的合理部位把运行中的球接下来，控制在所需要的范围内，以便更好地衔接下一个技术动作。

(一)技术动作结构分析

无论采用哪一种接球方法，动作结构都是由以下四个环节组成。

①观察和移动：为了完成接球动作，事先要注意观察来球的情况。从球的运行路线、球的旋转与速度等情况中，迅速判断落点，及时移动，使自己能处于做接球动作时所需要的最佳位置。

②选择接球的部位和接球方法：接球的不同部位和采用不同的方法，各有其不同的作用。

③改变来球的力量：根据来球力量大小和接球实际需要，可分别采取加力或减力(缓冲)方法。

④随球移动：接球动作一做完立即随球移动，紧密衔接下一个动作，在接球与处理球的动作之间不能有停顿。

(二)技术动作要领

1. 脚内侧接球

脚内侧接地滚球：支撑脚脚尖正对来球，膝关节微屈，同侧肩正对来球。接球腿提膝大腿外展，脚尖微翘，脚底基本与地面平行，脚内侧正对来球并前迎，当脚内侧与球接触的一刹那迅速后撤，把球接在脚下。当需要将球接在侧面时，支撑脚脚尖应向同侧斜指，脚内侧与来球方向成一定角度触球，同时支撑脚提踵，以前脚掌为轴做适当转动，身体移动。当来球力量不大时，只需将脚提到一定的高度，并使脚内侧与地面形成锐角轻触球。也可在触球时用下切动作使球前进之力部分转变为旋转力，而将球接在脚下。

脚内侧接反弹球：根据来球的落点，及时移动到位，支撑脚与球落点的相对位置在球的侧前方，支撑腿膝关节微屈，身体向接球后球运行的方向偏移。接球腿提起小腿且放松，脚尖微翘，脚内侧对着接球后球运行的方向并与地面成锐角，当球落地反弹刚离开地面时，大腿向接球后球运行的方向摆动，用脚内侧部位轻推球的中上部。

脚内侧接空中球：根据来球的速度及运行轨迹，及时移动到位。若为抛物线较小的平空球则应根据临场的实际情况选择适当高度的接球点，将接球腿抬起，使脚内侧部位对准来球的方向并前迎，脚在接触球的一瞬间后撤，并将球接在所需的位置上。

2. 脚背外侧接球

脚背外侧接地滚球：将接球点放在接球腿一侧，支撑腿膝关节微屈。接球腿提起屈膝，脚内翻使小腿和脚背外侧与地面成锐角，并对着接球后球运行的方向，脚离地面的高度应略等于球的半径，然后大腿向接球后球运行的方向推送，同时身体随球移动。

脚背外侧接反弹球：根据来球的落点及时移动到位，支撑脚站在来球落点的侧后方，除触球部位外，其他环节均与脚背外侧接地滚球相同。

3. 脚底接球

脚底接地滚球：身体正对来球方向，移动前迎，支撑脚站在球的侧面(前后均可)，脚尖正对来球方向，膝关节微屈。同时接球腿提起，膝关节微屈，脚背略屈，使脚底与地面约小于45°(且脚跟离开地面)，一般以前脚掌接触球的后上部为宜。在触球瞬间接球脚可轻微跖屈（前脚掌下点）将球停住，也可根据需要在接球同时将球推向前方或拉向身后。

脚底接反弹球：根据来球落点，及时前移迎球，支撑脚站在落点侧后方，脚尖正对来球方向，球落地瞬间，用前脚掌去触球的中上部，微伸膝，用脚掌将球接在体前。若需接在身后则应在触球瞬间继续屈膝，将球回拉，并伴随支撑脚以前脚掌为轴旋转 90° 以上。

4. 大腿接球

大腿接抛物线较大的下落球：面对来球方向，根据球的落点迅速移动到位，接球腿大腿抬起，在球与大腿接触的瞬间大腿下撤将球接到需要的位置上。

大腿接低平球：面对来球方向，根据来球高度，接球腿大腿微屈，送髋前迎来球，在球与大腿接触瞬间收撤大腿，使球落在所需要的位置上。

5. 胸部接球

挺胸式接球：面对来球站立（两脚左右或前后开立），两膝微屈，重心置于支撑面内，上体后仰，下颌微收，两臂自然张开，维持身体平衡。接触球瞬间，两脚蹬地，膝关节伸直且胸部轻托球的下部使球微微弹起于胸前上方。对于较高的平直球也可采用这种方法将球接于胸前，但触球瞬间膝关节由直变屈，脚由提踵状态变全脚掌落地，整个身体保持接球时的姿势，下撤将球接在胸前。

收胸式接球：多用于接齐胸高的平直球。面对来球，两脚左右或前后开立，两臂自然张开，挺胸迎球，触球瞬间收胸、收腹、臀部后移将球接在体前。若需要将球接在体侧，则触球瞬间转体将球接在转体后相应的一侧。

（三）易犯错误

1. 接地滚球

①球从脚下漏过。主要原因是未掌握好脚的触球部位距离地面的高度。
②接球时将球卡死在接球地点，触球部位过高。
③接球后身体不能及时跟上，影响后续对球的控制。

2. 接反弹球

①球从脚下漏过，未能准确判断球的落点和从地面反弹的路线。
②接球时将球卡在触球点，影响下一个动作的衔接。

3. 接空中球

①对球在空中运行的速度与轨迹判断不准确，或迟或早、或高或低，从而造成漏接。
②未能将球接到理想的位置。

（四）练习方法示例

1. 个人接球技术练习

①利用足球墙进行练习：采用足球墙练习各种方法接地滚球。由开始原地接逐渐过渡到迎上去接，或开始接在脚下，再逐渐过渡到接所设想的适宜的位置上去。另外，也可练习接反弹球与空中球。

②个人将球踢高或用手抛起，然后进行接反弹球的各种练习。

2. 多人接球技术练习

①正面接地滚球：两人对面站立，相距10米左右，一人踢球，另一人接球。

②两人在跑动中进行练习：在一定范围内跑动中练习，要求接球时尽量使用多种方法，距离近时以地滚球为主，距离远时以空中球为主，从而提高接球能力。

③两人抛接球练习：两人一组面对面站立，相距5米左右，一人用手抛球，另一人接各种空中球（如大腿、腹部、胸部、头部），可逐渐加大距离、加大力量（或增加旋转）以适应各种变化的来球。

四、运球

从狭义上讲，仅是指运球的方法，即指用身体的某一部分触球，使球能随运球者一起运动；从广义上讲，则不仅是让球随人运动，还必须越过对方的防守，也就是说如何使用这些运球方法达到越过对方防守的目的。这里就包含了运球方法的运用问题。

(一) 技术动作结构分析

运球技术动作通常是由运球方法的选择与准备、跑动中间断触球、为下一动作的连接做好准备这三个环节组成。

①运球方法的选择与准备：这一环节的进行是根据临场情况瞬间做出，同时随时根据需要改变运球方法，所以这一环节仅仅指开始实施运球技术时所应进行的。

②跑运中间断触球：这一环节是运球技术的最关键部分，当开始实施运球技术后，应根据临场情况的需要使用适宜部位去间断触球，并使球始终处在自己的控制范围内。运球跑动要自然、重心低、步幅小、频率快。运球过程中眼睛不要只注视在球上而应注意周围情况，这样才能在临场情况发生突然变化时迅速采取措施，并将球控制到所需要的位置上去。

③为下一动作的连接做好准备：这里主要是指运球的任务已经结束，接着需要传球和射门时，球所处的最佳位置及身体处于何种状态更有利于下一个动作。

(二) 技术动作要领

常用的运球技术有脚内侧、脚背正面、脚背外侧、脚背内侧运球。

1. 脚内侧运球

要求在运球前进时支撑脚始终领先于球，位于球的侧前方，肩部指向运球方向，支撑腿膝关节微屈，重心放在支撑腿上，另一条腿提起屈膝，用脚内侧推球前进。由于肩部指向运球方向，身体侧转，虽然移动速度较慢，但身体前倾有利于将对方与球隔开，因而这种技术多用在运球寻找配合传球时，或有对方阻拦需用身体做掩护时。

2. 脚背正面运球

运球时身体持正常跑动姿势，上体稍前倾，步幅不宜过大，运球脚提起，膝关节稍屈，髋关节前送，提踵，脚尖下指，着地前用脚背正面部位触球后中部将球推送前进。

3. 脚背外侧运球

运球时身体持正常跑动姿势，上体稍前倾，步幅不宜过大，运球腿提起，膝关节稍屈，髋关节前送，提踵，脚尖绕矢状轴向内旋转，使脚背外侧正对地运球方向，在运球脚落地前用脚背外侧推拨球的后中部。

4. 脚背内侧运球

身体稍侧转并自然协调放松，步幅小，上体前倾，运球腿提起外展，膝微屈外转，提踵，脚尖外转，使脚背内侧正对运球方向，在运球脚落地前用脚背内侧推拨球，使球随身体前进。脚背内侧运球由于身体稍侧转，不能采用正常的跑动姿势，因而不适用于高速运球。但由于接触部位和支撑位置的特点易于完成向支撑脚一侧的转动，故多用于向支撑脚一侧的转动变向运球。

5. 其他运球技术

拨球：利用脚踝关节向侧方的转动，以达到脚背内侧或脚背外侧触球，将球拨向身体的侧前方、侧方、侧后方。

拉球：将前脚掌放在球的上部或侧上部，另一脚在球的侧后方支撑，然后触球脚向后下方用力将球拉回。拉球时，除了往回拉以外，也常使用接触球的上部向左右侧拉球。

扣球：这种方法与拨球相同，不同的是它的用力是突然的并伴随着突然转身或急停，使对手在来不及调整重心的瞬间，突然从反方向推送球越过对手的防守。

挑球：用脚背部位触球的下部并突然向上方挑起，在对手来不及实施挡球动作时球已越过，运球者随球迅速跟进。

(三)运球过人方法

①利用速度强行过人：持球者以突然的快速推拨球并与快速的奔跑相结合越过对手的阻挡。

②利用身体的掩护强行过人：当持球者接近对手时双方速度减慢，持球者侧身用身体靠住对手以另一侧脚将球拨出，同时转身将对手倚在身后并随球越过对手。

③利用变速运球过人：对手在持球者侧面，持球者用另一侧脚运球，利用运球速度的变化达到甩掉对手或越过对手的目的。

④恰当地组合推、拨、挑、扣、拉、颠等动作过人：以单脚或双脚轮流选用上述动作，使组合起来的动作适时地变化运球的方向与速度，使对手难以判断过人的方向与时机，或造成对手重心出现错误的移动，运球者抓住其漏洞而越过对手。

⑤利用穿裆球过人：当运球者遇到对手从正面阻挡时，若发现对手两脚开立较大，而且重心在两脚之间，运球者应侧身运球接近对手，抓住时机将球从对手两脚之间推(拨)过，身体也随着从防守者侧面越过并控制球。这种过人的方法有时可以收到奇效。还可以用假动作引诱防守者使其两腿分开较大，然后再使球穿裆而过。

⑥人球分路过人：当防守者出脚抢球时，运球者抢先将球推(拨)到前方，而防守者的抢球脚未触到球着地时，身体重心也移过来了，这时运球者迅速从防守的另一侧越过去控制球，防守者再转身启动很难追上。若以推球时使用"蹭"的方法，蹭出弧线球来，就更有利于运球者越过防守者后控制球。

比赛中运球过人的方法很多，只有熟练地掌握上述各种运球方法和动作，并注意处理好下列诸因素，才能在比赛中较有把握地完成运球过人。一是注意观察对手所处的位置，然后再决定自己所采取的过人方法。二是掌握好过人时机。如运球行进速度很快时，应离对手距离近些再实施过人动作，否则对手将有时间转身启动将球追上。用假动作过人时，应善于利用对手因判断错误而造成重心移动的时机实施过人动作，这样，对手再调整好重心时已为时过晚。

(四) 易犯错误

①眼睛只盯着球，不能随时观察周围情况，因而不能根据临场情况及早采取措施。

②身体僵硬影响了动作的协调自如，造成不恰当的触球或触球时力量过大。

③运球技术运用不合理，步幅过大，重心偏高，不能随心所欲地触球和控球。

(五) 练习方法示例

①在慢跑中分别用单脚的脚内侧运球、脚背正面运球、脚前外侧运球，运球方向沿直线进行。

②在慢跑中沿弧线运球，用脚内侧、脚背内侧、脚背外侧做顺时针或逆时针运球练习。

③慢跑中单脚交替用脚背内侧和脚背外侧运球，沿折线运行。

④在慢跑中双脚交替用脚背内侧运球，沿折线运行。

⑤拨球练习：在一定范围内自由运球，按手势用一只脚做支撑，另一只脚用脚背内侧或外侧拨球绕支撑脚做圆周运球，两脚轮流练习。

⑥拉球练习：在一定范围内自然运球，听哨音后用一只脚做支撑脚，另一只脚用脚前掌触球顶部，接球绕支撑脚做圆圈运动，一步一步拉球。

⑦接球转身180°运球练习：在一定范围内自由运球，听哨音后用一只脚支撑，另一只脚拉球至身后，沿拉球脚一方转体180°继续运球。

⑧扣球转身变向运球练习：在一定范围内自由运球，听哨音后用一只脚支撑，另一只脚用脚背内侧做扣球，使球改变方向应在90°以上，身体随其转动沿改变后的方向继续运球。

⑨单脚交替后拉球转体180°练习：如先用左脚支撑，右脚拉球向后转体180°，右脚迅速着地做支撑，左脚踏在球顶部，如此交替进行。

⑩扣拨组合练习：每人一球沿折线向前运球，运球中用右脚脚背内侧扣球，扣球后用右脚支撑，接着左脚脚背外侧立即向斜前方拨球，可继续运两步球 (或不运)，然后右脚支撑，左脚脚背内侧向右斜前方扣球后成左脚支撑，接着用右脚脚背外侧向斜前方推拨球，依次进行。进行这种练习应注意扣球方向能保证运球路线沿折线行进，扣球变向的角度不可太大，扣球后另一只脚应立即用脚背外侧拨球。

⑪扣推组合练习：运球中，右脚脚背内侧侧向 (或侧后向) 扣球，左脚脚内侧推直线球，依此交替进行。

⑫拉、推 (拨) 组合练习：用右脚将身前的球接到身后，接着用脚内侧 (或脚背外侧) 向同侧斜前方推 (拨) 出，跟上后继续运球，重复上述动作，两脚轮流进行。

五、抢截球

抢截球技术是指运动员在规则允许的范围内，使用身体的合理部位将对手的控球权夺过来或破坏掉。

(一)技术动作结构分析

抢截球技术的动作结构是由选位、抓住时机实施抢截动作、实施抢截动作后与下个动作紧密衔接三个环节组成。

①选位，包括对对方控制球情况和接应队员情况的观察以及对对方意图的分析判断。根据观察、分析和判断，及时移动到实施抢截球最有利的位置上，这一环节虽短暂，但它是成功实施抢截球的先决条件，不具备这些条件，抢截球则是盲目的。

②抓住时机，果断实施动作。一种是对个人控制企图越过防守时的抢截时机，这种情况多是在控球者做触球动作后，触球脚即将落地或重心已移至即将落地的触球脚时，此时实施抢截动作，持球者已无法再改变球的运球路线；另一种为对方传接球过程中的抢截时机，这种时机都是在对方将球传出后未被同伴接到前，抢先出击截获或触及球。

③在实施抢截动作后，应迅速使身体恢复到下一个动作所需要的状态和位置。抢截技术需要在不同情况下使用不同的抢截动作，有时在实施抢截动作时会使身体呈现各种状态，可能不利于下一个动作的连接(例如倒地铲球后身体已失去正常状态)，为保证与下一动作的紧密连接，应使身体恢复到所需要的状态和位置。

(二)技术动作要领

①正面跨步堵抢：抢球者两脚前后开立，迎着运球者而站，两膝微屈，身体重心下降并置于两脚间，当运球者与抢球者间的距离缩小到一定范围(即抢球者上前跨一大步可能触及球)，运球者脚触球后即将落地或刚刚落地时，抢球者后脚用力蹬地并跨步向前，以脚内侧去堵截球，当已堵住球时，另一只脚应迅速上步。若抢球脚堵住球，对手也堵住球时，则抢球者应将另一只脚迅速前移做支撑脚，抢球脚在不脱离球的情况下迅速向上提拉，使球从对手脚面滚过，身体重心也迅速跟上并将球控制好。

②合理冲撞抢球：当防守者并肩与运球者跑动追球时，防守者重心稍下降，靠近对手一侧的手臂紧贴身体，利用对方同侧脚离地的过程，用肘关节以上部位适当冲撞对手同样部位，使对手身体失去平衡，趁机将球控制住。

③正面铲球：移动接近控球者，膝关节微屈，重心下降，当控球者触球脚触球后尚未落地时，抢球者双脚沿地面向球滑铲，随即用手扶地做向一侧的翻滚，并尽快起身。

④异侧脚铲球：当双方都不能用正常的动作触球时(指跑动中)，防守者应根据与球的位置，同侧脚用力蹬地使身体跃出，异侧脚向前沿地面对着球滑出，脚底将球铲出，然后小腿外侧、大腿外侧、手依次着地。或铲出球后身体向铲球腿一侧翻转，手撑地后立即起身，使身体恢复到与下一动作衔接的状态和位置。

⑤同侧脚铲球：防守者在跑动中应根据双方离球的距离做出判断，当对手不能立即触球时，用异侧脚用力蹬地，使身体向前方跃出，同侧脚沿地面向前滑出的同时向外摆踢(脚踝应有向外的动作)，用脚背外侧将球踢出。也可用脚尖将球捅出，接着向对方一侧翻转，手撑地迅速恢复到下一个动作所需要的位置。在激烈的比赛中，由于铲球可以更大限度地

争取时间和扩大控制面而被广泛地运用到踢球、接球、运球、抢球技术中。这项技术应引起高度的重视。

六、头顶球

头顶球技术是指用头的某一部位顶击球，可用于进攻中的传球、防守中的抢断和射门。

(一)前额正面头顶球

这是由额肌覆盖着的额骨正面部分去击球的一种动作方法。

原地头顶球：身体正对来球方向，眼睛注视运动中的球，两脚左右开立（或前后开立），膝关节微屈，重心置于两脚间的支撑面上（或后脚上），两臂自然张开。当球运行到将垂直于地面的垂线时，两腿用力蹬地，迅速向前摆体，微收下颌，在触球瞬间颈部做爆发式振摆，用前额正面击球中部，上体随球前摆。

跑动头顶球：顶球的动作要领与原地顶球相同，只是第一环节应正对来球跑出抢点。球顶出后，由于跑动速度较快，为保持平衡身体须随球向前移动。

原地跳起头顶球：这种技术在本方传来或对方传来高球时运用。两膝屈，重心下降，然后两脚用力蹬地起跳，同时两臂屈肘上摆，在身体上升阶段展腹挺胸，两臂自然张开，眼睛注视来球，身体自然成背弓。当球运行至身体额状面时，迅速收腹，上体前摆，触球瞬间颈部做爆发性振摆，用前额正面将球顶出。同时两腿向前做振摆，球顶出后两腿屈膝屈踝落地。

跑动跳起头顶球：一般助跑跳起顶球时都使用单脚起跳。根据来球的速度、运行轨迹，选好起跳位置，及时跑到起跳点，起跳前一步稍大些，起跳脚用力蹬地跳起，同时另一腿屈膝上摆，两臂屈肘自然上提。其余各环节与原地跳起头顶球相同。

(二)前额侧面头顶球

原地头顶球：根据来球的运行速度、运行轨迹，及时移动到位。两脚前后开立（或左右开立），出球方向的异侧脚在前，重心逐渐过渡到前脚上，眼睛注视来球，前膝微屈，两臂侧前后自然张开，当球运行至体前上方时，用力蹬地，前脚掌并适度旋转，上体随着向出球方向扭摆，同时用力向击球方向甩头，以前额侧面击球的后中部。

跑动头顶球：与原地额侧头顶球动作要领相同，不同的是此动作是在快速跑动中开始和完成的，注意完成动作后的身体平衡。

跳起头顶球：分为原地跳起顶球和助跑跳起顶球。起跳动作及第一环节与前额正面跳起头顶球相同。在起跳后的身体上升阶段上体向出球的相反方向侧摆，在身体达到最高点时，上体急速向出球方向摆出，颈部扭摆甩头，用前额侧面击来球的后中部，将球击向预定的目标。落地时屈膝以缓冲落地力量并保持身体平衡。

七、假动作

假动作渗透在各种技术中，如踢球、接球、顶球、运球、抢截球、掷界外球以及守门员技术等。

（一）技术动作结构分析

比赛中根据临场的需要及时做出使用何种假动作的决定，假动作的实施并非都是一次性的，有时为了使对手重心产生不适当的移动，需要连续做几个假动作才能奏效。实施假动作时最好能在活动中进行。

（二）技术动作要领

1.传球前的假踢

如传球前为了使堵住传球路线的对手闪开空当，可先向一方做假踢动作，当对手去堵假踢的传球路线时，突然改变踢球脚法将球从另一方向传出。

2.接球前的假接

如对手在体侧紧逼的情况下，可先向一侧做假接球动作，当对手重心发生不适当的偏移时，突然改变向另一侧接球。

3.运球过人假动作

①运球过人时的虚晃假动作，诱骗并转身越过对手。

②先用减速或停顿的假动作，再以突然启动的方法越过对手。

③当对手在侧后追抢时，运球者上前用异侧向前从球上跨过，诱使对手堵抢，然后用同一脚脚背外侧将球向另一侧扣回（或用另一脚脚背内侧将球扣回），甩掉对手。

④防守者从正面迎上准备抢球，运球者用一只脚假做向另一侧前方踢球，诱使对手上前堵截，此时改假踢脚为支撑脚，用另一脚内侧将球向另一侧推出或向对手胯下将球推过，接着迅速绕过对手运球前进。

4.抢球假动作

作为防守者，当对手运球向自己跑来时，如果防守者能调动进攻者，就可以变被动为主动，而抢截假动作就是达到此目的的一种手段。

（三）易犯错误

①假动作不够逼真，易被对方识破。
②真动作衔接太慢不易收到预想的效果。
③缺乏观察判断和随机应变能力。

（四）练习方法示例

1.在无对抗的情况下一人一球做假动作练习

①向右（左）假踢，向左（右）拨球前进。

②向右（左）假拨，向左（右）拨球前进。

③向右（左）假踢触球，瞬间改用前脚掌将球拉回，再向左（右）推拨球前进。

④向右（左）跨过球，向左（右）拨球前进。

2. 在对抗情况下练习假动作

①两人一组，其中一人进行消极防守，两人轮流进行假动作练习。

②在掌握一定的假动作技术基础上，可结合传球和射门进行假动作后的传球、假动作后的射门练习，也可利用3对3或4对4的传抢练习或用小比赛进行练习。

八、掷界外球

由于掷界外球接球人不受越位规则的约束，因此其不仅用于恢复比赛，而且可以为进攻创造有利条件。

(一) 技术动作结构分析

掷界外球的动作是一个下端固定的爆发式平摆运动，需稳固的支撑。根据身高和臂长掌握合理的掷出角（不超过45°），它是影响远度的重要因素，球出手速度快则掷得远，这需要力量基础和协调用力能力。充分利用助跑有助于将球掷远。

(二) 技术动作要领

①原地掷界外球：面对出球方向，两脚前后或左右开立，每脚均应有一部分站立在边线上或边线外。膝关节弯曲，上体后仰成背弓，重心移到后脚上（左右开立时，重心在两脚间），两手自然张开，拇指相对，持球的侧后部，屈肘将球置于头后。掷球时，后脚用力蹬地（或两脚用力蹬地），两腿迅速伸直，身体重心由后脚移到前脚，收腹屈体，同时两臂急速前摆。当球摆到头上时用力甩腕将球掷入场内。掷球时，后脚可沿地面向前滑动，但两脚均不得离地。

②助跑掷界外球：两手持球放在胸前，在助跑迈出最后一步时，上体后仰成背弓，同时将球上举至头后，掷球时的动作与原地掷界外球动作相同。将球掷出后，后脚可在地面上向前滑行，但不得离地。

(三) 易犯错误

①掷界外球时动作不符合规则要求，造成犯规。
②用力不协调，掷出角度不合理而影响出球的远度。

(四) 练习方法示例

①两人一球，相距15米，原地掷球。
②两人一球，相距25米，助跑掷界外球。

第八章　排球运动

第一节　排球运动概述

一、排球运动简介

排球比赛是用球网将两队隔开，比赛双方各占球场的一方，在各自的场区内按照规则运用各种技术进行攻防对抗的一种体育项目。排球运动起源于美国，1895 年，美国马萨诸塞州霍利约克市，一位叫威廉·G.摩根的体育工作人员发明了这项运动，最初只是利用篮球内胆在高网上方来回推打。1896 年，霍尔斯泰德教授根据比赛特点，提议将其改为 Volleyball（空中击球），即现代国际通用名称 Volleyball（排球）。排球运动在美国产生后，由美国的传教士和参战军人带到世界各地。由于传入的时间及采用的规则不同，排球运动在世界各地开展的情况差异较大，使得排球技战术水平的发展很不平衡。直到 1947 年国际排联成立后，六人制排球才在全世界范围内得到了广泛推广，排球运动技战术水平迅速提高。在 1949 年和 1952 年分别举行了第一届世界男子和女子排球锦标赛，排球比赛于 1964 年被列为奥运会的正式比赛项目。目前比较重要的排球比赛有世界杯排球赛、世界排球锦标赛、世界青年排球锦标赛和奥运会的排球比赛。

排球在中国的发展，是伴随着中国女排"五连冠"的辉煌战绩而引发全世界关注的，1981 年到 1986 年是中国排球崭露锋芒的时候。中国第一女排强攻手——郎平成为那一时期中国排球运动的象征。这一成绩是从 1951 年中国正式成立国家男女排球队开始，历经几十年和多代的运动员、教练员的艰苦训练和奋力拼搏积累而得的。中国女排取得闪耀战绩之后，中国男排在此阶段积极吸取世界排球技战术，也开始在世界排坛崭露头角，于 1981 年的世界杯赛中获第五名，中国男排的世界排名从第九名升至第五名，从亚洲第三名升至第一名。那时中国男排所具备的实力能与世界强队抗衡，达到了我国男子排球的鼎盛时期。目前我国排球已经形成了独立特点、独特风格的打法，即在技术全面的基础上，高快结合，以准确的技术、多变的战术配合、灵活的临场应变能力、出色的防守与顽强的意志相结合的全攻全守打法。

二、沙滩排球和气排球简介

（一）沙滩排球

1920 年，沙滩排球比赛在美国夏威夷诞生了，最初是六人制的比赛，到 1947 年，首届两人制比赛在美国加州举行。1976 年世界沙滩排球锦标赛开始举行，1996 年亚特兰大奥运会，沙滩排球成为表演项目，至 2000 年奥运会，沙滩排球被正式列为比赛项目。

沙滩排球，简称"沙排"，因其优美的运动环境以及运动本身的娱乐性、观赏性，渐渐成为一种风靡世界的运动。两人制的沙滩排球比赛场地相对较小，比赛场区为 16 米 × 8 米的长方形，场地边线外和端线外的无障碍区至少宽 5 米，最多 6 米，比赛场地上空的无障碍空间至少高 12.5 米。因为沙滩排球比赛场地的特殊性，为保障运动员安全，沙滩必须至少 40 厘米深，其中不能有石块、壳类等会对运动员造成伤害的杂物。

(二) 气排球

1984 年，气排球雏形在内蒙古集宁市铁路分局的一次老年人体育活动中出现，用的是充气球，后来改为软塑球。1991 年气排球运动在全国铁路系统的离退休人员体育工作大会上展示，中国火车头老年人体育协会按照排球规则编制了《气排球竞赛规则》，并在上海特制了比赛用气排球。1992 年，在石家庄举办了第一期全国气排球学习班，同年在武汉举行了首届全国铁路系统的离退休人员气排球比赛。1998 年后气排球运动在全国各地各行各业得到普及。由于气排球质地较软，富有弹性，手感舒适，难度不大，可以男女混合组队参与，可以说气排球是一项适合不同年龄层次的人士参与，具有较强娱乐性、趣味性的健身项目。

气排球比赛起初参照排球规则进行，后改为五人制，前排 3 位，后排 2 位。现在已有自己的竞赛规则和技术要求，人体任何部位都可以触球，甚至可以用脚踢，只要符合规则要求即可。气排球场地为 13.4 米 × 6.1 米的长方形，比赛采用三局两胜制和每球得分制。

第二节　排球运动基本技术

一、准备姿势和移动

排球比赛是在激烈和快速的对抗中进行的，场上的情况千变万化，要求场上队员能短时间根据临场的变化做出相适应的技术动作。因此，队员必须掌握正确的准备姿势并具备快速移动的能力。

(一) 准备姿势动作要点

两脚左右或一脚偏后开立，双脚间距略宽于肩，脚尖稍内收，脚跟提起，着力点在前脚掌的内侧，膝关节弯曲，上体自然前倾，两臂放松置于腹前。两眼注意来球方向，随时准备移动击球。准备姿势主要用于一般的垫球、接发球等，当接扣球和接拦回球时两膝弯曲的程度要更大，分为稍蹲姿势 (图 8-1a)、半蹲姿势 (图 8-1b) 和低蹲姿势 (图 8-1c)。

(a)　　　　　　　　　(b)　　　　　　　　　(c)

图 8-1　准备姿势

(二) 移动动作要点

移动是为了迅速接近来球，便于完成各种击球技术动作。移动分为并步、滑步、交叉步、跨步、跑步和后退步等步法。

①并步和滑步：当身体距离来球较近，一步可以到位时采用并步，主要用于传球、垫球和拦网等技术。以向右移动为例，首先左脚蹬地，右脚先向右侧跨出，左脚迅速顺势跟上呈击球前的准备姿势。而当来球距离身体较远时，可连续快速并步接近来球，连续并步称为滑步。

②交叉步：当来球距离身体3米左右距离时采用交叉步。以向右侧移动为例，身体稍向右侧转动，左脚先向右脚前方交叉跨出一步，然后右脚再向右跨出以此接近来球的移动方法。

③跨步：当来球较低且距离身体较近时采用跨步。采用跨步移动时，一脚用力蹬地，另一脚向来球方向跨出一大步，同时膝部弯曲，上体前倾，身体重心下降放在跨出腿上。

④跑步：当来球距离身体较远时采用跑步。首先判断好来球的方向，身体迅速启动跑向来球。在接近来球时，降低重心并减速制动，做好击球准备。

⑤后退步：当判断出来球落点在身体背后且来不及迅速转身时采用后退步。移动时，身体重心适当降低，身体仍然面对来球方向，两脚迅速交替向后退步，上身不要后仰。

二、发球

发球是排球运动的一项重要技术。它是比赛的开始，也是排球比赛的重要进攻手段。有威力、攻击性强的发球，不但可以直接得分，起到先发制人的作用，而且可以破坏对方进攻战术的组织，减轻本方的防守压力，为防守反攻提供有利条件。发球首先要具有稳定性，然后增加其准确性和攻击性。发球技术的种类较多，主要有以下几种：下手发球、正面上手发球、正面上手飘球、勾手飘球和跳发球等。无论是哪种发球技术，动作都包括准备姿势、抛球、挥臂、击球这4个环节。下面介绍几种常用发球动作，以下动作都以右手发球为例。

(一) 下手发球

下手发球球速慢、威胁小，比赛中很少使用，但比较简单，一般适用于初学者。下手发球分为正面下手发球和侧面下手发球。正面下手发球时，发球队员面对球网站立，左脚在前，右脚靠后，两膝稍弯曲，上体前倾，左手持球于腹前下方，从腹前右侧将球平稳地向上抛起，离手高度约30厘米。在抛球同时，右臂伸直向身体后方摆动，身体由向左转动趋势带动右臂向前方挥动，在腹前用全掌或掌根击球的下方。侧面下手发球相对复杂，发球队员身体侧立，左肩对球网，左手于腹前将球抛起，右手向右侧拉，朝向身体中间位置由下向上划动转体击球的中下部。下手发球的难点是击球的位置和控制球的运动路线。

(二) 正面上手发球

正面上手发球时由于面对球网站位，因此便于观察对方，易于控制落点，准确性较高，能充分地利用转体、收腹的力量带动手臂迅速挥动击球。发球的力量大、速度快、弧线平。

上手发球动作要领如下。发球队员面对球网，两脚自然开立，左脚稍前，左手托球于身前。用抬臂和手掌的平托上送，将球平稳地垂直抛向右肩的前上方，离身体水平距离约

30厘米，高度约1米。在左手抛球同时，右臂抬起，屈肘后引与肩平，上体稍向右侧转动。在右肩前上方伸直手臂至最高点，用整个手掌击球的中后部。击球时，手指自然张开与球吻合，手腕迅速做出推压动作，使球上旋飞行。击球后，随着重心前移，迅速回到场内。上手发球的难点在于身体协调性、击球位置和速度。

三、垫球

垫球是排球运动的基本技术之一，是通过双臂或单臂的迎击动作从球的下部击球的技术。它是接发球、扣球、吊球和接拦回球等的主要手段，是组织进攻战术的基础和纽带。垫球技术一般可以分为正面双手垫球、跨步垫球、体侧垫球、背向垫球、单手垫球和鱼跃垫球等。下面介绍几种常用的垫球动作。

（一）正面双手垫球

身体成准备姿势面向来球方向，在球接近身体时迅速将双臂伸直、两掌根紧靠，双手手型一般分为三种，即双手抱拳互握式（图8-2a）、叠掌式（图8-2b）、互靠式（图8-2c）。无论采用哪种手型，都要注意手腕下压，前臂外翻（图8-3a），两臂夹紧前伸，使前臂内侧形成击球平面（图8-3b）。当来球距离腹前一臂远时，两臂夹紧伸直，迅速插入球下，以前臂的内侧平面击球的后下部。

垫球时，两脚向前上方蹬地并抬臂，同时压腕顶肘，身体重心随着击球的方向前移。正面双手垫球是最基本的垫球方法，是各项垫球技术的基础，只有在掌握这种技术以后，才能进一步学习和运用其他垫球技术。

（a）

（b）

（c）

图8-2　垫球手型

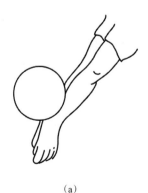
（a）

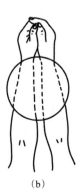
（b）

图8-3　垫球时的手腕、手臂动作

（二）跨步垫球

当来球距离身体有一定距离时，迅速向来球方向跨出一大步，屈膝深蹲，重心落在跨出腿上，上体前倾，两臂夹紧伸直插入球下，用两前臂的内侧平面击球的后下部，将球平稳垫起。跨步垫球通常用来处理来球速度较快、落点较低的情况，它是前扑、鱼跃、滚翻等垫球技术的基础。要学习各种高难度的垫球技术动作，必须熟练掌握跨步垫球技术。

（三）体侧垫球

以右侧为例，当球从右侧飞来，左脚迅速蹬地，右脚向右侧跨出，身体重心移至右脚，同时两臂夹紧向右侧伸出，右臂高于左臂，击球时身体左转，调整双臂的击球平面朝向来球方向，击球的右侧后下方。体侧垫球一般用来处理速度较快并飞向体侧，身体来不及移动到正面击球时的来球。体侧垫球可扩大防守范围，但不易控制垫球的方向和落点。

（四）背向垫球

当球飞向身后时，迅速转体背对来球方向，判断击球位置，双臂抬起，击球点一般高于肩部，利用前臂内侧平面击球的中下部，击球时上身有挺胸及展腹的后仰动作，带动两臂将球向身体后上方平稳击出。背向垫球通常用来处理来球速度较快并且偏高，身体来不及后退做正面垫球的状况。

（五）单手垫球

以右侧为例，当来球在身体右侧较远位置时，迅速向来球方向移动，判断击球位置，向来球方向跨出一大步，身体向右倾斜，右臂伸直，从右后下方向前上方摆动，用前臂内侧、掌根或虎口处击球的后下部，将球平稳垫起。单手垫球通常用来应急救场，当来球弧线低、距离远，来不及用双手垫球时采用，在接扣球和接拦回球时运用较多。

四、传球

传球是排球运动的一项重要技术，主要运用在二传的技术动作中，用于衔接防守和组织进攻。因为传球时使用灵活的手指和手腕的动作击球，控制球的面积大，所以传球的准确性较高。传球技术的种类较多，主要有正面双手传球、背传、侧传、跳传和单手传球等。

（一）正面双手传球

身体面对来球方向，两脚左右开立稍屈膝，上身挺起，双臂屈肘抬起，肘部下垂，两手自然张开成半球形，两拇指相对近似成"一"字形，置于额前上方。当来球接近额前时，开始蹬地、伸膝将力向上方传递。手腕稍后仰，向前上方伸臂，触球时以拇指指腹、食指全部和中指的二、三指节触球的后上部，无名指和小指在球的两侧辅助控制球的方向，手腕弹动顺着伸臂的动作将球送出（图8-4）。双手用力要协调一致，从而准确地控制球的高度和距离。

图8-4　正面双手传球

（二）背传

背对传球方向，准备姿势与正面双手传球相似，传球时，稍抬头挺胸，在两腿蹬地的同时，上体向后伸展，击球点保持在额头上方，手腕适当后仰，掌心向上，手指击球的下部，利用腿部蹬地和向后上方伸臂的动作，以及手指、手腕的弹力将球向背后传出（图8-5）。背传具有一定的隐蔽性，可以出其不意，达到迷惑对方的效果，通常用于战术进攻。

图8-5　背传

（三）侧传

身体侧对传球方向，利用蹬地、躯干伸展和手臂侧伸的力量，将球向侧上方传出。侧传对身体的协调性以及传球的准确性有一定的要求，是一种战术性组织进攻技术。

五、扣球

扣球是排球比赛中积极进攻和主要得分的手段，是排球运动重要的基本技术之一。扣球是身体在空中完成的击球技术，对运动员的弹跳高度、力量、击球时的速度控制都有较高的要求。扣球动作相对激烈，通常处于每一局的关键点。随着排球技战术的发展，扣球技术也在不断创新和提高。比较成熟的扣球技术包括"短平快""时间差""位置差"等。目前扣球技术无论是男子排球还是女子排球中，都向着"高、快、狠、变、巧"的方向发展。扣球的种类一般分为：正面扣球、调整扣球和扣快球等。

（一）正面扣球

正面扣球（图8-6）是比赛中运用得最多的一项进攻性技术，也是一种比较直接的进攻方法，适用于近网和远网扣球。正面扣球是由助跑、起跳、空中击球和落地四个部分组成的。以右手扣球为例，从准备姿势开始，准备扣球时左脚向来球方向迈出一步，蹬地将身体重心向前移动，紧接着右脚迅速一个大跨步，左脚及时并上，以脚跟制动并双脚起跳。起跳时双臂随身体向上摆动，跳起过程中，上体稍向右转，右臂随之高抬后引，肘部自然弯曲略高于肩，挺胸展腹；击球时以向左转体和收腹的动作带动手臂向前挥动，做快速鞭打的动作，在最高点击球；五指微张呈勺形，以全手掌包球，击球的后中上部图 8-7a 为近网击球，图 8-7b 为中网击球，图 8-7c 为远网击球；同时主动屈腕、屈掌向前推压，使球向前下方上旋飞行；最后双脚落地并屈膝缓冲。

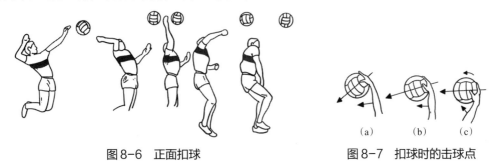

图 8-6　正面扣球　　　　　　　　图 8-7　扣球时的击球点

（二）扣快球

快球是扣球队员在二传队员传球前或传球的同时起跳击球。快球在时间上争取了主动，起到了攻其不备的效果，可使对方在拦网和防守时产生错误的判断。这种扣球的特点是速度快、力量大、时间短、落点近、突然性强。快球的种类较多，有近体快球、半快球、短平快球、平拉开快球、背快球等。现介绍比较常用的快球技术。

①近体快球：扣球队员靠近网前，在二传队员约一臂前的距离起跳扣快球，称为近体快球。扣近体快球时，助跑的距离较短，扣球队员提前助跑到网前，在二传队员传球前或传球同时，迅速有力地起跳。当球上升到高出球网上沿一个半球的高度时，迅速挥动手臂击球。

②半快球：扣球队员在靠近网前的二传队员附近起跳，扣高出球网上沿两个半球高度的球，称为半快球。这种扣球的助跑角度、起跳动作、击球方法均与近体快球相同，只是起跳的时间较晚，一般在二传队员传球出手后迅速起跳。

③短平快球：扣球队员在二传队员身体前 2 米左右处，扣其顺网快速传过来的低平弧线球，称为短平快球。这种扣球的特点是速度快、进攻点灵活，突然性大，攻击性强，对方不易拦网和防守。

六、拦网

拦网是防守的第一道防线，也是反攻的重要环节。成功的拦网可以拦回对方的扣球，使本方由被动变为主动，甚至拦死直接得分。此外，有效的拦网还可以给对方心理上造成很大的压力，从而减轻本方防守的压力。目前，随着扣球技术朝着力量、高度、速度等方面发展，更加突出了拦网的重要性。拦网可分为单人拦网、双人拦网和三人拦网。

(一)单人拦网

单人拦网技术是最基本的拦网形式，它是集体拦网的基础，是由准备姿势、移动、起跳、空中拦击和落地五个相互衔接的部分组成。拦网队员两脚左右开立约与肩宽，距球网约半臂距离。两膝弯曲，上体稍前倾，两臂在胸前自然屈肘张开，准备随时向来球方向并步或滑步移动。移动时，身体尽量保持平稳，不做过大的上下移动，两臂摆动幅度不宜过大，起跳前最后一步要迅速降低重心。起跳时两脚迅速蹬地，两臂在体侧向上方摆动，带动身体垂直起跳，并稍收腹，以控制身体平衡，两臂充分伸直，双手五指张开，当两手触及球时，手掌和手腕要紧张用力，两手之间的距离略小于一个球的直径(图8-8)。重点在于控制力量和角度，防止触网犯规和球打手出界。落地时屈膝缓冲，控制好身体平衡，并迅速做好下一个动作的准备。

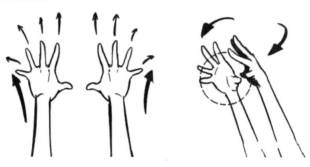

图8-8　拦网的手部动作

(二)双人拦网

双人拦网以单人拦网技术为基础，是集体拦网的主要形式。双人拦网是由前排两个相邻队员同时起跳拦网所构成的，目的是加大拦网面积。双人拦网一般是以其中一人为主，另一人协同配合，两人起跳时，应保持适当的距离，避免互相干扰。起跳后，手臂要靠近，手掌之间的距离应小于一个球，四只手应在球网上沿形成一道屏障，阻拦对方扣球进攻的主要路线。

第三节　排球运动竞赛规则

排球运动竞赛规则包括场地设备要求、非技术性规定和技术性规定等方面的内容。

一、排球比赛场地

比赛场区为长18米、宽9米的长方形，其四周至少有3米宽呈长方形对称的无障碍区，从地面量起至少有7米的无障碍空间(图8-9)。国际比赛的场区边线外的场区至少5米，端线后至少9米，上空的无障碍空间至少12.5米。比赛场区由中线分为长9米、宽9米的两个相等的场区。每个场区各画一条距离中线3米的进攻线。中线与进攻线之间为前场区。发球区在两边的端线外，两条边线的延长线上，各画两条长15厘米、垂直并距离端线20厘米的短线，两条端线之间为发球区。发球区的深度延至无障碍区的终端。

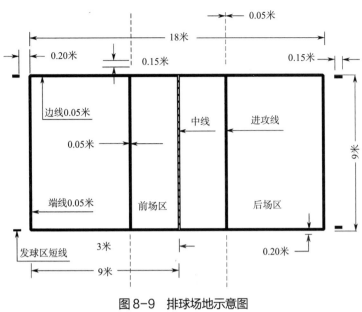

图 8-9 排球场地示意图

二、非技术性规定

(一)队员的服装

队员的服装包括上衣、短裤和运动鞋。同队队员必须保持一致,上衣号码为 1~18 号,号码颜色必须与上衣明显不同。身前号码至少为 10 厘米高,身后号码至少为 15 厘米高,号码笔画宽度至少为 2 厘米。队员禁止佩戴可能造成伤害及有利于人为加力的物品,可以戴眼镜进行比赛,但所引起的一切后果自行负责。

(二)参加者的基本权利

队长可以代表本队进行抽签,获胜者可以选择发球、接发球或者场区。队长可以在比赛中请求正常的比赛间断(暂停和换人等)。教练员可对场上队员进行指导,但必须坐在球队席上或在准备活动区内,不得干扰和延误比赛。

(三)队员的替换

每一局每队最多可替换六人次,一名队员离开比赛场地,而由另一名队员上场占据其位置为一人次替换。在一次换人中可以同时替换一人或多人,替补队员每局只能上场比赛一次。

(四)比赛间断

正常的比赛间断为暂停和换人,比赛成死球时,裁判员鸣哨发球前,教练员或场上队长用相应的手势请求间断,在每局中,球队有一次暂停的机会,时间为 30 秒。但在世界比赛中,采用技术暂停的方法,即比赛中,当比分至 8 分和 16 分时,便为技术暂停,时间为 1 分钟。一次或两次暂停可以与双方的各一次换人相连续,中间无须经过比赛过程。同一队未经过比赛过程不得连续提出换人的请求,但在同一次换人请求中可以替换两名或更多的队员。暂停时，比赛队员必须离开比赛场区到球队席附近的无障碍区。

（五）延误比赛

延误比赛的行为包括：换人延误时间；在裁判员鸣哨恢复比赛后，拖延暂停的时间；请求不符合规则的替换，在同一局中再次提出不符合规定的请求；场上队员拖延比赛的继续进行。延误比赛为全队的行为犯规，同一局中第一次延误应判延误警告，再次出现则判延误判罚。

三、技术性规定

（一）发球

发球队员必须在第一裁判员鸣哨5秒内，将球抛弃或持球手撤离，在球落地前，用一只手或手臂的任何部分将球击出。如球未触及发球队员而落地，则被认为是一次发球试图，每一次发球时都允许有一次发球试图。在发球试图后，第一裁判员应及时鸣哨允许再次发球，发球队员必须在再次鸣哨后的3秒内将球发出。发球队员在击球时或击球起跳时，不得踏及场区（包括端线）或发球区以外的地面。

（二）队员的场上位置

在发球队员击球时，双方队员必须在本场区内各站两排，每排三名队员。发球队员不受场上位置的限制。队员的位置是根据其脚的着地部位来判定的，每一名前排队员至少有一只脚的一部分，比同列后排队员的双脚距中线更近；每一名右边（左边）队员至少有一只脚的一部分，比同排中间队员的双脚距场地的右（左）边线更近。在发球队员击球的一刹那，场上队员脚的着地部位必须符合其位置要求。在发球后，队员可以站在本场区和无障碍区的任何位置上。

（三）网下穿越

在不妨碍对方比赛的情况下，允许队员在网下穿越进入对方空间。允许队员的一只脚或双脚越过中线触及对方场区的同时，脚的一部分还接触中线或置于中线上空。除脚以外，不允许队员身体的任何其他部分接触对方的场区。在比赛中断后，队员可以进入对方场地。

（四）触网

新规则规定触网为犯规，但队员在无试图击球的情况下偶尔触网不算犯规。所谓无试图击球，意指已经完成了击球动作和击球试图，如完成扣球动作或掩护扣球动作之后，偶尔触网则不算犯规。

（五）进攻性击球

进攻性击球指除发球和拦网外的其他所有直接向对方的击球。当球的整体通过球网的垂直面或触及对方队员，则完成了进攻性击球。前排队员可以对任何高度的球完成进攻性击球，但触球时必须在本场地空间。后排队员则允许在后场区对任何高度的球完成进攻性击球，但起跳时脚不得踏及或越过进攻线，击球后脚可以落在前场。如果后排队员在前场区完成进攻性击球，在触球时，球的一部分必须低于球网上沿。

(六) 拦网

拦网是指队员靠近球网，将手伸向高于球网处阻挡对方来球的行动。触及球的拦网行动即为完成拦网。只有前排队员允许完成拦网，后排队员不得完成拦网。如后排队员将球拦回，则为犯规。如拦球到本方场区，则为本队的第一次击球。前排队员的拦网触球不算作本队的一次击球，因此本队拦网后还可以再击球三次。拦网时，队员可以将手或手臂伸过球网，但不得影响对方击球，过网拦网触球应在对方队员完成进攻性击球之后。在一个拦网动作中，允许球迅速而连续地触及一名或更多的拦网队员。

(七) 比赛中的击球

规则规定队员身体的任何部位都允许触球。但球必须被击中，不得接住或抛出，球可以向任何方向反弹，如果队员违反了上述规定，则判为持球。规则规定球必须同时触及身体的不同部位，如果球先后触及队员身体的不同部位，则为连击犯规。但是在拦网动作中，允许同一队员或同一拦网中的不同队员在一个单一的动作中连续触球。在球队的第一次击球时，允许队员身体的不同部位在同一击球动作中连续触球。第一次击球指接发球、接进攻性击球、接本方拦起的球和接对方拦回的球。而在本队第二次和第三次击球时，则不允许球连续触及身体的不同部位。

第九章　乒乓球运动

第一节　乒乓球运动概述

乒乓球运动起源于19世纪末的英国，流行于欧洲，据记载是由于受到网球运动的启发。因为网球受天气气候的影响较大，一些英国大学生便发明了一种室内游戏，类似于现在的乒乓球，那时的乒乓球是橡胶或软木实心球，球台很简单，就是在课桌或饭桌上支起网，颇有一番乐趣，这种游戏当时被叫作"弗利姆－弗拉姆"。直到一种叫赛璐珞材质制成的空心球被发明后，击球时发出"乒乓"声，故而得名。乒乓球英文名为 table tennis（桌上网球）。1926年国际乒乓球联合会正式成立，1928年国际乒联正式确定"乒乓"的名称。

乒乓球运动是一项极富有锻炼价值的运动，它的特点是球小、弹性强、速度快、变化多、易于掌握，这项运动深受广大群众喜爱，在我国被誉为"国球"。经常参加乒乓球运动，可以提高人体神经系统的灵活性、敏锐性；能改善人的心血管、脑血管系统的机能；能促进交流，增进友谊；还能培养勇于进取和敢于拼搏的优良品质与作风，促进身心全面发展。

第二节　乒乓球运动基本技术

一、握拍法

握拍是指单手持球拍的方法。乒乓球握拍方法分直拍握拍法和横拍握拍法，不同的握拍法各有其优缺点，从而产生各种不同的打法。

（一）直拍握拍法

食指第三指关节贴在球拍柄右侧，食指第二指关节压住球拍的右肩，食指第一指关节自然向内弯曲。拇指第一指关节压住球拍的左肩（拇指与食指之间的距离要适中）。其他三指自然弯曲重叠，以中指第一关节托于球拍背面，保持球拍平稳（图9-1）。

直拍握拍法优缺点：正反手都是用球拍的同一拍面击球，速度快，正手攻球快速有力，不论攻斜线球还是直线球，球拍面变化不大，对手很难判断。但反手攻球因受身体阻碍，较难掌握，防守时兼顾面积较小。

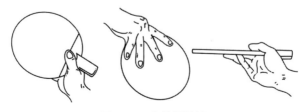

图9-1　直拍握拍法

(二) 横拍握拍法

横拍握拍法分为横拍攻击型 (包括快攻和弧圈) 和防守型 (包括以攻为主结合削球和以削为主结合进攻) 两种。这两种握拍方法基本相同，所不同的是可分为浅握和深握。浅握是指以中指、无名指、小指自然地握住拍柄，拇指在球拍的正面贴在中指旁边，食指自然伸直斜放于球拍背面，虎口轻微贴拍。深握同浅握相比，虎口要紧贴球拍 (图 9-2)。

横拍握拍法优缺点：握拍简单，通过手腕控制板型。护台范围大，正反手适合主动发力，中远台进攻颇具威胁；易于出成绩。但是台内小球处理等台内技术不如直板，横板的中间偏腋下位置始终是横板选手的软肋。

图 9-2　横拍握拍法

二、准备姿势

基本姿势是运动员在发球或接球时站立的方位和身体姿势。较好的准备姿势有利于快速启动、照顾全台，还有利于采用各种技术回击来球。

动作要领：两脚开立与肩同宽或略比肩宽，两膝微屈，前脚掌着地 (主要以脚内侧蹬地)，脚跟微离地面，重心置于两脚之间，上体略前倾、收腹，下颌微收，持拍手臂自然弯曲，直握拍的肘部略向外张，球拍置于腹部右前方，手腕自然放松，拍头指向右斜前方，横握拍的肘部向下，前臂自然平举，手腕自然放松，拍头指向上方，非持拍手臂自然弯曲于身体左侧。两眼注视来球。

针对性练习：学生分排站好，在教师的示范下练习准备姿势；把学生分成偶数列，单数列同学练习准备姿势，双数列同学纠正，交换进行。

三、基本站位技术与步法

(一) 站位

乒乓球运动的站位是指运动员与球台之间所处的位置。应根据各种不同类型打法的技术特点、身体的高度和能照顾全台的要求来决定站位方法。

①快攻类站位：左推右攻打法基本站位在近台 30～40 厘米，偏左站位；两面攻打法基本站位在近台 40～50 厘米，中间略偏左站位。

②弧圈类站位：以弧圈球为主打法基本站位在中台，离台 50 厘米左右，偏左站位；两面拉打法在中间略偏左站位。

③削球类站位：横拍攻削结合打法基本站位在中台附近；以削为主配合反攻打法基本站位在中远台附近，离台 100 厘米左右。

(二) 步法

步法移动是击球的基本环节之一。确保适合的击球位置，提高击球的准确性。步法分类有如下五种。

①单步：是以一只脚为轴，另一只脚向前、后、左、右不同的方向移动一步，身体重心也随之落到移动脚上。

②跨步：是以一只脚向前、后或左、右不同的方向跨出一大步，身体重心随即移到跨步脚上，另一只脚也迅速地滑动半步跟过去。

③跳步：以一脚蹬地，两脚同时离地向前、后、左、右、跳动，双足有瞬间的腾空。跳步移动范围比跨步大，主要用于快攻型选手左右移动击球，常与跨步结合使用。

④并步：并步的移动方法基本上和跳步相似，只是不做腾空的跳动。移动时，先以来球不同方向的脚向同方向的脚并一步，然后同方向的脚再向来球方向迈一步。

⑤交叉步：先以靠近来球方向的脚作为支撑脚，使远离来球的脚迅速向前（左、右）不同的方向跨出一大步，而原作为支撑的脚跟着前脚的移动方向再迈一步。一般用来对付离身体较远的球。

步法针对性练习：进行单个步法练习；个人结合挥拍动作做步法练习；进行双人面对面站立步伐练习，互相观察对方并纠正错误动作；根据长短球做步法练习。

四、发球技术

发球是乒乓球的基本技术之一，发球质量的好坏直接决定着技战术的发挥，是比赛中力争主动、先发制人的重要环节。乒乓球的发球种类较多，基本方法有正手发奔球、正反手发左右侧上（下）旋球。

(一)正手发奔球

动作要领：发球时左脚稍前，身体略向右转，两膝微屈，身体略向右转前倾，持拍手自然防于身前，抛球同时，持拍手向右后上方引拍，拍面较垂直，球下落至稍高于球网时开始击球；击球中上部，向左前方发力（图9-3）。

特点：速急、落点长、冲力大，发至对方右大角或中左位置，对对方威胁较大。

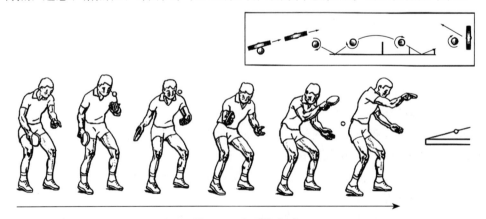

图9-3　正手发奔球

(二)正手发左侧上(下)旋球

动作要领：正手发左侧上旋球时，站位左半台，抛球同时持拍手迅速向右上方引拍，身体向右转,手臂自右上方向左下方挥摆,球拍从球的右侧中下部向左侧面摩擦;若发左侧下旋球时,手臂自右上方向左前下方挥摆,球拍从球的右侧中部向左侧下部摩擦;第一落点在本方端线附近(图9-4)。

特点:正手发左侧上(下)旋球时,手法较为相似,并能充分发挥手臂和手腕的作用,旋转力较强,对方挡球后,向其右侧上(下)方反弹。

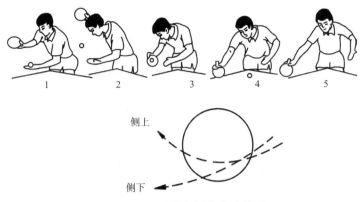

图9-4　正手发左侧上(下)旋球

(三)反手发右侧上(下)旋球

动作要领:右脚在前,持拍手向左上方引拍,拍柄略向下。抛球后,当球下落时,前臂和手腕同时发力,向右下方挥拍,在与网同高时击球,触球瞬间手腕向右上方转动,使拍从球的中部略偏下向右上方摩擦。发右侧下旋球时手腕向右下方转动,使拍从球的中下部向右下方摩擦(图9-5)。

特点:能充分运用转体动作,旋转力较强,对方挡球后,向其左侧上(下)反弹。

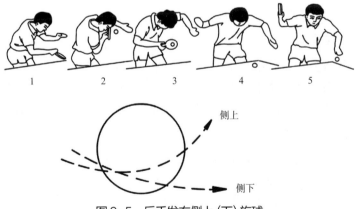

图9-5　反手发右侧上(下)旋球

(四)正手发下旋加转球与不转球

动作要领:右脚在后,前臂向后上方引拍,拍面略后仰。抛球后,待球下落时前臂迅速向前下方挥动并略外旋,手腕用力转动使拍面后仰角度大些,约与网同高时击球,摩擦球的中下部(图9-6)。

特点：**球速较慢，前冲力小，主要是以相似手法多用旋转变化来迷惑对方，造成对方接球失误或为自己抢攻创造条件。**

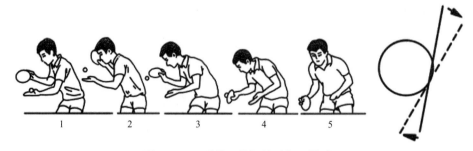

图9-6　正手发下旋加转球与不转球

五、球拍种类及其性能

乒乓球的运行，有的飘忽难测、有的路线诡秘、有的势大力沉、有的绵里藏针。之所以万千变化，与球拍的选择有直接关系。不同的技术打法，要求选择不同性能的球拍。了解球拍的种类及其性能，对于提高乒乓球比赛的欣赏水平和自身参与乒乓球运动，都大有裨益。

（一）正胶胶皮拍

1. 正胶短齿胶皮拍

胶皮上有一粒粒排列均匀的圆柱形软体小颗粒，胶粒高度在1.5毫米之内，一般高度为0.8～1.0毫米，颗粒密度为每平方厘米10～50颗，胶皮和胶粒总厚度不得超过2毫米。正胶短齿胶皮拍弹力均匀，击球稳，容易掌握。这种胶粒与球摩擦能产生一定旋转。但由于它的弹性较差，球的运动速度慢，力量也不够大，本身不易制造强烈的旋转。

2. 正胶短齿生胶胶皮拍

这种胶皮在规格上和正胶胶皮很相似，颗粒的高度一般也是在0.8～1.0毫米，只是胶体的含胶量比正胶胶皮大，故颗粒比较柔软，弹性也较大。正胶短齿生胶胶皮拍击球时，在重打的情况下，控制球的能力较好，有利于消除对方弧圈球强烈的上旋。

3. 正胶长齿胶皮拍

这种胶皮的胶体很柔软，颗粒的高度一般在1.5～1.7毫米，故又称长齿胶皮。正胶长齿胶皮拍由于长齿胶皮颗粒细长，支撑力小，故颗粒在受到来球压力时容易倾斜。所以，长齿胶皮能起到改变旋转的作用。

（二）正胶海绵拍

1. 正胶熟胶海绵拍

这种球拍在木板和胶皮之间夹有一层海绵，海绵连同胶皮总厚度不得超过4毫米。正胶熟胶海绵拍弹力适中，回球速度在所有种类的球拍中最快，能制造一定强度的旋转，其旋转性质较"怪"，使对方不易控制，但不能制造很强烈的旋转，命中率比反胶海绵拍低。

2. 正胶生胶海绵拍

这种球拍是以一种生胶皮贴在较薄的海绵上，其胶粒和胶皮比正胶皮稍软。正胶生胶海绵拍弹力强，摩擦力较小，击出球的速度比正胶熟胶海绵拍略快，并且带有下沉，能减弱对方拉弧圈球的威力；在控制球方面也有一定成效。但不易制造悬殊的旋转变化，击球时要更多地依靠运动员本身的发力。

3. 正胶长齿海绵拍

这种球拍是把长齿胶皮贴在一层薄薄的海绵上。正胶长齿海绵拍与正胶长齿胶皮拍的性能基本相同。不同的是，由于有了一层薄海绵，弹力相应地增大，速度相应地加快，对方接球的难度也增大了。另外，球的控制也更难，球的飘忽更为明显，旋转差异更大。

（三）反胶海绵拍

1. 反胶海绵拍

这种球拍是将胶皮有颗粒的一面贴在海绵上，平的一面向外。反胶海绵拍胶皮表面平整，有较大的黏性，摩擦力在所有胶皮海绵拍中最大，能"吃"住球，附在硬型海绵上可以制造出强烈的旋转球。但由于胶粒向内，表面同海绵之间有一定的空隙，因此弹力比正胶短齿海绵拍差，回球速度也比正胶短齿海绵拍慢，且不易控制旋转球。

2. 防弧海绵拍

这种球拍是在一种结构疏松的海绵上，反贴一块质地近似于正胶皮的胶皮。防弧海绵拍的海绵相对较软，胶皮厚、硬，所以弹性很差，黏性小，缓冲性高。运用这种球拍，可以有效减弱球的旋转，便于控制对方的弧圈球。

第三节　乒乓球运动竞赛规则

一、球台

　　球台的上层表面称为比赛台面，应为与水平面平行的长方形，长 2.74 米、宽 1.525 米，离地面高 76 厘米。比赛台面不包括球台台面的侧面。比赛台面可用任意材料制成，但应具有一致的弹性，即当标准球从离台面 30 厘米高处落至台面时，弹起高度应约为 23 厘米。

　　比赛台面应呈均匀的暗色，无光泽。沿每个 2.74 米的比赛台面边缘各有一条 2 厘米宽的白色边线，沿每个 1.525 米的比赛台面边缘各有一条 2 厘米宽的白色端线。比赛台面由一个与端线平行的垂直的球网划分为两个相等的台区，各台区的整个面积应是一个整体。

　　进行双打时，各台区应由一条 3 毫米宽的白色中线划分为两个相等的"半区"。中线与边线平行，并应视为各半区的一部分。

二、球网装置

　　球网装置包括球网、悬网绳、网柱及将它们固定在球台上的夹钳部分。球网应悬挂在一根绳子上，绳子两端系在高 15.25 厘米的直立网柱上，网柱外缘离开边线外缘的距离为

15.25 厘米。整个球网的顶端距离比赛台面 15.25 厘米。整个球网的底边应尽量贴近比赛台面，其两端应尽量贴近网柱。

三、球

乒乓球应为球体，直径为 40 毫米，球重 2.7 克。球应用赛璐珞或类似的塑料材质制成，呈白色或橙色，且无光泽。

四、球拍

球拍的大小、形状和重量不限，但底板应平整、坚硬。底板应使用至少含 85% 的天然木料。加强底板的黏合层可用诸如碳纤维、玻璃纤维或压缩纸等纤维材料制成，每层黏合层不超过底板总厚度的 7.5% 或 0.35 毫米。球拍两面不论是否有覆盖物，必须无光泽，且一面为鲜红色，另一面为黑色。比赛开始时及比赛过程中运动员需要更换球拍时，必须向对方和裁判员展示其将要使用的球拍，并允许他们进行检查。

五、一些专业术语的解释

①回合：球处于比赛状态的一段时间。

②球处于比赛状态：从发球时球被有意向上抛起前静止在不执拍手掌上的最后一瞬间开始，直到球触及比赛台面、球网装置、执拍手手中的球拍或执拍手手腕以下部位以外的任何物体，或者到该回合被判得分或重发球。

③击球：用握在手中的球拍或执拍手手腕以下部位触球。

④阻挡：对方击球后，向比赛台面方向运动的球，在没有触及本方台区、也未越过端线之前，即触及本方运动员或其穿戴的任何物品。

⑤越过或绕过球网装置：除从球网和比赛台面之间通过以及从球网和网架之间通过的情况外，球均应视作已"越过或绕过"球网装置。

⑥端线：包括球台端线以及端线两端的无限延长线。

六、合法发球

①发球时，球应放在不执拍手的手掌上，手掌张开并伸平，球保持静止，在发球方的端线之后，比赛台面的水平面之上。

②发球员须用手将球几乎垂直地向上抛起，不得使球旋转，并使球在离开不执拍手的手掌之后上升不少于 16 厘米，球下降到被击出前不能碰到任何物体。

③当球从抛起的最高点下降时，发球员方可击球，使球首先触及本方台区，然后越过或绕过球网装置，再触及接发球员的台区。在双打中，球应先后触及发球员和接发球员的右半区。

④从球离开运动员手掌的那一刻到球被击中，球都应该在球台平面的高度之上和在发球选手的端线之上。

⑤当球被击中时，发球选手或他的双打队友的身体与衣服的任何部位都不能在球与网之间的范围内，防止在接发球选手视线以外隐蔽式发球。从球被抛出到击中的时间，都必须保持球在球台平面高度之上。

⑥运动员发球时，应让裁判员或副裁判员看清他是否按照合法发球的规定发球。

a. 如果裁判员怀疑发球员某个发球动作的正确性，并且他或者副裁判员都不能确信该发球动作是否合规，一场比赛中此现象第一次出现时，裁判员可以警告发球员而不予判分。

b. 在同一场比赛中，如果发球员或其双打同伴发球动作的正确性再次受到怀疑时，不管是否出于同样的原因，均判接发球方得1分。

c. 无论是否第一次或任何时候，只要发球员明显没有按照合法发球的规定发球，他将被判失1分，无须警告。

⑦运动员因身体伤病不能严格遵守合法发球的某些规定时，可由裁判员做出免于执行的决定，但此情况须在赛前向裁判员说明。

七、合法还击

对方发球或还击后，本方运动员必须击球，使球直接越过或绕过球网装置，或触及球网装置后，再触及对方台区。

八、重发球

回合出现以下情况时，应重发球。

①如果发球员发出的球在越过或绕过球网装置时触及球网装置，此后成为合法发球或被接发球员或其同伴阻挡。

②如果接发球员或接发球方未准备好时，球已发出，而且接发球员或接发球方没有企图击球。

③由于发生了运动员无法控制的干扰，而使运动员未能合法发球、合法还击。

④裁判员或副裁判员暂停比赛。

⑤在双打时，运动员错发、错接。

九、比赛次序

在单打中，首先由发球员合法发球，再由接发球员合法还击，然后两者交替合法还击。

在双打中，首先由发球员合法发球，再由接发球员合法还击，然后由发球员的同伴合法还击，再由接发球员的同伴合法还击，之后，运动员按此次序轮流合法还击。

十、发球、接发球和方位的选择

选择发球、接发球、这一方或那一方的权力应由抽签来决定。中签者可以选择先发球或先接发球，或选择先在某一方位。当一方运动员选择了先发球或先接发球，或选择了先在某一方位后，另一方运动员必须有另一个选择的权力。

在获得每两分之后，接发球方即为发球方，依此类推，直至该局比赛结束，或者直至双方比分都达到10分或实行轮换发球法，这时，发球和接发球次序仍然不变，但每人只轮发1分球。

在双打的第一局比赛中，先发球方确定第一发球员，再由先接发球方确定第一接发球员。在以后的各局比赛中，第一发球员确定后，每一接发球员应是前一局发球给他的运动员。在双打中，每次换发球时，前面的接发球员应成为发球员，前面的发球员的同伴应成为接发球员。一局中首先发球的一方，在该场下一局应首先接发球。在双打决胜局中，当一方先得 5 分时，接发球方应交换接发球次序。一局中，在某一方位比赛的一方，在该场下一局应换到另一方位。在决胜局中，一方先得 5 分时，双方应交换方位。

十一、一局比赛

在一局比赛中，先得 11 分的一方为胜方。10 平后，先多得 2 分的一方为胜方。

十二、一场比赛

一场比赛应采用五局三胜制或七局四胜制。一场比赛应连续进行，除非是经许可的间歇。

十三、轮换发球法

如果一局比赛进行到 10 分钟仍未结束（双方都已获得至少 9 分时除外），或者在此之前任何时间应双方运动员要求，应实行轮换发球法。

（1）当时限到时，球仍处于比赛状态，裁判员应立即暂停比赛。由被暂停回合的发球员发球，继续比赛。

（2）当时限到时，球未处于比赛状态，应由前一回合的接发球员发球，继续比赛。

此后，每名运动员都轮发 1 分球，直至该局结束。如果接发球方进行了 13 次合法还击，则判发球方失 1 分。轮换发球法一经实行，或一局比赛进行了 10 分钟，则该场比赛剩余的各局都必须实行轮换发球法。

第十章　羽毛球运动

第一节　羽毛球运动概述

19世纪60年代，英国退役军官从印度孟买带回国一种类似羽毛球运动的游戏，名为"普那"（poona）。1873年，英国波菲特公爵在拜明顿村（格洛斯特郡）的庄园宴请宾客，从印度回来的英国军官做了"普那"表演。从此，"拜明顿游戏"（game of adminton）在英国开始流传，这种游戏就是羽毛球运动。1893年英国举办了首届全英羽毛球锦标赛。20世纪初，羽毛球运动由英国传到英联邦各国，随后又传到美洲、亚洲、大洋洲各国，最后传到非洲。1934年国际羽毛球联合会成立，1939年国际羽毛球联合会通过了会员国共同遵守的《羽毛球规则》。国际羽毛球联合会于1948—1949年举办了第一届汤姆斯杯赛（国际男子羽毛球团体锦标赛），1956—1957年度举办了第一届尤伯杯赛（国际女子羽毛球团体锦标赛），1977年举办了第一届世界羽毛球锦标赛。1978年2月，亚、非地区的发展中国家发起成立世界羽毛球联合会（简称世界羽联）。1978年世界羽毛球联合会举办第一届世界羽毛球锦标赛，1979年举办了第一届世界杯团体赛和第二届世界羽毛球锦标赛。国际羽毛球联合会和世界羽毛球联合会于1981年5月26日宣布合并，统一称为国际羽毛球联合会。

羽毛球运动赛事分个人赛事和团体赛事两大类。个人赛事包括奥运会中的羽毛球比赛、羽毛球世界锦标赛、羽毛球世界杯以及各大公开赛，如全英公开赛、中国公开赛、印尼公开赛等。团体赛事包括汤姆斯杯、尤伯杯、苏迪曼杯。

第二节　羽毛球运动基本技术

羽毛球运动的基本技术主要由上肢的基本手法和下肢的基本步法两大部分组成。上肢的基本手法由握拍、发球和击球三个技术部分组成；下肢的步法由基本站位、前场上网、中场左右和后场后退步法组成。

一、握拍技术

（一）正手握拍技术（以下介绍的基本技术均以右手握拍者为例）

1. 动作要领

先用左手握住球拍的中杠，使拍框与地面垂直；打开右手，使虎口对准拍柄斜棱上的第二条棱线，此时眼睛从左至右可同时看见四条棱线，然后用近似握手的方法握住拍柄，拇指和食指贴在拍柄两侧的宽面上，其余的三指自然握住拍柄；拍柄与掌心不要握紧，应留有空隙。握拍的位置可视个人的情况而定，一般情况下，以球拍柄端靠近手掌的小鱼际为宜；握拍力度要适宜。正手发球、右场区各种击球及左场区头顶击球等，一般都采用这种握法。

2. 注意事项

①打球过程中，手指不离开拍柄；除反手击球动作外，手指与球拍位置不发生改变，仅在杀球、抽球或需要很大发力的高球时可适当加重握拍力度，尽量放松握拍。

②绝对不能在击球过程中将食指伸直，以防受伤。

(二)反手握拍技术

1. 动作要领

在正手握拍的基础上，将球拍柄稍向外旋，拇指顶贴在拍柄第一斜棱旁的宽面上，也可将大拇指放在第一、二斜棱之间的小窄面上，食指稍向下靠；击球时，靠食指后的三指紧握拍柄，同时拇指前顶发力击球；为了便于发力，掌心与拍柄间要留有充分的空隙。

2. 注意事项

①采用"西方式"握拍法握拍。这种握拍方法在羽毛球击球中，主要在近网扑球和封网时才较多使用。

②"一把抓"握拍，即食指低于拇指与中指并拢握拍。

③食指过于前伸，直接按在拍柄上部，造成在击球瞬间难以握紧球拍发力。

④击球前握拍太紧，掌心与拍柄没有留有空隙，直接影响了握拍的灵活变化，同时也影响了击球瞬间的发力。

⑤握拍时，小鱼际未和拍柄末端齐平，形成拍柄末端外露。这在双打发球、平抽挡和封网时是正确的握拍方法，但在一般情况下不宜采用。同样，过于后握球拍也是错误的。

二、发球技术

发球是比赛的开端。发球质量高，可有效地牵制对手，创造得分条件，甚至可直接得分。就发球的姿势而言，有正手发球、反手发球之分。可视自己的习惯或战术的需要来选用正手或反手发球。就球的飞行角度和距离而言，可分为后场高远球、后场平高球、后场平射球和网前小球四种。无论用何种方式发球，在把握好发球时机的同时，还要注意发球动作的隐蔽性、突变性、落点多样性等特点。

(一)正手发球技术

正手发球是在身体的右侧采用正拍面击球的一种发球方式，在实战中被广泛采用。正手发球可根据不同的战术需要发出不同的球，如后场高远球、后场平高球、后场平射球和网前小球等不同弧度的球 (图 10-1)。

图 10-1 正手发球

1. 动作要领

①侧身对网，双脚与肩同宽成丁字步站立，重心在两腿之间；左手手臂弯曲，以酒杯状持球于胸口前方；右手拉至身体后方，手臂可直可屈。

②左手无初速度将球抛落后，用腰腹部控制身体转90°，重心移至左脚，右脚尖踮起；同时右手手臂伸直转至身体正前方，手腕在身体7点钟方位从后往前上方击打下落的球。

③球离开拍面后，可放松手肘同时依照惯性挥动大臂至左上方，手肘超过下颚。

2. 注意事项

①击球有效部位在拍面中间从上往下数第6至第8根横线。

②击球时不能屈肘，手腕快速击球且拍面要正对前方，身体转正的同时击球以保证球的飞行轨迹高、远、直。

(二)反手发球技术

反手发球技术是在身体的左前方用反拍面击球的一种发球方式。同正手发球技术一样，用反手同样能发出各种弧度的球；与正手发球所不同的是，反手发球时动作的力臂距离相对要小，发球时对球的控制力更强，加之反手发球动作更具一致性、隐蔽性和突然性，因此在比赛中，尤其是在双打比赛中反手发球被广泛采用。在实战中，发球方根据双打战术的特点和需要，常以发反手后场平高球、后场平射球和网前小球为主(图10-2)。

图 10-2 反手发球

1. 动作要领

①准备动作：两脚与肩同宽，右脚在前，左脚尖侧后点地，重心放在前脚上；用左手的拇指、食指、中指握住球的羽毛处，将球置于腹前腰部以下；右臂屈肘稍向上提起，用反手握拍，以反拍面将球拍自然置于腹前持球手的后面，两眼正视前方，完成发球前的准备姿势。

②引拍动作：左手放球的同时，右臂以肘为轴，前臂旋内，带动展腕由后向前做回环半弧形引拍动作。

③击球动作：击球时屈指伸腕，拇指前端发力，用正拍面向前上方将球击出。

④击球后的动作：发高远球、平高球时以制动动作结束发力，发近网小球时拍面自然前送。

2. 注意事项

①发远球时用正拍面击球，发小球时用后仰拍面击球。

②发远球时用弹射的力量，发小球时用切击的力量。

③击球点应在身体的前方。

④发球时拍面不可超过腰部和手，否则被判犯规。

三、羽毛球的准备动作与正反手挑球技术

(一) 准备动作

1. 技术要领

①双脚与肩同宽站立，右脚在左脚前半个脚的距离；双手平举，双肘距离宽过身体，小臂向内成八字，球拍拍头与胸口正中持平。

②膝盖微屈，同时提起脚后跟，用脚前掌着地。

2. 注意事项

①脚尖垂直于球网，同时膝盖垂直下蹲，脚尖与膝盖都不要成内八字或外八字。

②右手举起拍子，左手同时也要举起保持平衡。

③在发球至球落地的过程中，每次击球结束都要迅速恢复准备动作等待下一个来球。

(二) 正手挑球 (右脚迈一步击球)

1. 技术要领

正手挑球的技术要领 (准备活动后) 包括以下三点。

①右脚向右前方迈出一步同时，右手手臂伸直伸向预备击球点，手腕从后往前上方击打落下的球，同时左手向后伸出保持身体平衡，手、身体与脚成一直线指向击球点。

②球离开拍面后，可放松手肘同时依照惯性挥动大臂至左上方，手肘超过下颚。

③右脚收回的同时左右手收回，恢复准备动作等待下一次击球。

2. 注意事项

①右腿屈膝成弓箭步，右脚脚尖打开（脚尖比身体前进方向更向右方打开）防止脚踝扭伤。

②击球时不能屈肘，手腕快速击球且拍面要正对前方，以保证球的飞行轨迹高、远、直。

（三）反手挑球（右脚迈一步击球）

1. 技术要领

反手挑球的技术要领（准备活动后）包括以下四点（图 10-3）。

①调整至反手握拍动作，转动腰腹部右脚向左前方迈出一步同时右手屈肘，肘部指向预备击球点，同时左手向后伸出保持身体平衡，手、身体与脚成一直线指向击球点。

②小臂从下往上挥动至与大臂成一直线后，手腕从后往前上方击打落下的球，并适当使用腰腹力量。

③球离开拍面后，可依照惯性挥动大臂至上方。

④转动腰腹部收回右脚的同时左右手收回，恢复准备动作等待下一次击球。

2. 注意事项

①右腿屈膝成弓箭步，右脚脚尖与弓箭步成一直线防止脚踝扭伤。

②大拇指竖直击球，击球时不能屈肘，手腕快速击球且拍面要正对前方，以保证球的飞行轨迹高、远、直，并适当使用腰腹力量。

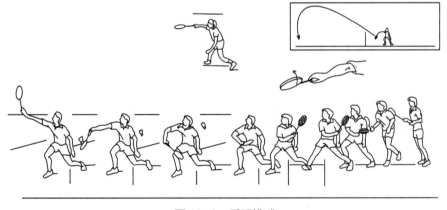

图 10-3　反手挑球

四、羽毛球网前正、反手步法

（一）正手上网挑球（两步上网）

1. 技术要领

①在中场（整个场地的中心）准备启动前，脚跟一定要虚提，并且要保持轻微的晃动，通俗讲就是两个脚不要站死，这样才能在启动时迅速出脚。

②为了加速上网，还可采用垫步上网，即用右脚向右前方（步法练习时为向右前方45°）迈一小步后，左脚快速跟进到右脚跟后，利用左脚掌内侧后蹬，右脚向右前方跨出一大步，身体重心也从双腿之间移至右脚（图10-4）。

③右脚向右前方跨出一大步的同时，手臂右手伸出准备击球，动作参考正手挑球动作，在此之前左右手一直保持在准备动作时的位置。

④球离开拍面后，可依照惯性挥动大臂至上方。

⑤击球结束退回中场时采用交叉步法，左右手收回的同时右脚在不转动腰腹部的前提下迅速向后移至左脚后，同时重心从右脚收回至双腿之间，右脚着地后左脚向后移至右脚后（此时左脚大致与准备启动前的站位相同），左脚着地后，右脚退回同时双脚小跳调整左右脚站位与准备启动前站位一致，等待下一次击球。

2. 注意事项

①上网的最后一步右腿屈膝成弓箭步（稳住身体重心），右脚脚尖打开（脚尖比身体前进方向更向右方打开）防止脚踝扭伤。

②击球时不能屈肘，手腕快速击球且拍面要正对前方，以保证球的飞行轨迹高、远、直，并适当使用腰腹力量。

③除击球动作外，左右手一直处于准备动作时的位置，身体在行进中一直保持侧身。

（二）反手上网挑球（两步上网）

1. 技术要领

①在中场（整个场地的中心）准备启动前，脚跟一定要虚提，并且要保持轻微的晃动，通俗讲就是两个脚不要站死，这样才能在启动时迅速出脚。

②为了加速上网，还可采用垫步上网，即转动腰腹部用右脚向左前方（步法练习时为向左前方45°）迈一小步后，左脚快速跟进到右脚跟后，利用左脚掌内侧后蹬，右脚向左前方跨出一大步，身体重心也从双腿之间移至右脚（图10-5）。

③右脚向左前方跨出一大步的同时，手臂右手伸出准备击球，动作参考反手挑球动作，在此之前左右手一直保持在准备动作时的位置。

④球离开拍面后，可依照惯性挥动大臂至上方。

⑤击球结束退回中场时采用交叉步法，左右手收回的同时右脚在不转动腰腹部的前提下迅速向后移至左脚后，同时重心从右脚收回至双腿之间，右脚着地后左脚向后移至右脚后（此时左脚大致与准备启动前的站位相同），左脚着地后，右脚退回同时双脚小跳调整左右脚站位与准备启动前站位一致，等待下一次击球。

2. 注意事项

①上网的最后一步右腿屈膝成弓箭步（稳住身体重心），右脚脚尖与弓箭步成一直线防止脚踝扭伤。

②大拇指竖直击球，击球时不能屈肘，手腕快速击球且拍面要正对前方，以保证球的飞行轨迹高、远、直，并适当使用腰腹力量。

③除击球动作外，左右手一直处于准备动作时的位置。

④上网时要首先转动腰腹部再迈出右脚，击球结束返回准备动作时，要在最后才转动腰腹部收回右脚，以确保身体在行进中一直保持侧身。

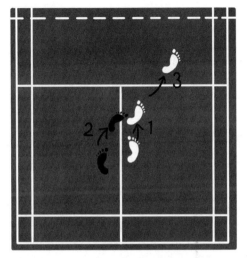

图10-4 正手上网步法脚步示意图

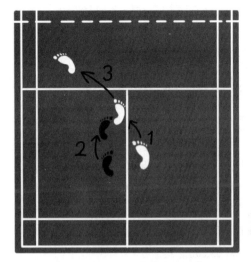

图10-5 反手上网步法脚步示意图

五、正手击高远球技术

(一) 羽毛球原地挥拍动作

1. 技术要领

①挥拍1：侧身对网，双脚与肩同宽成丁字步站立，重心在两腿之间；右手大臂举起至与身体成90°，小臂夹紧大臂，小臂、手腕、球拍成一直线；左手肘部、手掌微屈，左手指向来球方向；身体侧身成一直线。

②挥拍2：腰腹部转动90°面对球网，重心从双腿之间移至左脚，右脚踮起；同时保持右手大臂小臂夹紧角度不变，右肘转至眼睛上方指向11点钟方向，大臂贴近耳朵，小臂挂拍于身后，同时左手自然垂下。

③挥拍3：保持大臂不动，小臂引拍至与大臂成一直线时，手腕转动拍面正对来球方向，击球时手腕迅速从后45°挥至前45°。

④挥拍4：击球结束，放松右臂使其依照惯性回落至体侧。

⑤回转腰腹部，左右手向上举起恢复至准备动作，准备下一次击球。

2. 注意事项

①做挥拍2时转动身体是靠腰腹部转动而不是肩膀，转身结束时身体包括肩膀正对球网；大臂小臂在转动过程中要一直保持夹紧，并非打开后再夹紧。

②做挥拍3时大臂保持不动，击球过程中大臂小臂成一直线，高远球指向11点钟，吊球杀、球等进攻击球需更靠向10点半钟方向；手腕在手臂成一直线时快速转动，挥拍练习时高远球为后45°至前45°，实际击打可根据来球速度与方向以及回球落点控制手腕转动的角度与力度，通常情况想要球更高则从后往中多发力（转动速度快）且角度大，想要球更远

则从中往前多发力(转动速度快)且角度大。吊球和杀球等进攻击球为后5°～10°快速往前往下，角度与速度取决于回球落点的选择，具体参考吊球与杀球的教程。

③击球在挥拍3动作完成后结束，故挥拍4动作不需要发力。

④挥拍4动作结束后恢复至挥拍1动作时，右手直接向上举，而不是先往后再往上(手臂运动距离长则浪费时间)。

(二)起跳挥拍动作(跳转步)

1. 技术要领

①挥拍1、2、3、4：准备动作，左脚为支撑脚，以左角为轴线，身体以腰腹开始发力，右脚往后跨一步(以来球判断该步的大小)且脚尖点地。同时双手动作与原地挥拍1一致，身体侧身保持与来球方向一致。

②挥拍5、6、7、8：右脚脚尖点地后，马上发力起跳，在起跳的过程中做挥拍2、挥拍3-1的动作，起跳的最高点做挥拍3-2的动作，以保证在最高点击球(起跳的最高点同时也是击球的最高点)。

③挥拍9：挥拍3-2结束，左脚首先落地，挥拍4的动作由于腰部转动幅度甚于原地挥拍时的幅度，右脚随着腰部的转动后落地(图10-6，其中右脚落地动作未画出)。

图10-6 起跳挥拍

2. 注意事项

①整个起跳挥拍是以手部动作，即原地挥拍动作带动脚步动作，不要刻意为了记住脚步的先后顺序而忽略手部动作。

②右脚转身蹬地时，膝盖弯曲小腿保持发力状态，蹬地后要迅速起跳。

③起跳挥拍与原地挥拍一样，发力的起始点在腰腹，因为起跳动作的幅度大于原地挥拍并且起跳有停滞，所以落地时先左脚后右脚。

④原则上，双脚都落地后，身体与回球方向一致成一直线，右脚在左脚前，以便于回中场准备下一个来球。

六、正手、头顶后场步法

(一) 正手后场步法

1. 技术要领（两步起跳）

①并步后退：右脚向后方跨出一小步与来球方向一致，同时举起双手成挥拍准备动作，然后左脚并向右脚（图10-7）。

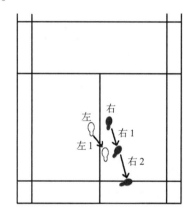

图10-7　正手后场步法脚步示意图

②起跳挥拍：右脚再次向后蹬跨出合适击球的距离，右脚脚尖点地后与起跳挥拍动作（跳转步）的挥拍5后一致。

③右脚落地后，尽量保持脚尖对准中场方向，左脚向中场跑出一大步，同时双手成准备动作时的姿势。紧接着右脚再跑出一步到中场，左脚再向前一步后与右脚同时小跳一次，回到最初的准备动作。

2. 注意事项

①在两步跑不到击球位置的时候采用三步起跳动作，即在第一步和第三步中间，加入一步调整。无论两步起跳还是三步起跳都必须做到后一步距离大于前一步距离。

②在向后并步后退时，双手要在第一时间上举做好挥拍准备。

③挥拍结束右脚随腰腹转动落地时要尽量把重心往前往中场方向下压，以便左脚快速跑回中场。回中场的脚步和一般跑步一样，力求快速。回中场的时候双手不可挂在两边，要做好随时停下可击下一次回球的准备。

④并步要求膝盖永远保持微屈状态，贴地移动。

⑤最后回到中场的小跳不可省略，小跳结束后仍然保持右脚在前，双手平举的准备动作。

(二)头顶后场步法

1.技术要领

头顶后场步法基本同正手后场步法，只是移动方向是向左后。

2.注意事项

①击左后方的来球，只要采用头顶击球而不是反手击球动作，一定要先跨出右脚，并以左脚作为支撑轴转动腰腹，使右脚移至左后方。

②头顶后场相对正手后场步法，最后一步的起跳挥拍腰腹需要更充分的发力。

第三节　羽毛球运动基本战术

一、单打的打法类型

单打的打法是根据个人技术特点、身体素质、心理素质等条件而形成的技术打法。常见的大约有以下五种。

第一种：控制后场，高球压底从发球开始就运用高远球或进攻性的平高球压对方后场底线，迫使对方后退，当对方回球不够后时，以扣杀球制胜；或当对方疏于前场防守时，就可以以轻吊、搓球等技术在网前吊球轻取。

第二种：打四角球，高短结合在后场，如高远球、平高球和吊球；在前场则以放网前球、推球和挑球准确地攻击对方场区前后左右四个角落，调动对方前后左右奔跑，顾此失彼，待对方来不及回中心位置或回球质量差时，向其空档部位发动进攻制胜。

第三种：下压为主，控制网前主要通过后场的高远球、扣杀、劈杀、吊球等技术，先发制人，然后快速上网以搓、推、扑、钩等技术高点控制网前，导致对方直接失误或被动击球过网，被进攻队员一举击败的一种打法。

第四种：快拉快吊，前后结合以平高球快压对方后场两底角，配合快吊网前两角(或运用劈杀)引对方上网，当对方被动回击网前球时，即迅速上网控制网前，以网前搓、钩球结合推后场底线两角，迫使对方疲于应付，为前场扑杀和中后场大力扣杀创造机会。

第五种：守中反攻、攻守兼备，以平高球和快吊球击向对方前后左右四个角落，以调动对方。让对方先进攻，针对进攻方打的高远球、四方球、吊球等，加强防守，以快速灵活的步法、多变的球路和刁钻准确的落点，诱使对方在进攻中匆忙移动，勉强扣杀，造成击球失误，或当对方回球质量较差时，抓住有利战机，突击进攻。

二、双打的打法类型

双打打法是根据双方的技术水平、身体素质和心理素质以及伙伴的配合特点，经过长期训练而形成的。常见的大致有以下三种。

第一种：前后站位打法，此打法基本上是本方处于发球时所采用。发球的队员站位较前，当发球员发后立即举拍封堵前场区，另一名球员则负责中场或后场的各种来球。前后站位法可充分运用快攻压网前搓、吊、推、扑技术，寻找空隙，一举打乱对方站位；或通过后攻前扑，后场连续大力扣杀，前场积极封堵，当回球在网附近时，给以致命打击。

第二种：左右站位打法。本打法基本上为本方处于接发球状态和受到下压进攻时所采用。对方发球或打来的平高球处于后场，接球方可从原来的前后站位立刻转换为左右站位，两人各负责左右半场区的防守，以平抽、平打压住对方后场底线两角，在对方扣杀球时也能以平抽反击或挑高远球至两底角，造成对方回球无力，一举扣杀或吊球成功。

第三种：轮转站位打法。在比赛中，攻守双方总是根据比赛的情况而不断地在前后站位和左右站位间相互变换。对于站位的变换通常具有如下特点：一是发球或接发球时前后站位。当对方回击高球至后场偏一侧进攻时，位于前面的队员要直线后退，后方的队员看情况向侧移动，改换成左右站位。二是发球或接发球时处于左右平行站位。在发球后或在对击球过程中，一旦有机会进行下压进攻时，一名球员快速上网封堵，另一人则快速移动到后场进行大力扣、吊、杀球，导致对方处于被动地位。

第四节　羽毛球运动竞赛规则

一、比赛场地

羽毛球场地为长方形，长 13.40 米，单打场地宽 5.18 米，双打场地宽 6.10 米，球网两端离地面的高度为 1.55 米，中央为 1.524 米（图 10-8）。羽毛球场地上的线宽度为 40 毫米，线的颜色最好是白色、黄色或其他容易辨别的颜色。所有线都是它所确定区域的组成部分。从球场地面起，网柱高 1.55 米。当球网被拉紧时，网柱应与地面保持垂直。不论是单打还是双打比赛，网柱都应放置在双打边线上。球网应由深色、优质的细绳组成。网孔为方形，每边长均为 15～20 毫米。球网全长至少 6.1 米，上下宽 760 毫米。球网的上沿应有 75 毫米宽的白布对折成夹层，用绳索或钢丝从夹层穿过。夹层上沿必须紧贴绳索或钢丝。绳索或钢丝应牢固地拉紧，并与网柱顶取平。球网两端与网柱之间不应有空隙。必要时，球网两端应与网柱系紧。

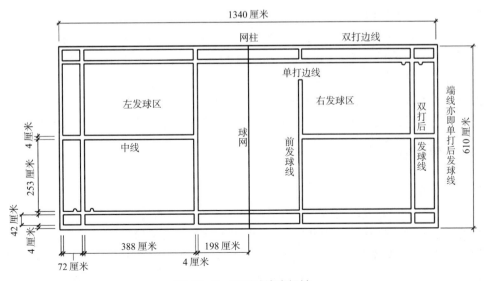

图 10-8　羽毛球比赛场地

二、羽毛球

羽毛球可由天然材料、人造材料或用上述材料混合制成，只要球的飞行性能与自然羽毛和包裹羊皮的软木球托制成的球性能相似即可，最好的羽毛球是鹅毛球。羽毛球应有16根羽毛固定在球托部，羽毛长62～70毫米，每一个球的羽毛从球托面到羽毛尖的长度应一致。羽毛顶端成圆形，直径为58～68毫米。羽毛应用线或其他适宜材料扎牢。球托底部为圆球形，直径为25～28毫米，球重4.74～5.50克。

非羽毛制成的球，是用合成材料制成裙状或如天然羽毛制成的球状。球的尺寸和重量由于合成材料与天然羽毛在比重、性能上的差异，可允许不超过10%的误差。只要球的一般式样、速度和飞行性能不变，经有关组织批准，以下特殊情况可以不使用标准球：①由于海拔或气候等条件不宜使用标准球时；②只有更改才有利于开展比赛时。

三、羽毛球拍

羽毛球拍由拍柄、拍弦面、拍头、拍杆、连接喉构成。拍柄是击球者握住的部分。拍弦面是击球者用于击球的部分。拍头界定了拍弦面的范围。拍杆通过规则所述的部件连接拍柄与拍头。连接喉连接拍杆与拍头。拍头、连接喉、拍杆和拍柄总称球拍框架。球拍长不超过680毫米，宽不超过230毫米。拍弦面应是平的，用拍弦穿过拍头十字交叉或其他形式编织而成。编制的式样应保持一致，尤其是拍弦面中央的编织密度不得小于其他部分。拍弦面长不超过280毫米，宽不超过220毫米。不论拍弦用什么方式拉紧，规定拍弦进连接喉区域不超过35毫米，连同这个区域在内的整个拍弦面的长度不超过330毫米。

四、羽毛球比赛计分规则

（一）计分方法

羽毛球单双打比赛均采用21分制，即其中一方分数先达21分者胜，三局二胜。每局中，一方先得21分且领先至少2分即算该局获胜，否则继续比赛；若双方打成29平后，一方领先1分，即算该局取胜。

羽毛球新规则中采用每球得分制，并且除特殊情况（比如地板湿了、球打坏了），球员不可再提出中断比赛的要求。但每局一方以11分领先时，比赛进行1分钟的技术暂停，允许比赛双方进行擦汗、喝水、休息等。

得分者方有发球权，如果本方当前得分为单数，从左边发球；当前得分为双数，从右边发球。在第三局或只进行一局的比赛中，当一方分数首先到达11分时，双方交换场区。

（二）站位规则

1. 单打比赛站位规则

发球员的分数为0或双数时，双方运动员均应在各自的右发球区发球或接发球。发球员的分数为单数时，双方运动员均应在各自的左发球区发球或接发球。

如"再赛"，发球员应以该局双方总得分数来确定站位。若总分为单数，双方运动员均应在各自的左发球区发球或接发球；若总分为双数，双方运动员均应在各自的右发球区发球或接发球。

球发出后，双方运动员击球就不再受发球区的限制，运动员的站位也可以在自己这方场区的界内或界外。

2. 双打比赛站位规则

一局比赛开始后，获得发球权方任意一名队员应从右发球区开始发球。

只有接发球员才能接发球；如果其同伴接球或被球触及，发球方得一分。在发球方得分为0或双数时，应该由发球方站在右侧的运动员发球，接发球方站在右侧的运动员接发球；发球方得分为单数时，则应由站在左发球区的运动员发球或接发球。每局开始首先接发球的运动员，在该局本方得分为0或双数时，都必须在右发球区接发球或发球；得分为单数时，则应在左发球区接发球或发球。发球方的非发球运动员和接发球方的非接发球运动员站在另一发球区内。

任何一局的接发球方得一分时，接着由接发球方运动员之一发球，如此交换发球权。注意，交换发球权时双方4位运动员都不需要变换站位。

运动员不得有发球和接发球的错误，也不得在同一局比赛中有两次发球。一局胜方的任一运动员可在下一局先发球，负方中任一运动员可先接发球。

球发出后，双方运动员击球就不再受发球区的限制，运动员的站位也可以在自己这方场区的界内或界外。

(三) 场区规则

1. 以下情况运动员应交换场区

①第一局结束或第三局开始。第三局中或只进行一局的比赛进行至一方达到11分时。
②运动员未按以上规则交换场区时，一经发现立即交换，此前已得分数有效。

2. 合法发球

①发球时任何一方都不允许延误发球。
②发球员和接发球员都必须站在各自发球区内发球和接发球，脚不能触及发球区的界限；两脚必须都有一部分与地面接触，不得移动，直至将球发出。
③发球员的球拍必须先击中球托，与此同时整个拍框必须低于发球员的腰部。
④击球瞬间拍杆应指向下方，从而使整个拍框明显低于发球员的整个握拍手部。
⑤发球开始后，发球员的球拍必须连续向前挥动，直至将球发出。
⑥发出的球必须向上飞行过网，如果不受拦截，应落入接发球员的发球区。

(四) 羽毛球的违例

①发球不合法违例，或接发球者提前移动。注意，发球时，球拍拍框高于握拍手的手腕（称为过手）或者拍框过腰（称为过腰）属于违例。
②发球员发球时未击中球。
③发球时，球过网后挂在网上或停在网顶。
④比赛时，球落在球场边线外；球从网孔或从网下穿过；球未过网；球碰屋顶、天花板或四周墙壁；球碰到运动员的身体或衣服；球碰到场地外其他人或物体（由于建筑物的结构

问题，必要时地方羽毛球组织可以制定羽毛球触及建筑物的临时规定，但其他组织有否决权）；球拍和球的最初接触点不在击球者网的这一方。

⑤比赛进行中，运动员球拍、身体或衣服触及网或网的支持物；运动员的球拍或身体，以任何程度侵入对方场区（击球者击球后，球拍可以随球过网）；妨碍对手，如阻挡对方紧靠球网的合法击球；运动员故意分散对方注意力的任何举动，如喊叫、故作姿态等；击球时，球夹在或停滞在拍上紧接着又被拖带；同一运动员两次挥拍连续击中球两次；同一方两名运动员连续各击中球一次；球碰球拍继续向击球方场区后方飞行；运动员违反比赛连续性的规定；运动员行为不端。

⑥重发球。遇到下列情形之一者，要重新发球。

a. 遇不能预见或意外的情况，应重发球。

b. 除发球外，球过网后，球挂在网上或停在网顶，应重发球。

c. 发球时，发球员和接发球员同时违例，应重发球。

d. 发球员在接发球员未做好准备时发球，应重发球。

e. 比赛进行中，球托与球的其他部分完全分离，应重发球。

f. 司线员未看清球的落点，裁判员也不能做出决定时，应重发球。

g. 重发球时，最后一次发球无效，原发球员重发球。

⑦死球。遇到下列情形之一者，称为死球：

a. 球撞网并挂在网上，或停在网顶上。

b. 球撞网或撞网柱后开始在击球这一方落向地面。

c. 球触及地面。

d. 违例或重发球。

（五）发球区错误

发球区错误主要分为以下几种情况：一是发球顺序错误；二是从错误的发球区发球；三是在错误的发球区准备接发球，且对方球已发出。

①如果错误在下一次发球击出前发现，应重发球；只有一方错误且对方得分，则错误不予纠正。

②如果错误在下一次发球击出前未被发现，则错误不予纠正。

③如果因发球区错误而重发球，则该回合无效，纠正错误重发球。

④如果发球区错误未被纠正，比赛也应继续进行，并且不改变运动员的新发球区和新发球顺序。

（六）比赛中的球出界判定

单打的边线是内侧边线的外沿；双打的边线是外侧边线的外沿。单打的前发球线是最靠近球网且平行于球网的一条线，后发球线就是底线。发球区位于前发球线和后发球线之间。双打的前发球线和单打一样，后发球线是底线前的那一条线。发球区位于前发球线和后发球线之间。

（七）裁判职责

裁判长对比赛全面负责。临场裁判员主持一场比赛并管理该球场及其周围。裁判员应向裁判长负责。发球裁判员应负责宣判发球员的发球违例。司线裁判对球在其分管线的落点宣判"界内"或"界外"。临场裁判员对其所分管职责内的事实的宣判是最后的裁决。

裁判员应做到：维护和执行羽毛球比赛规则，及时宣报违例或重发球等；对申诉应在下一次发球前做出裁决；使运动员和观众能随时了解比赛的进程；与裁判长磋商后撤换司线或发球裁判员；在缺少临场裁判员时，对无人执行的职责做出安排；在临场裁判员未能看清时，执行该职责或判"重发球"；记录与规则有关的情况并向裁判长报告；将所有与规则有关的争议提交裁判长（类似的申诉，运动员必须在下一次发球击出前提出；如在一局比赛结尾，则应在离开赛场前提出）。

第十一章　网球运动

第一节　网球运动概述

网球运动是一种世界流行的球类体育项目，通常是两个单打球员或两对组合球员在网球场上隔着球网用网球拍击打网球。网球与高尔夫球、保龄球、桌球并称为世界四大绅士运动。

网球的起源可以追溯到12～13世纪的法国，近代网球起源于英国。1873年，会打古式网球的英国少校M.温菲尔德在羽毛球运动的启示下，设计了一种适用于户外的、男女都可以从事的网球运动，当时叫作司法泰克（Sphairistike，意思为击球的技术）。

紧随英国之后开展网球运动的国家是美国。因为当时的美国总统西奥多·罗斯福喜爱网球运动，因此美国的网球运动得到了空前发展，时至今日，美国的网球运动始终处于世界领先地位，优秀的网球明星层出不穷。1877年首个大满贯赛温布尔登锦标赛创立，随后是1881年的美国网球公开赛、1891年的法国网球公开赛以及1905年的澳大利亚网球公开赛，即网球四大满贯赛事，每年举行一次，是最重要的网球赛事。

19世纪70年代以后，网球又得到了进一步发展，其主要原因有两点：一是允许职业选手参加温布尔登等锦标赛，开创了职业网球巡回赛的先例，取消了职业选手和业余选手的界限，增加了大赛的激烈程度，从而促进了运动员技术水平的提高，吸引了广大网球爱好者从事该项目的热情以及观看、评论网球比赛的积极性；二是科技在球拍等器材制造中的应用，促进了先进器材的生产、技术水平的提高，造就了一批年轻的优秀选手，从而促进了网球运动不断向前发展。

总之，网球运动的由来和发展可以概括为：孕育在法国，诞生在英国，而后在美国开始普及和形成高潮，现在在全世界盛行，被称为世界第二大球类运动。

网球运动于19世纪后期传入我国，先在上海、广州等大城市的外国传教士和商人之间出现网球活动，后来一些教会学校也开展起这项运动，但始终只在少数人中开展。新中国成立后，在中央和地方各级领导的关怀下，我国的网球运动逐渐发展，但由于起点低、基础差，故整体水平较低。但近年来，我国网球运动水平有了较大幅度的提高，目前女子项目水平高于男子，出现了李娜、郑洁、彭帅等优秀的女子网球运动员，她们在一系列大赛中取得的优异成绩，不仅让中国网球从一无所有到收揽单双打大满贯，也让更多人知晓并喜爱这项运动，极大地推动了我国网球运动的发展。

第二节　网球运动基本技术

网球运动的基本技术包括握拍方式、击球技术、发球技术、接发球技术、切削球技术以及截击球技术等。

一、握拍方式

握拍是网球击球的基础，握拍决定了击球时的角度和接触球的位置，由于打球风格及个人习惯爱好的不同，使得握拍方法存在着差异。常用的握拍方式有大陆式握拍、东方式握拍、半西方式握拍以及西方式握拍、双手反手握拍等。

（一）大陆式握拍（图11-1）

这种握拍源于欧洲大陆。握拍方式（以右手为例）是将拍面与地面垂直，从上自下抓握拍柄，使手掌根与拍柄右斜面紧贴，食指根部放在2号斜面上，虎口的V形正对拍柄1号棱面上，食指稍离中指压住拍柄，其他三指自然弯曲叠放紧握拍柄，拇指垫握住拍柄的左垂直面，五指紧握拍柄。这种握法主要用于发球、网球截击球、削球及防卫性击球。

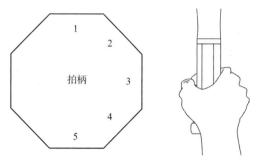

图 11-1　大陆式握拍

（二）东方式握拍（图11-2）

以大陆式握拍持拍（以右手为例），然后逆时针方向旋转球拍，直至虎口对正拍柄2号斜面，食指根部压在3号棱面上，也就是大陆式握拍逆时针旋转大约30°。这种握拍是最适合初学者的握拍方式，可以轻松击出上旋球、平击球和穿越球。

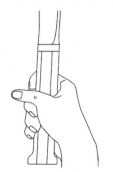

图 11-2　东方式握拍

（三）半西方式握拍（图11-3）

以东方式握拍持拍（以右手为例），然后逆时针方向旋转球拍，直至虎口对正拍柄的3号棱面，食指根部压在4号斜面上。这是底线型选手用的握拍方式，这种握拍可以击出更深远的平击球，也有利于控制高球。

图11-3　半西方式

(四) 西方式握拍 (图11-4)

以半西方式握拍持拍 (以右手为例)，然后逆时针方向旋转球拍，直至虎口对正拍柄的 4 号斜面，食指根部压在 5 号棱面上。这种握法是红土选手首选的握法，它可以打出又高又强有力的上旋球，对处理高球很有效，但对处理低球和网球截击极为不便。

图11-4　西方式握拍

(五) 双手反手握拍 (图11-5)

将发力手用大陆式握拍握住拍柄下方，另一只辅助手用半西方式放在上方。这是最普遍的双手握法，它是借助肩膀的转动和两只手的挥拍，回球的动作比单手反手更连贯和流畅，所以在处理回发球时比较理想。

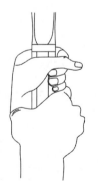

图11-5　双手反手握拍

二、击球技术

(一)正手击球技术

正手击球技术是网球技术中最基本的击球方法，它既是初学者的入门技术，又是运动员得分取胜的主要手段。正手击球技术由四个环节组成，即准备姿势、转肩引拍、挥拍击球和前挥跟随（图11-6）。

图11-6 正手击球

1. 准备姿势

面对球网，两脚自然分开站立与肩同宽，双膝微屈，上体略前倾，脚跟稍提起，重心落在前脚掌上。以右手握拍为例，右手持拍于腹前，左手扶住拍颈，两肘自然下垂略外张，拍头稍高于拍柄，双眼目视前方。

2. 转肩引拍

当判断来球是正手方向时，左手马上推拍前伸，手指来球方向，转动双脚，右脚顺时针转动90°与底线平行，左脚向右前方上步与右脚平行站立，同时转肩转髋带动右手向后引拍，拍头向上略高于手腕，拍头指向身体后方，身体则侧身与球网垂直（此种为关闭式步法，适用于初学者转体；还有一种是开放式步法，左脚不必上步，两脚平站但需要更多的向右转体动作）。

3. 挥拍击球

以肩关节为轴，使身体转动90°，对准来球方向迅速向前挥拍，身体重心从后脚移向前脚，迎上击球。此时手腕要后伸固定握紧球拍，拍面垂直于地面，平行于球网，击球时用大臂挥动带动小臂、手腕及球拍，击球点在身体右前方，使球击在拍面的中心（即"甜点区"）。

4. 前挥跟随

击球后，球拍应随球的方向作较长的前挥跟随动作。球拍的前挥应尽可能向前方伸展，直到手臂和拍头无法再向前运动为止，此时右手手腕迅速内旋将球拍挥至左肩上方，左手则上举扶住拍柄，面对球网。随挥跟进结束，立即恢复准备姿势，准备下一次击球。

(二)反手击球

网球反手击球指的是与握拍手相反的落地球打法，它和正拍击球一样，也是网球的基本技术中最常用的击球方法。反手击球有单手击球技术和双手击球技术两种，而双手反手击球是网球反手击球技术中最重要的一种，当今世界大批顶级优秀网球球员都采用双手反手握拍击球技术，其具有准确、隐蔽、有力等特点，适合初学者以及手臂力量不足的网球爱好者。双手反手击球技术由四个环节组成，即准备姿势、转体引拍、挥拍击球和随球动作（图11-7）。

图11-7　双手反手击球

1.准备姿势

面对球网，两脚自然开立与肩同宽，两膝微屈，重心落在前脚掌上，右手持拍，左手扶拍颈，拍面垂直于地面，拍头指向对方，双目注意对方来球。

2.转体引拍

当判断来球方向是反手时（以右手握拍为例），快速移动到位，重心移至左脚，身体向左旋转，将右肩对着来球，右肩前探，屈膝降低重心，右脚向击球方向跨出成"关闭式"步法，侧对球网。同时双手配合转动球拍，右手用东方式反拍握法，加上左手用东方式正手握拍方法，向左后方摆动引拍，手腕固定，手臂放松。在来球即将落地前，快速向后引拍，将拍头指向场地后方，拍头降低与膝关节同高。

3.挥拍击球

当球落地弹起约在腰部高度或略低于腰部高度时击球的后中部，前挥击球时挥臂要与转体动作配合，两臂协调一致用力向前挥，左手主力，右手辅助用力并控制球的方向。挥拍击球应是一种平滑连贯的动作，要伸展手臂，固定手腕，球拍从低到高向前挥击，重心前移，双眼始终盯住球。

4.随球动作

击球后，球拍尽量随球前送，直到球拍和两臂形成一条直线才算完成击球的姿势，双手握拍顺势挥至右侧头部高度，身体重心从左脚移到右脚，动作完成后迅速还原，恢复成准备姿势。

三、发球技术

发球技术在网球比赛中具有特殊意义，它是唯一一个不受对方制约而主动发起进攻的技术，良好的发球是制胜的关键。

1.握拍方式

东方式反手或大陆式握拍。

2. 准备姿势

侧身在底线后站立，左肩侧对左边网柱 (以右手握拍为例)，双脚自然分开站立，两脚的连线根据球员不同的习惯可与底线相垂直，也可保持另外一个合适的角度，但前脚与底线需要保持 7～10 厘米的距离，以免发生脚误。球自然着落在持球手大拇指、食指及中指三指上，无名指和小指自然屈于球的后部，切忌用力将球握在手里或捏在手里。身体自然前倾，屈膝降低重心，将球拍与球相结合。

3. 抛球动作

在准备动作的基础上，持球手的肘部渐渐伸直并向下靠近持球手同侧的大腿，然后从腿侧自下而上将球抛起。在整个动作过程中，手臂保持伸直的状态，其走势与地面垂直，掌心向上，以大拇指、食指、中指三指将球平稳托起，球脱手的最佳点在手掌走势的最高点，脱手时托球的三手指已最大限度地展开，将球抛送空中。

4. 挥拍击球

抛球与挥拍击球是同时进行的。当持球手开始自下而上抛球时，持拍手迅速贴近身体像摆钟一样将球拍摆至体后，掌心朝向身体。球拍后摆至一定高度后，以肘为轴，小臂、手、拍头依次向体后、背部下吊，同时屈双膝并伴随身体后展呈 "弓" 状。在屈膝、背弓动作的基础上自下而上依次蹬直踝部、膝部，反弹背弓并向出球方向迅速转体，与此同时仍以肘为轴带手臂和拍头充分向前、向上伸展，在最高点击中抛送于空中的球，击球瞬间，拍面几乎与地面垂直。

5. 随挥收球

击球后应顺着身体及挥拍的惯性做收腹、转肩和收拍的动作，最终拍子由大臂带动收向持拍手的异侧体侧，结束发球动作。

四、接发球技术

接发球技术并非是一种固定的技术动作，而是接球者根据来球的路线、速度、落点以及弹跳弧度等，所采用的正反手的各种击球方法，是一项将来球回击到发球一方场地的综合性技术。

接发球技术的基本动作是两腿自然分开宽于肩膀，两膝微屈，上体稍前倾，脚跟提起，将球拍置于体前，拍头向上，做好接发球的准备。双眼紧盯对手及其手中的球，观察发球员的抛球线路和拍面的角度，预估对手发球的线路，做到提前移动，主动出击。接发球最重要的是当对方将球抛起时，主动向前一步，调整与来球间的距离，这样做有利于动作的流畅，对提高接发球的质量有极大的帮助。

五、切削球技术

网球切削球技术可分为攻击性切削球和防守性切削球。根据不同的情形，可采用不同的切削球技术。

(一) 攻击性切削球技术

一般来说，当场上形势较为主动，有足够的时间可以引拍时，便可以选择用攻击性切削给对手的回球制造更大的麻烦。很多时候，攻击性的切削后，会伴随着随球上网。

动作要领：拉拍要早，手腕回曲要充分，球拍更紧密地缠绕头部；击球前，拍头高于击球点，同时重心向前迎球；击球时，球拍尽量垂直于地面，球拍从球的正上部垂直向下切，击球点离身体较近。

(二)防守性切削球技术

如果对手的回球角度很大，没有时间到位回球，或者意识到自己将陷入被动，需要调整比赛节奏时，就可以采取防守性切削，这种切削飞行速度较慢，而且过网较高，这样便能使自己获得更为充分的回位时间。

动作要领：由于时间较为仓促，拉拍后，手腕回钩不明显；击球前，球拍上举的位置比攻击性切削时低；击球时，拍面打开较多，击球的中下部，且有明显前送的动作；击球后，拍面基本完全打开，球拍最终停留的位置较高，一般超过对侧肩膀。

六、截击球技术

截击球技术是网前技术中的一种攻击性击球方法，也可称为上网球，是一种在对方来球落地之前，将球击回到对方半场区的击球方式，具有速度快、力量重、威胁大的特点。截击球的后摆动作不应过大，击球点应保持在身体前方30～60厘米，要主动向前迎击来球，拍头竖起至鼻前，击球时手腕固定，拍子应紧握，击球时拍子不能移动。截击球技术可分为正手截击球技术和反手截击球技术。

(一)正手截击球

截击时站在网前2～3米的位置，准备姿势与击球的准备姿势基本相同，采用大陆式握拍，截击时引拍和挥拍的幅度都不要太大，要领是腰部发力，转腰跨步进行引拍，动作要稳，手腕要固定，持拍手紧握球拍，将球向前推送出去。

(二)反手截击球

反手截击引拍需左手扶拍调整拍面(以右手握拍为例)，击球点位置要比正手截击球的击球点靠后，为了不使手腕扭伤，接着用腕部动作随挥。

第三节　网球运动竞赛规则

一、网球比赛场地

网球比赛场地应是长方形，长度为23.77米(约78英尺)，单打比赛的场地宽度为8.23米(约27英尺)，双打比赛的场地宽度为10.97米(约36英尺)。场地由一条挂在绳索或钢丝绳上的球网从中间处分隔开，所使用的绳索或钢丝绳附着或挂在1.07米(约3.5英尺)高的两根网柱上，球网中心的高度应当为0.914米(约3英尺)。

场上纵横交错的白线都有各自的名称，球场两端的界线称为"底线"，球场两边的界线称为"边线"(分为单打边线和双打边线)；在球网两侧6.40米处的场内各有一条与底线平行的横线为"发球线";连接两发球线的中点有一条与边线平行的线称为"中线";中线与球网交叉成"十"字形,将发球线与边线之间的地面分成四个相等的区域,称为"发球区";在底线的中心,向场内画一条垂直于底线的短线称为"中点"。

二、发球规则

发球前发球员应先站在端线后、中点和边线的假定延长线之间的区域里,用手将球向空中任何方向抛起,在球接触地面以前,用球拍击球(仅能用一只手的运动员,可用球拍将球抛起),球拍与球接触时,即算完成球的发送。每局开始,先从右区底线后发球,发出的球应从网上越过,落到对角的发球区内或其周围的线上,得或失一分后,应换到左区发球。发球员每一分都有两次发球机会,若试图击中球却未能击中,发出的球在落地前触及固定物(球网、中心带和网边白布除外),球下网或落到对角发球区外以及违反发球站位规定的,则被判为发球失误。发球员第一次发球失误后,应在原发位置上进行第二次发球,若发球两次失误,就叫"双误",对手得一分。若是发出的球触网,但球仍落进了对方的有效发球区内,则为重发球,重发球不被记为失误球。

三、计分方式

(一)一局中的计分

最原始的网球运动起源于宫廷之中,他们就地取材拿可以拨动的时钟来计分,每得一次分就将时钟转动四分之一,也就是15分(a quarter,一刻钟),同理,得两次分就将时钟拨至30分,当然一切都是以他们的方便为基础,这就是15分、30分的由来。至于40分,它比较怪异,它不是15的倍数,这是因为在英文中,15和30分别为fifteen和thirty,均为双音节,但是45的英文为forty-five,变成了三个音节,因此为了方便,他们就将它改成同为双音节的40(forty),这就是看来不合逻辑的40分的由来,也一直沿用至今。因此网球运动比赛中一局中的计分为0、15、30、40。若比分为40:40,则比分为"平分","平分"后如果一名运动员获得下一分,则比分为"占先",如果"占先"的这名运动员又获得了下一分,即赢得了这一局;如果"占先"后是另一名运动员获得了一分,则比分仍为"平分",一局比赛将在一名运动员连续获得两分后结束。

(二)一盘中的计分

基本上,胜一盘是指一方率先拿下6局并且净胜对手两局。当双方在一盘中比分为6:6时,会举行一局特殊的"决胜局",又称为"抢七局",赢得此决胜局的选手就以总局数7:6赢得该盘。在"抢七"中,率先获得7分并领先对手至少2分的选手获胜。除大满贯男子单打比赛采用五盘三胜制以外,其余的国际巡回赛都是三盘两胜制。

四、网球比赛通则

(一)交换场地

运动员应在每一盘的第一局、第三局和随后的每一个单数局结束后交换场地。运动员还应在每一盘结束后交换场地，除非在这盘结束后双方所得局数之和为偶数，在这种情况下运动员则在下一盘第一局结束后交换场地。在平局决胜局（抢七局）中，运动员应在每6分后交换场地。

（二）压线

球完整地或部分地落在边线上，称为压线。

（三）发球次序

在每一个常规局结束后，该局的接发球员在下一局中成为发球员，该局的发球员在下一局中成为接发球员。在决胜局中，本该轮到发球的球员先发第一分球，接着由对手发第二、三分球，然后双方轮流发两分球。

双打比赛中，每盘第一局开始时，由发球方决定由何人首先发球，对方则同样在第二局开始时，决定由何人首先发球。第三局由第一局发球运动员的同伴发球。第四局由第二局发球运动员的同伴发球。这个轮换次序一直延续，直到该盘结束。

第十二章　匹克球运动

第一节　匹克球运动概述

一、起源与发展

匹克球是一项诞生于20世纪60年代的新兴球类运动，1965年由国会议员乔尔·普里奇德和朋友比尔·贝尔在美国西雅图市的贝恩布里奇岛度假时发明。这项运动一经推出，便深受当地人喜爱，并迅速传播开来，成为一项风靡全球的新兴运动。到1990年，匹克球运动已经推广到全美50个州。截止到2022年底，全球已有超过60个国家加入了国际匹克球联盟（图12-1）。

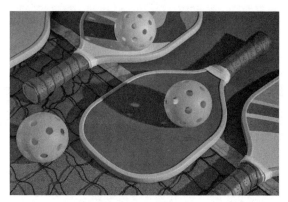

图12-1　匹克球运动

作为一项适合全年龄段的运动，匹克球越来越受到我国教育机构的重视，已有越来越多的学校将其设为体育课程。匹克球运动有助于提高学生的身体素质、协调性和反应能力。同时，匹克球的团队合作和竞争意识也能够培养学生的社交技能和团队精神。

二、特点与价值

匹克球融合了羽毛球、网球、乒乓球等运动的众多特点，是一项全面的运动。它的打法有趣，具有上手容易、运动量适中、娱乐性强、不易受伤、老少咸宜的优势，吸引了越来越多的爱好者。匹克球运动整体的活动量适中，但是技巧十分丰富，除了抽球、扣球、吊球、削球，还有截击、挑球等打法。匹克球比赛的回合数往往较多，既有狂风骤雨般的极速对攻，又有太极一般的柔中带刚，场面跌宕起伏，颇具观赏性。

三、场地与器材

匹克球场地和羽毛球场地大小相同。匹克球场地大小约为13.41米×6.10米，球网中间高 86.36 厘米，两边高度为 91.44 厘米。球场底线后要预留约 3.05 米以上的距离，边线外要预留约 2.13 米以上的距离。线宽为 5.08 厘米。室内球场顶高至少约 6.10 米。球网两侧各约 2.13 米范围地面区域称为非截击区。截击前、中、后，球员身体任何部位（包括球拍和饰物）不得触碰到非截击区（图 12-2）。

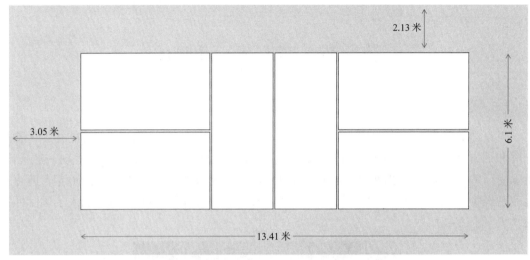

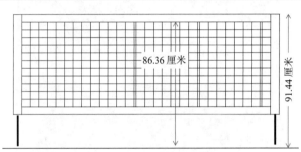

图 12-2　匹克球场地

匹克球是一种硬质塑料球，比网球略大，通常为黄色或橙色等。球面上有 26～40 个直径 1 厘米左右的圆形孔洞（室内和室外球存在差异，室内球较软较轻，为 26 孔，孔径较大，飞行速度较慢）。匹克球的旋转不会太剧烈，同时弹性也不大，使得其在空中飞行的速度相对较慢（图 12-3）。

图 12-3　匹克球

球拍弹性不大，表面比较光滑。匹克球的球拍像是大号的不带胶皮的乒乓球拍，长度和宽度之和不能超过60.96厘米，其中长度不能超过43.18厘米。通常球拍长多为39.37～43.18厘米，拍柄部分长10.16～13.97厘米，宽为17.78～20.96厘米。最初球拍多为木质，后来也采用了玻璃纤维、碳纤维等新材料制作（图12-4）。

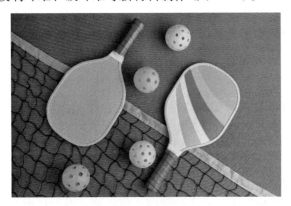

图12-4 匹克球拍

第二节 匹克球运动基本动作技术及裁判法

一、持拍手法

正确的握拍和施力技巧是学习打匹克球的基础，球员应该能够使用正确的技巧打出不同力量、速度、落点和旋转的球。

匹克球拍柄可以划分为8个侧面，按照虎口所对拍柄不同位置，大致可以分为4种持拍方式：大陆式（中性）、东方式、半西方式、西方式持拍（图12-5）。

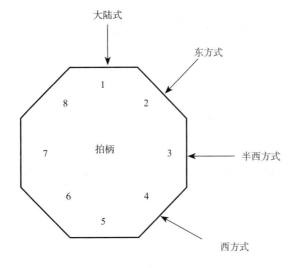

图12-5 持拍手虎口所对位置

1. 大陆式

虎口面向1号位置，即类似握手或握锤子的姿势。右手持拍时，伸直手臂后正手拍面正对左侧，可以用在大部分场景中。

2. 东方式

虎口面向2号位置。右手持拍时，伸直手臂后正手拍面略向左下方倾斜，可以打出更多的上旋动作，往往用在正手抽球或吊球中。

3. 半西方式

虎口面向3号位置。右手持拍时，伸直手臂后正手拍面向左下方倾斜，可以打出更多的上旋动作和击球角度，但很难打出下旋球。可以用在正手位的后场抽球或前场截击中。

4. 西方式

虎口面向4号位置，即所谓的招财猫式握拍。右手持拍时，伸直手臂后正手拍面朝向地面，这种特拍方式除了偶尔用于正手位网前高球扣杀，很少在正式比赛中出现。

二、步法

步法是让球员始终在合适的位置击球，目的是给身体击打球留出合适的时间和空间。常见步法包括跨步、交叉步、跳步、垫步。

(一) 步法的种类

1. 跨步

跨步是指将腿沿运动方向用力跨出的动作。跨步的步伐较大，一般用于快速跑动中的最后一步，可以起到稳定重心的作用。

2. 交叉步

交叉步是指快速交叉移动双腿的动作。碎步的步伐较小，一般用于快速移动或微调身体位置。

3. 跳步

跳步是指通过跳跃快速移动的动作。跳步速度最快，移动范围最大，一般用于需要在很短时间内击球的情况。需要注意落地后应尽快稳定重心并回位。

4. 垫步

垫步是指通过小跳来快速打开脚步，降低重心，调整身体到准备击球或准备移动状态。单打可在跑动中结合交叉步、跨步动作。双打可多采用交叉步、垫步，注意适当降低重心，以提高击球稳定性。

(二) 步法练习

通常一个完整的步法可以分为四个关键阶段：启动、移动、制动和还原。

启动是指运动员通过垫步来快速调整身体到准备状态，为移动做铺垫。移动是指迅速将身体转移到最佳的击球位置。制动是指将高速移动中的身体尽快减速，调整到相对静止的平衡状态以进行击球。还原是指完成击球后，快速来到合适的场地位置，以准备下一拍击球（图12-6）。

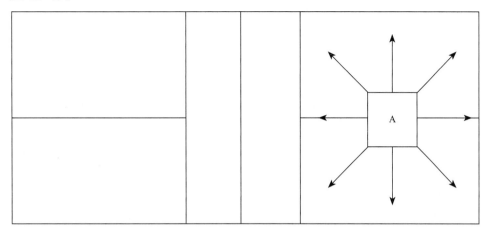

图12-6　米字步法训练

三、基本技术

发球和接发球的目的是为下一拍击球做好准备，避免给对方较好的进攻或上网机会。

（一）发球

匹克球发球要站在底线后，发到对角半区，即从非截击区线（不包括）开始到底线的区域内。裁判员喊出比分后，球员要在8秒内完成发球。

发球包括直击式和自由落体式两种发球。直击式是将球抛起后直接击打发球。要求球拍触球时，手臂必须沿向上弧线挥动，球拍最高处不能高于手腕最高处，且球与球拍的接触点不能高于腰部。自由落体式是让球自由下落，触地弹起后再击打球，此时无挥拍和击球高度限制。为增加回球难度和阻碍对方快速上网，发球要尽量落在底线附近，注意不要出界。

（二）接发球

准备接球时，要预留足够的接球空间，通常以底线往后再退一步左右站位为宜。身体和球拍要正对来球方向。接发球时，拍面要正对来球方向击球，同时己方应及时随球上网（回球落地前，己方须跑到网前）。接发球要尽量落在对方底线附近，以迫使对方留在后场。

（三）击球

准备击球时，右腿用力蹬地，逆时针转动腰部，并挥动胳膊。此时，蹬地转腰的力量通过胳膊传递到球拍上。在击球瞬间，手指抓紧球拍，进一步增加击球力量，并稳定拍面的方向。最终，整个身体产生的力量击打到球上，将球送出。此时，身体重心转移到左脚。从顺序上看，需要依次转动脚、腿、腰、躯干、肩膀、上臂、前臂、手，逐级加力，并最终将合力传递到球拍上。在转腰挥动胳膊的过程中，身体各部分（特别是胳膊和手指）应先放松，发力瞬间才收紧。

四、匹克球运动裁判法

(一) 规则

匹克球计分规则参考了早期羽毛球的发球得分制规则，即只有发球方赢得发球回合时可以得分。

以双打为例，每局11分，发球侧两名选手各有一次发球机会(每侧共计两次发球机会)。发球后，对方需要等球触地后接球，接发球回来，发球方需要等球再次触地后把球打到对面。从第四拍开始，双方可以触地接球，也可以截击未落地过的球。如果发球方在发球回合得分，则与队友换边后继续发球，否则换队友发球。只有发球方赢球后可以得分，接发球方即便赢得回合也不得分。

(二) 术语

1. 绕网柱回球

球员从球场外(左侧或右侧)击球，让球绕过网柱(而不是球网上方)落入对方球场。

2. 跨搭档侧非截击区击球

跨越搭档一侧的非截击区进行击球。

3. 前场吊球

指从前场区域将球轻打到对方前场区域的吊球，也叫网前吊球或丁克球。

4. 抽球

通过大力击打球，让球快速飞到对方场地，通常是从中后场进行。

5. 后场吊球

指从中后场将球轻打到对方网前区域的吊球。

6. 双跳规则

运动员发球，对方须等待球弹起后再回球(第一跳)，接球方须再次等待球弹起后再回球(第二跳)。

7. 跨非截击区击球

通过从非截击区后面跳过非截击区落到边线外来击球(通常是截击)。

8. 过失

违反规则，导致回合结束。

9. 击触地球

等球触地并弹起后，击打球。

10. 挑后场高球

将球打高，使其落到对方后场，通常靠近底线。

11. 非截击区

是指球网到第一条白线（包括）之间的区域，如果运动员在截击前后因为击球动作导致身体或球拍碰触该区域（包括白线），则被视为犯规。

12. 匹克

比赛中对方没有获得任何分数。如果对方甚至没有得到发球机会，被称为"黄金匹克"。

13. 突袭

球员通过突然加速移动来进攻回到己方搭档一侧的来球。

14. 回合

发球后，双方击球，直到有一方因为过失结束。

15. 换对方发球

本队已完成所有发球机会，切换到对方队开始发球。

16. 层叠站位

在双打中，无论初始站位如何，在发球或接发球后，球员通过移动形成固定的分区站位。例如，某球员虽然从右半区发球，但发球后迅速跑到场地左边区。

17. 过渡区

中场区域，球员从后场来到网前需要经过该区域。

18. 胯下回球

指球员将球从自己两腿中间打过去，往往是背对球场完成。

19. 截击

在球触地之前，在空中击球。

第十三章　健美操

第一节　健美操概述

一、健美操运动简介

早在古希腊就有"体操锻炼身体，音乐陶冶精神"的说法。人们对健身健美的追求以及提倡体操与音乐相结合的主张是现代健美操形成与发展的基础。

后来欧洲出现了许多体操流派，无论是理论还是实践层面的创新都助推了健美操的发展。1960年，美国学者肯尼思·库伯为美国空军设计的体能有氧训练是现代健美操的雏形。1970年，杰克·索伦森将库伯的研究进一步完善，把音乐和身体动作结合起来，形成了健美操舞。

健美操一经成型就在欧美国家得到迅速发展，在一些发展中国家和地区也得到不同程度的开展。有些国家把健美操列入大、中、小学的体育教学大纲。在亚洲，日本、韩国、新加坡等国家建有许多健美操活动中心及健身俱乐部，人们都已将健美操作为主要的健身方式，由此形成了世界范围内的"健美操热"。

健美操在我国也发展迅速，20世纪80年代，北京、上海、广州等地就相继举办了各种健美操培训班。1989年，原上海体育学院率先开设了健美操专项班，1992年中国健美操协会成立。此后全国各地相继开展各种健美操活动和赛事，健美操运动在中国的发展日渐成熟。

健美操是一项融体操、舞蹈、健身与音乐为一体的运动项目，吸收了大量舞蹈和体操动作中的肢体动作和难度动作，在音乐伴奏下，让练习者在享受身体律动的同时达到愉悦身体、强身健体的功效。

二、健美操的分类

根据健美操项目的运动目的，可分为竞技健美操、大众健美操和表演健美操三大类。

(一)竞技健美操

竞技健美操是一项在音乐伴奏下，表现连续、复杂、高强度成套健美操动作，并最终以获得较高名次为主要目标的竞技类运动项目。该项目起源于传统的有氧健身操，成套动作通过连续的动作组合，展示运动员的柔韧、力量、协调等综合身体素质。竞技健美操在参赛人数、比赛场地、成套动作的时间等方面都必须按照规则严格进行，规则中对成套动作的编排、动作的完成、难度动作的数量等也都有严格的规定，并从动作编排的艺术性、动作完成度和难度来进行评分。

(二)大众健美操

大众健美操的目的在于增进健康，强健体质，可为社会不同年龄层次的人使用。健美操运动在我国的开展非常广泛，可以根据练习对象的需求进行创编，动作简单易学，节奏可快可慢，时间长短不等，短到3～5分钟，长到1～2小时皆可。

大众健美操可以按照不同方式分类，例如：

①按年龄层次，可分为老年健美操、中年健美操、青年健美操、少儿健美操等。

②按性别，可分为男子健美操、女子健美操、男女混合健美操。

③按目的任务，可分为形体健美操、医疗健美操、康复健美操、热身健美操、节奏健美操、跑跳健美操、减肥健美操等。

④按练习形式，可分为徒手健美操、持轻器械健美操(如哑铃健美操、杠铃健美操、药球健美操、啦啦球健美操、彩旗健美操等)和专门器械健美操(如踏板健美操、瑞士球健美操、健身器健美操等)。

⑤按动作特色，可分为街舞健美操、搏击健美操、拉丁健美操等。

(三)表演健美操

表演健美操的主要目的是突出表演效果，组合经过精心设计，具有强烈表现力，表演时间根据需要确定。为了保证一定的表演效果，表演性健美操动作较少重复，也不一定是对称性的，动作更复杂，音乐速度可快可慢，可以单人表演，也可以多人表演；可以徒手表演、也可以利用轻器械或专门器械进行表演；可以是单一形式的表演，也可以是综合形式的表演。

三、健美操的功能与特点

(一)健美操的功能

1.健美功能

健美操运动能使练习者体魄健美，体型匀称，姿态端正，动作矫健，这既是健康的标志，又是人体美的表现。健美操运动以其丰富的内容和独特的形式，培养练习者的形体美、动作美、姿态美、仪表美、心灵美，使其树立正确的审美观。健美操运动还能够培养练习者对美的感受能力、鉴赏能力、表现能力和创造能力。

2.健身功能

健美操作为一项有氧运动，具有所有有氧运动皆具备的健身功能，可以提高机体的心肺功能和肌肉耐力，促进机体代谢功能的增强，使人体达到最佳机能状态，使人精神焕发。练习健美操还可以增强关节的稳定性，增加机体的免疫能力，减缓肌肉与附着组织的退化和衰老过程，使身体动作变得机敏、灵活、富有朝气。通过学习和掌握健美操的各种基本动作和基本技能，能进一步提高身体的基本活动能力，提高对外界的适应能力和对疾病的抵抗能力，从而增强体质，发展身心。

3. 健心功能

健美操运动能丰富练习者的文化体育生活，调剂感情，增加生活乐趣，助人养成良好的生活习惯，培养勇敢顽强、拼搏进取、团结互助等良好的品质。同时，健美操运动可以陶冶情操，缓解心理压力。健美操不同于其他有氧运动项目之处在于它是一项轻松、优美的体育运动，在健身的同时，带给人们艺术享受，使人心情愉快，陶醉于锻炼的乐趣中，减轻了心理压力，达到健身健心的目的。健美操作为一项体育运动，以其动作优美、协调、有节奏强烈的音乐伴奏而著称，同时健美操是缓解精神压力的一剂良方，在轻松优美的健美操锻炼中，练习者的注意力从烦恼的事情上转移开，忘掉失意与压抑，尽情享受健美操运动所带来的欢乐，得到内心的安宁，从而缓解精神压力，使人活力四射。经常参加健美操锻炼，可以使练习者在身体活动的实际体验中，调节心理平衡，增强自信心。

4. 健智功能

健美操运动通过改善练习者大脑的物质结构和机能状况，全面发展观察力，广泛训练记忆力，启迪诱导想象力，帮助提高思维力，为智力的开发创造良好的生理条件和环境条件。现代科学研究证明，坚持经常性的体育锻炼，能保证大脑能源物质与氧气的充足供应，使大脑神经细胞发育充分。同时，不同类型的健美操动作，能对大脑神经系统提供各种刺激信息，有利于提高大脑皮层细胞活动的强度、均衡性和灵活性，使整个大脑神经系统的结构、功能得到改善和提高。各种形式的健美操活动有利于疲劳的消除，使人头脑清醒，精神焕发，提高学习和工作效率。

5. 娱乐休闲功能

健美操运动也是一种娱乐活动。健美操运动是在音乐伴奏下进行锻炼的项目，它既可以作为一种表演的形式，也可以自娱自乐，既能促进练习者之间的交往，陶冶情操，又能丰富文化生活。

(二) 健美操的特点

1. 融健美和健身于一体

健美操是以健身为基础，根据人体解剖学、运动生理学、体育美学等多学科理论，为使人体健康健美地发展而编排设计的。健美操动作讲究健美大方，强调力度和弹性，练习内容讲求针对性和实效性，不仅能使身体各部位的关节、韧带、肌肉得到充分锻炼，使人体匀称和谐地发展，还能增强体质，培养健美的体形和风度，塑造健美的自我。因此，健美操是一项既注重外在美的锻炼，又强调内在美的培养的人体运动方式，对人的身心影响较为全面。

2. 鲜明的节奏感和韵律感

音乐是健美操的灵魂。健美操音乐多取材于迪斯科、爵士、摇滚等现代音乐和具有上述特点的民族乐曲，正是音乐中的高低、长短、强弱、快慢等有节奏的变化，使健美操富有鲜明的现代韵律感。音乐伴奏可以增强健美操动作的节奏感和韵律感。此外，旋律清晰、活泼轻快、情绪激奋的音乐，不仅能振奋练习者的精神，使人产生跃跃欲试的动感，还能使人在练习过程中忘却疲劳，带来轻松愉快的心情。

3.动作的多变性和协调性

健美操动作的多变性，不仅表现在动作的节奏和力度上，还表现在动作的复合性方面。健美操动作很少是单个关节的局部动作，大多为多关节的同步运动。这不仅可使身体各关节的活动次数成倍增长，还能有效地改善和提高练习者身体的协调性。

4.广泛的群众性

健美操练习形式多样，内容丰富，是一项富有趣味性的运动，它能给练习者带来热情奔放的情感体验，符合现代人追求健身健美、自娱自乐的需要。健美操的运动负荷和难度可以自我调节，不同性别年龄、形体素质各异、个性气质相左的练习者都可酌情择项参加，各种人群都能从健美操练习中找到适合自己的练习方式，并且从中获得乐趣。因此，健美操是男女老幼皆宜的一项运动，深受民众的喜爱。此外，由于健美操不受气候的影响，对场地、器材条件的要求不高，练习起来简便安全，适合在各地组织开展，因此具有广泛的群众性。

第二节　健美操基本动作

一、上肢基本动作

上肢动作由手臂的自然摆动、力量练习以及基本体操的徒手动作和舞蹈组成，其目的是丰富健美操的动作内容。

(一) 手臂基本动作

①自然摆动：屈肘前后同时或依次摆动。

②臂屈伸：上臂固定，肘屈伸。臂屈时肱二头肌收缩，臂伸时肱三头肌收缩，可持小哑铃或沙袋进行练习。

③屈臂提拉：臂由下举提至胸前平屈。胸大肌和三角肌前束收缩，可持小哑铃或沙袋进行练习。

④直臂提拉：臂由下举提至前平举或侧平举。练习部位和方法同上。

⑤冲拳：握拳由腰间冲至某位置，如向前冲拳、向上冲拳。

⑥推：手掌由腰间冲至某位置。如前推时，胸大肌和三角肌前束收缩；上推时，三角肌中束收缩。

⑦肩上推：立掌，屈臂由肩部向上推。

⑧绕和绕环：以肩关节为轴，手臂在180°～360°运动为绕，大于360°的为绕环。

⑨交叉：双臂重叠成X形。

(二) 基本手型

健美操中手型有多种，它是从爵士舞、芭蕾舞、西班牙舞、迪斯科、武术等手型中吸收和发展的。手型的选用可以使手臂动作更加生动活泼。常见的手型有以下两类。

①掌：并掌、分掌、花掌、立掌。

②拳：实心拳、空心拳。

二、基本步伐

基本步伐是健美操动作中最小的单位，是健美操练习的一个重要部分，通过基本步伐的练习，能培养练习者的协调性、韵律感。根据人体运动时对地面的冲击力大小，基本步伐可分为低冲击力步伐、高冲击力步伐和无冲击力步伐三大类。

(一)低冲击力步伐

1. 踏步类（march）

踏步类动作两脚依次抬起，在下落时膝、踝关节有弹性地缓冲。主要步伐有踏步（march）、走步（walk）、一字步（easy walk）、V字步（V-step）、曼步（mambo）等。

2. 点地类（touch step or tap together）

点地类动作两脚有弹性地屈伸，点地时，主力腿稍屈，另一腿伸直，脚尖或脚跟点地。主要步伐有脚尖前点地（tap forward）、脚跟前点地（heel）、脚尖侧点地（tap side）、脚尖后点地（top back）等。

3. 迈步类（step or step together）

迈步类动作是指一脚先迈出一步，同时移动身体重心，另一脚点地、并步或抬起的动作。此类步伐有并步（step touch）、迈步点地（step tap）、迈步屈腿（step curl）、迈步吸腿（step knee）、迈步弹踢（step flick）、侧交叉步（grape vine）等。

4 单脚抬起类（lift step or lift together）

单脚抬起类动作支撑腿有控制地稍屈膝弹动，另一腿以各种形式抬起，同时收腹、立腰。此类步伐有吸腿（knee lift）、踢腿（kick）、弹踢（flick）、后屈腿（leg curl）等。

(二)高冲击力步伐

1. 迈步跳起类（step jump or scoop）

迈步跳起类动作是指一脚迈出，重心移动，跳起，单脚或双脚落地。此类步伐包括并步跳（step jump）、迈步吸腿跳（step knee jump）、迈步后屈腿跳（step curl jump）等。

2. 双脚起跳类（jumping or jumping jack）

双脚起跳类动作是指双脚起跳、双脚落地的动作。此类步伐包括并脚纵跳（jump）、分腿半蹲跳（squat jack）、开合跳（jumping jack）、并腿滑雪跳（ski jump）、弓步跳（lunge jump）等。

3. 单腿起跳类（lift jump or leap）

单腿起跳类动作是指先抬起一腿、另一腿跳起的动作。此类步伐包括吸腿跳（knee lift jump）、后屈腿跳（leg curl jump）、弹踢腿跳（flick jump）、摆腿跳（leg lift jump）等。

4. 跑步类（jogging）

跑步类动作是指两腿依次蹬地离开地面，轻快跑跳。此类步伐包括后踢腿跑（jogging）、小马跳（pony）等。

（三）无冲击力步伐

无冲击力步伐是指两腿始终接触地面的动作，此类步伐有弹动（spring）、半蹲（squat）、弓步（lunge）、提踵（calf raise）等。

第三节　健美操比赛规则及欣赏

一、比赛规则简介

了解健美操比赛基本规则，才能更好地了解和欣赏该运动。健美操竞赛根据运动目的分为健身性健美操比赛和竞技健美操比赛。

健身性健美操比赛以健身塑形、推广群众体育项目为主要任务，竞赛规则中对参赛者动作技术要求较低，比赛规则简单，操作方便。健身性健美操比赛项目包括有氧踏板、有氧舞蹈等各种类型。一般以集体形式参赛，少的 6～8 人，多的 10～12 人，人数亦可根据需要进行设置，运动员性别不限，比赛成套动作时间为 2 分 30 秒～3 分；比赛场地为 10×10 平方米的地板或地毯，标记带为 5 厘米宽的色带。

竞技健美操以竞技、获得优异成绩为主要任务。竞赛规则对参赛者的技术动作和身体素质等多方面有较高要求，参赛条件也有严格规定。竞技健美操比赛主要有：锦标赛、冠军赛、邀请赛、运动员等级赛等。竞技健美操比赛项目一般分为男女单人、混合双人、三人、五人等项目。比赛成套动作时间为 1′ 205″；比赛场地为 10×10 平方米的地板或地毯，标记带为 5 厘米宽的色带。

二、比赛形式和内容

（一）比赛形式

按照规则规定，竞技健美操的比赛是徒手的成套动作，因此比赛形式比较单一。而健身健美操比赛形式呈现多样化趋势，有徒手，也有持轻器械；可喊口号，也可以拉横幅；有规定套路和自编套路。

（二）比赛内容

健美操比赛的内容有规定动作和自编动作。规定动作是比赛主办方根据比赛目的、任务和所有参赛对象的情况，在赛前已编排好成套动作，让参赛者共同完成同一内容进行的比赛。自编动作是参赛者根据比赛规程和规则结合自身具体情况，编排一套动作进行比赛。

三、比赛欣赏

（一）艺术性欣赏

健美操成套动作的艺术性，主要体现在成套动作的设计、表现、音乐、配合以及创造性上。运动员所设计的动作风格是活力、动感、趣味和快乐的外在表现，必须与音乐的风格相一致，选用的音乐必须通过运动员的动作、身体的表现、感染力和活力体现出来。它包含以下几个因素。

①音乐的适宜性：动作的风格与类型必须完美地适合所选音乐的特点、音响的效果与节拍。

②动作的强度：体现在运动员的动作频率、速度、耐力、重力、移动五个方面。

③动作的创造性：成套动作的编排必须与音乐的风格相适应，并与运动员的动作和表现力融为一体，具有令人难忘和与众不同的动作独创性、队形和托举的变化多样、队员配合的默契性。

④基本步伐和特殊内容：复杂的组合要表现踏步、后踢腿跑、吸腿跳、踢腿跳、开合跳、弓步跳、弹踢腿等七种基本步伐及其在一个八拍内手臂的变化，还要表现不同水平动作的连接、节奏变化、动作面的利用和协调。

⑤过渡与连接：步伐、动作形式、难度动作、托举动作的流畅性都应较好地连接在成套动作，并且每拍都应很清楚，这样连接才不会中断。

⑥空间：利用竞赛场地的4个角（中央）和5个方向（向前、向后、向侧、对角、弧形）进行移动，同时对空间（地面、站立和腾空）利用恰当。

⑦表演：表演包括表现力和合拍，表现力是指运动员利用面部表情、目光接触、身体语言来表现身心的感受，通过体能、魅力、热情、自信征服观众的能力。合拍是指运动员应与音乐配合协调一致，动作与音乐的节奏相吻合。

(二) 难度动作欣赏

在竞技健美操比赛中，所有单人、混双、三人和五人的健美操成套动作中，必须包括四组难度动作展示：第一组动力性力量，包括俯卧撑、倒地、旋腿与分切类；第二组静力性力量，包括支撑与水平类；第三组跳与跃类；第四组柔韧及其变化类。一套动作中难度要求最多允许有12个难度动作，每组难度至少各有1个，地面难度动作不得超过6个，俯撑落地难度动作不得超过2个，每个难度动作分值为0.01～1.0分。同时若难度动作未按要求完成则会扣分。例如运动员做直角支撑动作，没有保持2秒时间，这个难度动作就不予计分；或运动员做单臂单腿俯卧撑时，胸部接触地面，该难度动作就被判定为没有完成。成套动作选择的难度动作必须体现出空中、站立和地面三个空间动作的均衡性。

(三) 完成性欣赏

健美操完成性包括技术技巧和一致性。我们在欣赏时，要观察健美操运动员的动作姿态是否成一条直线，躯干是否挺直，臂腿动作是否有力，外形是否清晰，是否合理利用空间地面，空中动作的变化等成套一系列动作是否完美。完成成套动作还应注重整体配合的一致性，包括动作的准确协调，动作与音乐伴奏的吻合程度以及动作所体现出来的动感和力度，如踢腿跳时，踢腿必须伸直，上体要挺拔，要体现出动作的规范性、准确性。同时在双人、三人、五人操时，不仅要参照上述的标准，还需要保持整体的一致性、整齐性，这样才能达到和谐统一。

(四) 音乐欣赏

健美操是在音乐伴奏下完成的，音乐是健美操密不可分的组成部分，不同的音乐展现了运动员不同的表现风格，尤其在国际比赛中会有来自不同的国家、不同民族风格的音乐，让观众在欣赏运动员高超技术的同时也感受到了音乐的魅力。然而，并不是所有的音乐都适用于健美操，音乐选择是否合适对全套动作的成败、对运动员的最后得分都有着重要的作用。可以使用一首或多首乐曲混合的音乐，也可使用原作音乐或加入特殊音响效果，使用的音乐必须由运动员通过动作、身体表现、感染力和活力体现出来，这些动作必须适合竞技健美操的特色内容，按照音乐的结构、不同节奏等风格来完成，如采用拉丁音乐，动作也必须表现拉丁风格，从而使健美操音乐更加丰富多彩。由于竞技健美操成套动作的时间为1分40秒~1分50秒，在这样短的时间内，运动员要把他们的身体技术全面地表现出来，使成套动作有起伏、有变化，那么音乐也必须与之相一致。运动员的成套动作是由许多单个动作组合而成，音乐在此起着一个连接作用，动作的选择必须要按音乐的规律和特点，根据音乐的情绪、风格、意境、旋律和节奏来进行。

在观看比赛时应注意以下几个方面：

①所选择的动作必须能够符合音乐的特点，动作节奏必须与音乐节奏上的强弱、快慢、轻重、缓急、圆滑和顿挫相吻合，动作的高低起伏、大小变化需要与音乐所蕴含的情绪和意境一致。

②运动员的身体姿态、动作速度和力度也必须要和音乐的旋律、力度相一致。当完成高难度动作时，音乐的强劲有力或有动效，能使成套动作与音乐的配合达到完美的境界，使动作与音乐成为一个整体。

③音乐本身是否有主题，有意境，有感染力，是否能增强成套动作的表现力；是否被运动员充分理解，所表现的技术风格和个性是否与音乐完全一致。适合的音乐能体现运动员的气质、性格、爱好、审美能力和艺术的表现能力。

总之，一个好的音乐会有力地渲染、烘托成套动作的气氛，抒发一定的情感，表现某种风格，有助于运动员充分展示其个人特点。同时观众也能随着音乐的带入充分感受运动员的激情和高超技巧，使其在听觉上、视觉上得到双重享受。

(五) 服装欣赏

比赛开始，当运动员出现在赛场上，给观众眼前一亮的，除运动员的形体容貌外，就是运动员的服装。规则在服装要求上除了主要对胸沟、肩胛骨、腹部沟以及透明材料作了规定外，款式并没有限制，所以在观看比赛时会发现运动员的健美操服款式很多。运动员可以根据自己的形体条件、爱好、选择更适合自己的款式，再根据不同肤色选择不同的服装图案、色彩，把运动员装扮得更加美丽动人，再配以时尚的淡妆，充分体现了这个项目的时代性，让我们在欣赏运动员技术的同时又获得服装带给我们的艺术享受。

(六) 运动员个人魅力欣赏

健美操作为一项表演性运动项目，对运动员的形象要求非常高。运动员的长相、体型、服装及服装色彩的搭配直接影响观众、裁判的欣赏和评判。所以在选拔运动员时，力求选择形体美、容貌好、气质佳、富有艺术表现力，身体素质全面的运动员作为培养对象，可以说健美操运动员具有很强的个人魅力。

一名优秀的健美操运动员其表现能与音乐完美结合，动作协调，轻松自如，具有丰富的艺术表现力，充分表现各种优美的人体造型，具有较高的审美价值。通过长期系统的专项技术训练，每个运动员都具有本专项所需的身体素质和艺术修养，尤其是作为个人项目运动员，他们都具有高超的表演天赋，在比赛中他们往往不满足于只做那些适合自己特点和风格的动作，还尽量追求完全不同的风格，始终给人带来新的感觉。他们在比赛场上的举手投足，灵巧敏捷、活泼可爱、充满活力的动作，无不把他们的美传递给观众，用个人的魅力征服观众，征服裁判。

（七）集体项目欣赏

集体项目包括混双操、三人操、五人操动作，集体项目的特点就是每个运动员都必须有团队合作精神，主要体现在以下几个方面。

①运动员选材：运动员在身高、体型、气质、技术和表现力上尽可能相近，并身着统一服装。

②动作编排：要求所有运动员在成套动作中充分体现合作意识。例如必须有3次托举配合动作；至少2个动力性配合；混双操至少3个、三人操至少5个、五人操至少5个不同的队形变化等编排要求。

③动作完成：在完成动作的熟练性、力度、幅度、速度、技术规格上力求一致。尤其在动作的一致性上，若不一致则要被扣分。由于集体项目人数多、空间利用广、队形变化大等特点和风格，丰富了集体项目的技术内容，提高了集体项目的观赏性。

④空间利用：多名运动员在一块场地上表演时，同一画面上的运动员们在他们开始和结束的运动状态中，各种造型和姿态多采用不同空间层次来完成。或统一一致，或分组组合，布局参差错落，形象生动活泼，使造型构图更加唯美，构成一幅幅动态的美妙画面。

⑤队形变化：动作过程中的队形变化，或直接转换，或依次转换，或逐渐转换从而演示出各种各样的队形来。如直线、平行线、弧线、三角形、圆形、方形、箭形、菱形、丁字形等各种规则或不规则、对称或不对称的队形，这些队形使整个场面始终处于绵绵不断地变化运动之中，也使观众感受到强烈的流动感。

第十四章 艺术体操

第一节 艺术体操概述

一、艺术体操的起源与发展

艺术体操是一项在音乐伴奏下，徒手或手持轻器械，以身体律动为基础的体育运动项目。艺术体操起源于19世纪末20世纪初的欧洲。

20世纪50年代，艺术体操已经传播到世界各地，成为一项女子竞技运动项目。最初艺术体操附属在竞技体操比赛中，后来由于两者差异逐渐明显被分开。

1962年，国际体操联合会确定艺术体操成为一项独立的女子竞技运动项目。

1963年，在匈牙利布达佩斯举行了第一届世界艺术体操锦标赛。

1975年，国际体操联合会将艺术体操命名为"竞技韵律体操（Rhythmic Sportive Gymnastics）"。中文"艺术体操"一词由俄文翻译而来，在西欧和美洲各国被称为"现代节奏体操"，在日本被称为"新体操"。

1976年，国际体操联合会公布国际艺术体操评分规则。

1978年，国际体操联合会组织欧洲艺术体操锦标赛和四大洲艺术体操洲际赛（亚洲、大洋洲、北美洲和拉丁美洲）。

1984年，艺术体操个人项目被列为奥运会比赛项目。

1996年，艺术体操集体项目成为奥运会比赛项目。

2003年，举行了第一届世界男子艺术体操锦标赛。

男子艺术体操起源于日本的团体徒手体操，1949年成为日本国民体育大会和全日本学生锦标赛的竞技项目。美国、加拿大、西班牙、日本、墨西哥、澳大利亚、俄罗斯、韩国和马来西亚等国均有男子艺术体操项目。

二、艺术体操的分类

（一）按练习者性别分类

艺术体操按性别可以分为女子艺术体操和男子艺术体操两类。女子艺术体操项目主要有徒手、绳、圈、球、棒、带、纱巾、扇等。男子艺术体操项目主要有徒手、绳、圈、棍、带、环、旗等。

（二）按练习目的分类

艺术体操按目的可以分为大众艺术体操和竞技艺术体操两类。

大众艺术体操主要是培养练习者良好的身体形态，优美的动作姿态，锻炼其协调性、柔韧性和灵巧性等身体素质，达到塑造形体，陶冶性情的目的。大众艺术体操可以根据练习条件灵活选用徒手或手持各种轻器械的项目，进行个人练习或集体练习，也可以作为表演项目应用于各种场合。

竞技艺术体操对练习者的身体素质和动作技术有一定要求，对场地、器械、人数、时间、动作数量、动作难度、动作类型等有相应的规定，有专门的竞赛规则。运动员需要在规定时间内，表现出身体与器械的完美结合并符合竞赛规则的要求。竞技艺术体操包括个人项目和集体项目。获胜的运动员必须具备高超的难度动作技巧，有独特新颖的编排，能高质量完成动作，动作与音乐完美配合，并且有丰富的表现力。

第二节　艺术体操基本动作

一、艺术体操徒手基本动作

徒手动作是指不持器械的各种身体动作。

(一) 举

举臂。伸直或弯曲的手臂以肩关节为轴，由低向高举起，活动范围不超过180°，停在某一位置的动作。例如：两臂前举、两臂侧举、两臂上举、两臂前下举、两臂侧上举、两臂侧下举、单臂前下举、单臂侧举等 (图14-1～图14-8)。

图14-1　两臂前举

图14-2　两臂侧举

图14-3　两臂上举

图14-4　两臂前下举

图14-5　两臂侧上举

图14-6　单臂前下举

图14-7　单臂侧举

图14-8　单臂上举

举腿。伸直或弯曲的腿以髋关节为轴，由低向高举起，活动范围不超过180°，停在某一位置的动作。例如：前举腿、侧举腿、后举腿等（图14-9～图14-11）。

图14-9　前举腿　　　　图14-10　侧举腿　　　　图14-11　后举腿

（二）屈伸

屈。关节弯曲的动作。如屈肘、屈腿、体前屈等。

伸。弯曲关节伸展的动作。如伸臂、伸腿等。

（三）摆动

手臂摆动。徒手或手持器械，以肩、肘、腕为轴在一定范围内，做小于180°的钟摆式弧线运动。例如双臂前后摆动、双臂上下摆动、双臂左右摆动。

腿摆动。以髋关节、膝关节为轴在一定范围内，做小于180°的钟摆式弧线运动。例如单腿前后摆动、左右腿交替摆动。

（四）波浪

手臂波浪。手臂各关节按顺序依次做柔和、连贯的屈伸动作，根据手臂所处的位置，可以分为手臂前波浪（图14-12）、手臂侧波浪（图14-13）等。

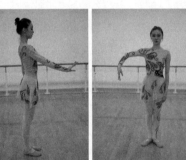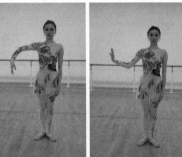

图14-12　手臂前波浪　　　　　　图14-13　手臂侧波浪

身体波浪。脊柱、髋膝踝及手臂各关节按顺序依次做柔和、连贯的屈伸动作。按身体波浪的起始位置，可分为身体前波浪（图14-14、图14-15）、身体侧波浪（图14-16）和身体后波浪（图14-17、图14-18）。

图 14-14　身体前波浪正面图

图 14-15　身体前波浪侧面图

图 14-16　身体侧波浪

图 14-17　身体后波浪正面图

图 14-18　身体后波浪侧面图

(五) 绕环

手臂绕环。手臂以肩、肘、腕为轴做 360° 或超过 360° 的圆形动作。以肩关节为轴的绕环通常称为大绕环 (单臂矢状面绕环见图 14-19，单臂额状面绕环见图 14-20)，以肘关节为轴的绕环称为中绕环，以腕关节为轴的绕环称为小绕环。

图 14-19　单臂矢状面绕环

图 14-20　单臂额状面绕环

腿部绕环。腿部以髋、膝、踝为轴做 360° 或超过 360° 的圆形动作。
躯干绕环。上身以脊柱为轴做 360° 或超过 360° 的圆形动作 (图 14-21)。

图 14-21　躯干绕环

头部绕环。头部以颈椎为轴做 360° 或超过 360° 的圆形动作（图 14-22）。

图 14-22　头部绕环

（六）基本步法

步法是指用特有节奏进行脚步移动的方法，包括各种类型的走、跑、跳、舞步等。

柔软步。两脚自然柔和地匀速交替向前行进，由前脚掌过渡到全脚掌着地，重心前移时，上身保持直立（图 14-23）。

图 14-23　柔软步

足尖步。始终保持起踵姿势，身体重心尽量向上，只以前脚掌落地的行进间走步（图 14-24）。

图 14-24　足尖步

弹簧步。一脚向前，重心前移由前脚掌过渡到全脚掌着地，同时屈膝屈髋经半蹲位后直膝向上提踵，另一脚继续向前重复同样动作，两脚交替向前，两腿屈伸有弹性。

二、艺术体操球的基本动作

(一) 持球方式

持球动作有单手持球 (图 14-25)、双手持球 (图 14-26) 两种。

 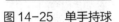 

图 14-25　单手持球　　图 14-26　双手持球

(二) 拍球滚球

拍球。用手掌或身体其他部位向下按压球，使球从地上弹起的动作 (图 14-27)。

图 14-27　拍球

滚球。球在身体某部位或地面上，由于接触面不断改变在转动中产生位移的动作。

(三) 持球摆动

单手或双手持球，使球做钟摆式的弧线动作 (图 14-28)。

图 14-28　持球摆动

(四) 持球绕 8 字动作

单手或双手持球连续做两个方向相反的圆形绕环动作，球的运动轨迹构成 8 字形。

(五) 抛接球动作

抛球。单手或双手持球，通过手臂发力，使球离开手掌，飞向空中的动作。

接球。通过手掌或身体某一部位将空中落下的球接住的动作。

三、艺术体操圈的基本动作

(一) 持圈方式

单手持圈有正握 (虎口向上) (图 14-29) 和反握 (虎口向下) (图 14-30) 两种。

双手持圈有内侧握 (图 14-31)、外侧握 (图 14-32)、正反握三种。

图 14-29　正握　　　　图 14-30　反握　　　　图 14-31　内侧握　　　　图 14-32　外侧握

(二) 持圈摆动

单手或双手持圈，使圈做钟摆式的弧线动作。例如，前后摆动、上下摆动、左右摆动。

（三）持圈绕环

单手或双手持圈，使圈做360°或超过360°的圆形动作（图14-33）。

图14-33　持圈绕环

（四）持圈绕8字

单手持圈连续做两个方向相反的圆形绕环动作，圈的运动轨迹构成8字形（图14-34）。

图14-34　持圈绕8字

（五）转动圈

单手或双手持圈，使圈围绕手掌转动的动作（图14-35）。

图14-35　转动圈

四、艺术体操绳的基本动作

(一)持绳方式

持绳方式主要有单手持绳(图14-36)和双手持绳(图14-37)两种。

图14-36　单手持绳　　图14-37　双手持绳

(二)持绳摆动

单手或双手持绳,使绳做钟摆式的弧线动作(图14-38)。

图14-38　持绳摆动

(三)持绳绕环

单手或双手持绳头或绳中段,使绳做360°或超过360°的圆形动作。

(四)持绳绕8字

单手或双手持绳连续做两个方向相反的圆形绕环动作,绳的运动轨迹构成8字形,可以在身体两侧绕8字,也可以在身体前后绕8字。

(五)缠绕绳

单手或双手持绳摆动,将绳缠绕在身体某一部位(如躯干、腿、手臂等),然后反方向绕出,离开身体(图14-39)。

图 14-39　缠绕绳

（六）摇绳跳

双手持绳，向前、向后做圆形绕动，同时双脚或单脚跳过绳的动作（图 14-40）。

图 14-40　摇绳跳

五、艺术体操带的基本动作

（一）持带方式

单手握住带棍即可（图 14-41）。

图 14-41　持带方式

（二）彩带摆动

手持带棍，使彩带在体前或体侧做钟摆式的弧线动作（图14-42）。

图14-42　彩带摆动

（三）彩带绕环

手持带棍，使彩带做360°或超过360°的圆形动作（图14-43）。

图14-43　彩带绕环

（四）彩带绕8字

手持带棍，连续做两个方向相反的圆形绕环动作，彩带的运动轨迹构成8字形，可以在身体两侧绕8字（图14-44），也可以在体前水平绕8字。

图14-44　彩带绕8字

（五）彩带螺形

手持带棍，以腕为轴做连续小绕环的动作，使带形成螺旋图形。彩带螺形包括水平螺形和垂直螺形。

（六）彩带蛇形

手持带棍，以腕为轴做上下或左右连续小摆动的动作，使带形成波浪图形。彩带蛇形包括水平蛇形和垂直蛇形。

第三节　艺术体操成套动作编排

艺术体操编排，就是在一定的时间和场地范围内，根据音乐节奏和旋律变化，将徒手或手持轻器械的单个动作，以不同的方式合理地编排成一套成套动作的过程。

一、艺术体操成套动作编排要素

（一）动作要素

动作是艺术体操成套动作的基本要素，是成套动作的主体，包括身体动作和器械动作两个方面，器械动作必须与身体动作完美配合，形成一个有机整体。身体和器械的单个动作通过合理有序的组合连接成若干联合动作，若干联合动作再合理有序地构成成套动作。身体动作和器械动作的难易程度直接影响成套动作的技术价值和艺术价值。

（二）音乐要素

音乐是艺术体操成套动作的灵魂要素，可以提高成套动作的效果和气氛。音乐的节奏、旋律、和声、音色等都应参与到动作编排中，使音乐与动作完美融合，动作通过音乐展现，音乐渲染动作气氛。音乐风格应符合练习者的个性特点和器械特点。

（三）时空要素

时间与空间是艺术体操成套动作的立体要素，可以提升成套动作的层次感和多样化。时间主要是指动作过程的顺序性、间隔性和持续性，具体表现为各部分动作出现的顺序、动作快慢和动作强弱周期的交替，单个动作、联合动作和成套动作过程持续的时间等。空间主要是指动作方向、路线变化、空间层次的运用及集体项目的队形变化等，具体表现为动作出现的场地方位、身体动作与器械的相互位置，完成动作时器械的高度、宽度、角度、长度，身体与器械所获取的三维空间范围等。

二、艺术体操成套动作编排步骤

（一）总体构思

总体构思是指进行艺术体操成套动作创编时首先要明确编排任务（练习、表演或比赛），针对使用者的身体素质状况选择相应的动作难度及数量，同时还要根据所用器械的技术特点，与所选音乐的特色和风格进行全面构思，综合考量。

(二)选择音乐

可以先选音乐后编动作,在选择音乐时,要注意音乐的完整性,考虑音乐风格跟身体动作与器械技术动作的一致性,同时还要注意所选音乐是否能体现使用者的个性。合宜的音乐能激发使用者的表现欲望,还能调动观众的情绪。

(三)创编动作

可以对成套动作进行段落划分,分段分别进行编排,选择合宜的单个动作、联合动作及动作之间的连接动作。在选编动作的过程中,可以结合音乐进行段落划分,先构思各段落动作的框架、动作路线;在此基础上再进一步细化动作,完成动作的落实和连接;并对成套动作不断进行修改完善。

第四节　艺术体操竞赛规则

一、艺术体操比赛场地器材介绍

(一)艺术体操场地

艺术体操场地是地板上铺一层地毯,地毯下面有一层弹性适中的衬垫。比赛场地为13米×13米的正方形场地,场地四周至少有4米的安全区域,场地高度至少8米。

(二)艺术体操器材

1. 绳

绳采用麻或合成纤维制成,绳的两端有小结,绳的长短同运动员身高相称。

2. 圈

圈采用合成材料制成,直径为80～90厘米,横断面可以是圆形、方形、椭圆形等,质量至少为300克。

3. 球

球采用橡胶或软塑料制成,直径为18～20厘米,质量至少为400克。

4. 棒

棒采用木材或合成材料制成,全长40～50厘米,形状如瓶,细端为颈,粗端为体,顶端为棒头,棒头最多3厘米,质量至少为150克。

5. 带

带由棍、尼龙绳和带构成。棍可采用合成材料制成,棍长50～60厘米,直径不超过1厘米。带可采用缎或类似材料制成,一端有金属环与带相连,带至少长6米,宽4～6厘米,质量至少为35克。

二、艺术体操竞赛规则

(一) 竞赛项目

艺术体操包括个人项目和集体项目。

个人项目包括绳、圈、球、棒、带五种器械的比赛，成套动作时间为1分15秒~1分30秒。个人项目又分为个人单项赛、个人团体赛和个人全能赛三种。

①个人单项赛每队两名运动员参加，以单项的得分评定名次，最高分为20分，得分高者为胜。

②个人团体赛每队由3~4名运动员组成，每名运动员完成1~4套动作，每个团体必须由不同的运动员用每项器械完成3套动作，共计12套动作，总分高者为胜。

③个人全能赛每队最多2名运动员参加。团体赛全能成绩排名前24名的运动员才有资格参加，必须完成四项不同器械的成套动作，每项满分为20分，四个项目总分最高为80分，总分高者为胜。

集体项目分为两轮比赛，第一轮比赛必须使用同一种器械，第二轮比赛使用两种器械，成套动作时间为2分15秒~2分30秒。集体项目要求每队6人但只能5人上场，共同完成两轮比赛。

(二) 竞赛评判

艺术体操成套动作是身体难度动作和器械技术动作的有机结合。身体难度动作包括跳、转体、平衡、柔韧和波浪等。

1. 各类器械技术要求

各项器械有各自不同的器械技术动作要求。绳操的器械技术是由各种摇绳跳、抛和接、转动绳、摆动、环绕、绕8字等动作类型构成。

圈操的器械技术是由圈在身体上和地面上的滚动，绕手或绕身体一部分及绕圈自身轴的转动，抛和接，从圈中穿过、圈上越过、摆动、绕环、绕8字等动作类型构成。

球操的器械技术是由身体各部位运用球完成身上或地上自由滚动、拍球、抛和接、摆动、绕环、绕8字、翻转等动作类型构成。

棒操的器械技术是由小绕环、小五花、抛接空中旋转和不旋转的单棒或双棒、不对称抛和接、敲击、摆动、绕环、绕8字、不对称等动作类型构成。

带操的器械技术是由蛇形、螺形、摆动、绕环、绕8字、抛带等动作类型构成。

2. 艺术体操的评判

艺术体操的评判由完成组、艺术组、难度组三个裁判小组组成。成套动作满分为20分，其中完成分为10分，加上艺术分和难度分各10分相加除以2的结果，再减去扣分。

完成组评判成套动作完成情况的技术错误，根据失误程度给予扣分：小失误扣0.10分，中等失误扣0.20分，大失误扣0.30分或者更多。

艺术组评判成套动作编排的艺术价值，包括音乐伴奏和各种动作设计，如器械动作的选择和使用、身体动作的选择和使用、动作的熟练性和独创性等。

难度组评判成套动作编排的技术价值，包括器械特有的规定动作或其他难度动作的数量和水平。

第十五章　形体舞蹈

第一节　形体舞蹈概述

一、形体舞蹈的含义

形体舞蹈是指以舒展优美的芭蕾舞蹈练习为基础，结合其他各种舞蹈的综合练习，能够培养舞者优雅气质、塑造优美仪态、训练匀称体型，同时获得健康体魄的舞蹈练习形式。形体舞蹈一般在音乐伴奏下进行，在塑造身体形态的同时陶冶性情，提升审美情趣。

形体舞蹈训练可以通过基本姿态练习、芭蕾把杆练习、舞蹈组合练习和身体素质练习等方式，改善和调整舞者的不良身体姿态，培养舞者正确的站姿、坐姿、卧姿和行进间的正确体态，养成形体美的习惯。

二、形体舞蹈的训练要点

(一)开的训练

开是指舞蹈动作的开度。形体舞蹈训练时要注意身体各部位的开度练习，包括脚的开度、腿的开度、肩的开度、胸的开度、手臂的开度等。例如：站立时脚跟并拢，两腿内侧夹紧，膝盖伸直，膝盖不能内扣，腿和胯要打开，特别要注意整条腿和脚的外开训练，上身挺立，挺胸抬头，双肩打开沉肩。

(二)绷的训练

绷是指做舞蹈动作时腿的肌肉要绷紧。绷紧不是僵硬，而是张弛有度。绷紧是为了增强腿部的力度，以便更加灵活地完成各种舞蹈的技巧和动作。例如：小踢腿时是以髋关节为轴，绷脚由脚尖带动整条腿向上、向侧或向后，有控制力地踢出去及收回，是远端脚尖发力而不是大腿发力。

(三)直的训练

直是指直立向上的舞蹈形态表现。在站、坐、卧、行等不同的动作中，舞者的头颈、躯干、腿部都应体现直立向上的舞蹈形态。例如划圈动作，虽然主力腿是屈膝动作，但上身非常挺拔，抬头立颈，划圈的动力腿线条笔直，向外延展。

(四)长的训练

长是指舞蹈动作要有延伸感。动作有延伸感就感觉长了，例如擦地动作，脚尖沿地面擦出去，不是单单轻点在地面上，而是要有穿透地面继续向外的延伸感。

(五)气息的训练

气息是指人体的呼吸会影响舞蹈动作的表现。气息长短的控制会影响舞蹈动作的力度。

舞蹈气息控制的一般规律是：动作向上向外时吸气，动作下落向内时呼气；不动时，要保持自然气息；动作快时，气息变化快；动作慢时，气息要有控制地延长。气息与动作相结合，可以改变动作的表现，体现出动作的生命力，加强动作的美感。

第二节　形体舞蹈基本动作

一、形体基本姿态

俗话说"站有站相，坐有坐相。"人体的基本姿态包括立、坐、卧、撑等不同的姿态。立可分为并脚立（图15-1）、八字脚立（图15-2）、起踵立（图15-3）、点地立（前点地立见图15-4、后点地见图15-5）、双腿跪立（图15-6）、单腿跪立（图15-7）等。坐可分为并腿坐（图15-8）、分腿坐、跪坐（图15-9）等。卧又可分为仰卧、侧卧、俯卧等。撑可分为俯撑、侧撑、仰撑、跪撑等。

图15-1　并脚立　图15-2　八字脚立　图15-3　起踵立　图15-4　前点地立　图15-5　后点地立

图15-6　双腿跪立　图15-7　单腿跪立　图15-8　并腿坐　图15-9　跪坐

二、手脚基本姿态

(一)手型

芭蕾手型。拇指靠近中指，食指微微上翘，中指、无名指、小指并拢（图15-10）。

图 15-10　芭蕾手型

(二) 基本手位

一位手：两臂自然下垂，两臂与手成椭圆形，置于体前，两手中指相对，约一拳距离（图 15-11）。

二位手：两臂保持椭圆形，向上抬至横膈膜的高度（图 15-12）。

三位手：两臂继续向上抬，置于额的前上方，抬眼可看到手（图 15-13）。

四位手：左臂不动，右臂切回到二位，组成四位手位置（图 15-14）。

五位手：左臂不动，右臂向侧打开，组成五位手位置（图 15-15）。

六位手：右臂不动，左臂切回二位，组成六位手位置（图 15-16）。

七位手：右臂不动，左臂向侧打开，组成七位手位置（图 15-17）。

图 15-11　一位手　　　　图 15-12　二位手　　　　图 15-13　三位手　　　　图 15-14　四位手

图 15-15　五位手　　　　图 15-16　六位手　　　　图 15-17　七位手

（三）基本脚位

一位脚：两脚完全外开，两脚跟靠拢连接形成一横线（图15-18）。

二位脚：在一位脚基础上，两脚向旁打开一脚距离（图15-19）。

三位脚：一脚位于另一脚前，前脚跟紧贴后脚中央位置，前脚盖住后脚的一半（图15-20）。

四位脚：一脚从五位脚位置向前打开，前后一脚距离，前脚跟与后脚趾关节成一条线（图15-21）。

五位脚：两脚前后贴紧，前脚跟紧贴后脚趾，前脚完全遮盖住后脚（图15-22）。

图15-18 一位脚　图15-19 二位脚　图15-20 三位脚　图15-21 四位脚　图15-22 五位脚

三、芭蕾把杆练习

（一）擦地动作

擦地动作主要训练人体垂直站立的稳定性能力，可向不同方向擦地，如向前擦地（图15-23）、向侧擦地（图15-24）、向后擦地（图15-25）。

动作要领：擦出时，身体重心微移至主力腿，动力腿伸直，脚掌紧贴地面，面朝外。擦出时动力脚脚跟主动向外用力，经过脚跟、脚掌、脚尖，最后用脚趾触地，保持脚和腿向外，直接擦到所能达到的最远点。收回时，动力腿保持腿伸直，内侧用力，动力脚向主力腿收回至开始位置。

图15-23 向前擦地正、侧面　　　　　　图15-24 向侧擦地正、侧面

图 15-25　向后擦地正、侧面

(二)小踢腿

小踢腿主要是训练腿部的力量和快速移动的能力，可以向不同方向踢腿，如向前小踢腿(图 15-26)、向侧小踢腿(图 15-27)、向后小踢腿(图 15-28)。

动作要领：小踢腿要经过擦地动作，用脚带动腿迅速有力地踢出和收回。动作过程中双腿保持向外，动力腿要绷紧，要有一种无限延伸的感觉。

图 15-26　向前小踢腿正、侧面　　　　图 15-27　向侧小踢腿正、侧面

图 15-28　向后小踢腿正、侧面

(三)画圈

画圈主要是训练髋关节的开度和稳定性，锻炼腿和脚的外开。画圈可以由前画到后(图 15-29)，也可以由后画到前(图 15-30)。

动作要领：保持身体稳定，不要晃动，画圈动作要自然流畅。动作过程中，动力腿的脚尖向外画至所能达到的最远点，腿伸直保持外开，脚尖不要离开地面。

图 15-29　画圈动作由前向后分解

图 15-30　画圈动作由后向前分解

（四）蹲与立

蹲与立主要是训练腿部肌肉的力量和后背的控制力。可以采用不同脚位训练蹲与立的能力，如一位蹲立（图 15-31）、二位蹲立（图 15-32）、五位蹲立（图 15-33）。

动作要领：保持身体挺直，不要向前或向后倾斜。蹲和立的时候，都要保持脚位的开度，保持脚尖、膝、髋、肩在一个平面上。

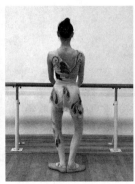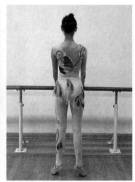

图 15-31　一位蹲立正、背面

图 15-32　二位蹲立正、背面

图 15-33　五位蹲立正、背面

（五）吸腿

吸腿主要是训练腿部肌肉的控制能力和后背的控制能力。根据吸腿的方向位置可分为前吸腿（图 15-34）、侧吸腿（图 15-35）。

动作要领：动力腿屈膝绷脚尖，脚尖吸到主力腿膝盖以上，保持主力腿踝、膝、髋、肩在一个平面上。

图 15-34　前吸腿正、侧面　　　　　　　图 15-35　侧吸腿正、侧面

(六) 小弹腿

小弹腿主要是锻炼小腿的力度、速度、脚部的灵活性和敏捷度 (图 15-36)。

动作要领：从脚踝位开始，脚尖始终保持绷直，膝关节位置相对稳定，脚尖发力，弹腿快速、有力。

图 15-36 小弹腿

(七) 平转

平转主要是锻炼方向感，身体整体的协调和控制能力。可以向右平转 (图 15-37)，也可以向左平转。

动作要领：上身保持直立，眼随手动：手臂带动身体转动 (以向右平转为例，右臂打开，左臂跟随)。留头甩头：身体转动时留头，目视将要前进的方向，找准目标点；当身体转动即将到位时甩头，回到前进方向的目标点。

图 15-37 向右平转

第三节　形体舞蹈基本素质

一、柔韧练习

(一)肩部柔韧练习

1.压肩拉肩练习

(1) 压肩

面对把杆站立，直臂双手体前握住把杆，身体前屈翘臀，向前向下压肩练习。

(2) 拉肩

背对把杆站立，直臂双手体后握住把杆，身体前挺，向前拉肩练习。

2.转肩练习

(1) 徒手转肩

徒手双臂屈臂或直臂，双臂同时或依次向前或向后肩绕环练习。

(2) 持器械转肩

双手持绳或木棍，手臂向前或向后转肩练习。

(二)腿部柔韧练习

1.压腿练习

(1) 垫上压腿

并腿坐压腿：并腿坐于地毯上，向前压腿练习，身体尽量贴近大腿，膝盖伸直。

分腿坐压腿：大分腿坐于地毯上，向前或向侧压腿练习，身体尽量贴近地面，膝盖伸直。

(2) 把杆压腿

前压腿：面对把杆站立，一腿向前置于把杆上，向前压腿练习，保持挺胸收腹姿态，压腿时膝盖伸直，腹部尽量贴近大腿。

侧压腿：侧对把杆站立，一腿向侧置于把杆上，向侧压腿练习，保持挺胸收腹姿态，压腿时膝盖伸直，身体尽量贴近大腿。

后压腿：侧对把杆站立，一腿向后置于把杆上，向后压腿练习，保持挺胸抬头姿态，主力腿可以屈膝。

2.踢腿练习

(1) 扶把杆踢腿

前踢腿：侧对把杆站立，单手扶把，单腿站立，动力腿直膝向前向上踢腿练习，保持挺胸收腹姿态。

侧踢腿：面对把杆站立，双手扶把，单腿站立，动力腿直膝向侧向上踢腿练习，保持挺胸收腹姿态。

后踢腿：面对把杆站立，双手扶把，单腿站立，动力腿直膝向后向上踢腿练习，保持挺胸抬头姿态。

（2）卧撑踢腿

前踢腿：垫上仰卧或仰撑，动力腿直膝向前向上踢腿练习。

侧踢腿：垫上侧卧或侧撑，动力腿直膝向侧向上踢腿练习。

后踢腿：垫上俯卧或跪撑，动力腿直膝向后向上踢腿练习。

二、力量练习

（一）腿部力量练习

1. 站姿腿部练习

提踵练习：面对把杆站立，双手扶把，保持挺胸收腹，提踵落踵练习。

蹲立练习：面对把杆站立，双手扶把，保持挺胸收腹，蹲立练习。

2. 垫上腿部练习

坐姿勾绷脚面练习：直角坐于垫上，保持挺胸收腹，勾绷脚面练习。

仰卧收腹剪腿练习：仰卧，双手轻托颈部，双腿伸直，稍抬离地面，两腿上下交替剪腿练习。

（二）腰腹力量练习

1. 腰腹练习

仰卧收腹练习一：仰卧屈膝屈髋，双臂屈肘两手轻托颈部，呼气时收紧腹部，使上背部离地，吸气时上身缓慢还原，重复练习。

仰卧收腹练习二：仰卧平躺，双臂伸直置于头部两侧紧贴地面，呼气时收紧腹部，使手脚相互靠拢（屈膝或直膝皆可），吸气时缓慢还原，重复练习。

侧卧收腹练习三：左侧卧，屈膝屈髋，左臂伸直贴近地面，右臂屈肘单手置于耳后，呼气时收紧腹部，使上身离地，吸气时缓慢还原。换右侧卧，重复练习。

2. 背肌练习

俯卧背肌练习：俯卧平躺，两腿并拢，双臂屈肘，两手置于耳旁，呼气时上身尽量向上抬起，吸气时上身缓慢还原，重复练习。

3. 综合练习

平板支撑练习：屈肘俯撑，双手十指相扣位于肩部正下方，两腿伸直并拢，腰腹收紧，臀部夹紧，自然呼吸，保持头、肩颈、躯干、腿始终在一个平面。保持正确姿势30秒、60秒、90秒或更久。放松后重复练习。

第四节　形体舞蹈组合范例

一、身体波浪组合

身体波浪是形体舞蹈的基础训练内容，通过身体波浪练习，可以锻炼全身各关节的灵活性。通过手臂与脚步的配合，可以提高全身关节肌肉的协调性。以组合的形式进行身体波浪的练习，不仅可以培养正确的身体姿态和优美的体态，还可以培养对形体训练的兴趣。

本组合一共四个八拍，如图所示（第一个八拍见图15-38，第二个八拍见图15-39，第三个八拍见图15-40，第四个八拍见图15-41），可数节拍进行练习，也可配合音乐进行练习。预备姿势为并腿立，练习时注意相邻关节肌肉力量的传递和身体重心的变化，头部可跟随身体动作的变化而转动，眼睛可跟随手臂转动或看向远方。组合中配合呼吸的运用，学习调节动作的力度，可增强动作的美感。

(a)1拍　　　　　　　(b)2拍　　　　　　　(c)3拍

(d)4拍　　　　　(e)5、6拍　　　　(f)7、8拍

图15-38　第一个八拍

(a)1拍　　　　　　　(b)2拍　　　　　　　(c)3拍

图15-39

(d)4拍　　　(e)5、6拍　　　(f)7、8拍

图15-39　第二个八拍

(a)1拍　　　(b)2拍　　　(c)3、4拍

(d)5、6拍　　　(e)7拍　　　(f)8拍

图15-40　第三个八拍

(a)1拍　　　(b)2拍　　　(c)3、4拍

图15-41

(d)5拍 (e)6拍 (f)7、8拍

图15-41 第四个八拍

二、现代舞组合

现代舞组合是形体舞蹈动作的综合体现，可以通过身体动作的变化，让舞者自由地表达自己对动作的理解，同时能够提高身体的灵活性、协调性。

本组合预备姿势为背向分腿立 (图15-42)，一共六个八拍，如图所示 (第一个八拍见图15-43，第二个八拍见图15-44，第三个八拍见图15-45，第四个八拍见图15-46，第五个八拍见图15-47，第六个八拍见图15-48)，可数节拍进行练习，也可配合音乐进行练习。练习时注意身体不同部位的动作用力、动作方向与节奏的变化；注意动作的连贯性，手臂、步伐和身体的协调配合；注意动作用力时，呼吸的运用和配合；注意头部动作和眼睛的配合。

图15-42 预备姿势

(a)1、2拍 (b)3、4拍 (c)5、6拍 (d)7、8拍

图15-43 第一个八拍

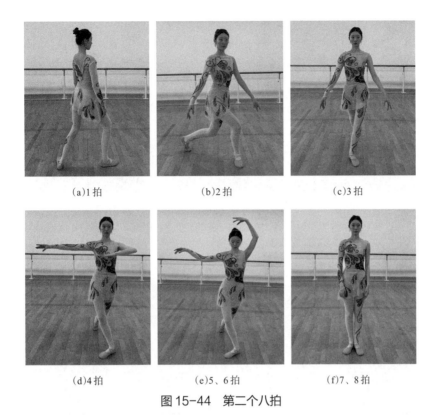

(a)1拍 　　　　　　(b)2拍 　　　　　　(c)3拍

(d)4拍 　　　　　　(e)5、6拍 　　　　　　(f)7、8拍

图15-44　第二个八拍

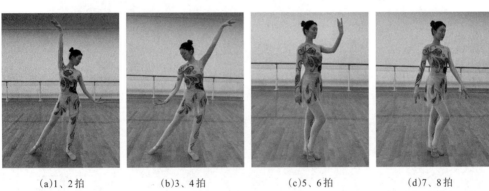

(a)1、2拍 　　　(b)3、4拍 　　　(c)5、6拍 　　　(d)7、8拍

图15-45　第三个八拍

(a)1拍 　　　(b)2拍 　　　(c)3拍 　　　(d)4拍

图15-46

(e)5拍　　　　　　　　(f)6拍　　　　　　　　(g)7、8拍

图 15-46　第四个八拍

(a)1、2拍　　　　　　(b)3、4拍　　　　　　(c)5、6、7、8拍

图 15-47　第五个八拍

(a)1、2拍　　　　(b)3、4拍　　　　(c)5、6拍　　　　(d)7、8拍

图 15-48　第六个八拍

第十六章　体育舞蹈

第一节　体育舞蹈概述

一、体育舞蹈起源与发展

体育舞蹈起源于古代土风舞，历经了对舞、圈舞、行列舞、集体舞等演变过程，后来与欧洲宫廷交谊舞结合，成为广泛流传的社交舞。而后又经历一百多年的发展，由社交舞蹈发展成为竞技舞蹈。英国皇家舞蹈教师协会成立后，对舞姿、舞步、方向等进行了整理，制定了相关的舞蹈理论、技巧、音乐和服装等竞技的标准，当时被称为"国际标准交谊舞"（简称"国标舞"）。后来国标舞发展并演变成摩登舞、拉丁舞两大系列十个舞种，成为了奥运会表演项目，又称为"体育舞蹈"（dance sport），被纳入体育运动项目。

1904年，英国皇家舞蹈教师协会成立。

19世纪20年代，英国皇家舞蹈教师协会发起研究，在传统宫廷舞、交谊舞及拉美国家的各式土风舞的基础上，将当时欧美流行的各社交舞舞姿、舞步、方向等整理成统一标准，制定了有关舞蹈理论、技巧、音乐、服装等竞技的标准。

1925年，正式颁布了华尔兹、探戈、狐步、快步舞四个舞种的步伐，称为摩登舞。

1929年，英国成立"交谊舞舞蹈协会"，制定比赛规则，每年举行英国国际标准舞锦标赛。

1947年，在德国柏林举行第一届世界标准交谊舞锦标赛。

1950年，"国际交谊舞协会"成立。同年，英国世界舞蹈组织在英国黑池主办了首届黑池舞蹈节，并把规范后的舞蹈命名为国际标准舞。此后每年5月底，在黑池举办一届世界性的国际标准舞大赛。此后，摩登舞中又增加了维也纳华尔兹。

1959年，举行了第一届业余和职业舞蹈锦标赛。

1960年，对非洲和拉美国家的一些民间舞经过规范加工后，国际标准舞大赛增加了拉丁舞的比赛，包括五个舞种：伦巴、恰恰恰、桑巴、牛仔舞和斗牛舞。

1964年，国际标准舞大赛增加了团体表演和比赛项目——团体舞。此后，摩登舞、拉丁舞和团体舞被统称为"国际标准舞"。

1992年，国际标准舞被列为奥运会表演项目。随后，"国际标准舞"又被称为"体育舞蹈"，被纳入竞技体育范畴。

1997年，国际体育舞蹈联合会正式成为国际奥林匹克委员会会员。

2000年，体育舞蹈再次成为悉尼奥运会表演项目。

国际标准交谊舞于20世纪30年代传入中国上海，20世纪80年代在中国发展较快，并在中国各大城市广泛流行。

1986年，成立中国国际标准舞协会。

1987年，举办了首届中国国际标准交谊舞比赛。

1991年，举行了首届中国体育舞蹈锦标赛。

2008年，体育舞蹈成为北京奥运会表演项目。

二、体育舞蹈的类别

体育舞蹈分为摩登舞和拉丁舞两大系列十个舞种，每个舞种各有特色，有各自的舞曲、舞步及风格。

(一) 摩登舞系列

摩登舞系列包括华尔兹、维也纳华尔兹、探戈、狐步和快步舞。

1. 华尔兹

华尔兹舞曲节奏为3/4拍的中慢板，旋律优美抒情，每分钟28～30小节。每小节三拍为一组舞步，每拍一步，第一拍为重拍，三步一起伏为一个循环，但也有一小节跳两步或四步的特定舞步"1-、2-、3-、4-、5-、6-"。基本动作是左右基本步、旋转步、转向步，通过膝、踝、足底跟掌趾的动作，结合身体的升降、倾斜、摆荡，带动舞步移动，使舞步起伏连绵，舞步优美柔和，舞姿轻盈优雅。

2. 维也纳华尔兹

维也纳华尔兹舞曲节奏为3/4拍的快板，旋律流畅华丽，每分钟56～60小节，每小节为三拍，第一拍为重拍，第四拍为次重拍。基本步伐是六拍走六步，两小节为一循环，第一小节为一次起伏"1、2、3、4、5、6"。基本动作是左右快速旋转步，通过完成反身、倾斜、摆荡、升降等技巧，使舞步轻松明快。

3. 探戈

探戈舞曲节奏为2/4拍的切分音，节奏明快，在实际演奏时，将每个四分音符化为两个八分音符，使每一小节有四个八分音符。每分钟约为30小节，一小节四拍，慢为两拍，快为一拍（SSQQ）"1-2、3-4、5、6"。探戈舞步最显著的特点是"蟹行猫步"。当舞步需要前进时，舞者却作横行移动；当舞步需要后退时，舞者却作横向向前斜移。同时，探戈舞者的舞步常常随音乐节拍的变化而时快时慢，探戈舞步具有欲进还退、快慢错落、动静有致的特点。舞步华丽高雅、热烈狂放且变化无穷，交叉步、踢腿、跳跃、旋转令人眼花缭乱。

4. 狐步舞

狐步舞舞曲节奏为4/4拍，旋律优雅，每分钟约为30小节，一小节四拍，第一拍为重拍，第三拍为次重拍，慢为二拍，快为一拍"1-、2-、34"。狐步舞要求身体挺直，膝关节放松，臀部和髋要固定。前进时脚步与地面轻轻摩擦移动，后退时不能将鞋跟重重在地板上拖曳，前进或后退时用半身引导并要让力量保持向前或向后，舞步衔接圆滑。狐步舞是斜侧的摆荡。通常的升降是第一步结尾开始上升，第二、三步保持上升，然后在第三步结尾下降，第四步继续下降，起伏的形态成抛物线形。狐步舞的风格特点是流动感强、动作轻盈、舒展流畅、平稳大方、悠闲从容。

5. 快步舞

快步舞舞曲节奏为 4/4 拍，音乐欢快，节奏感强，每分钟 50～52 小节，基本节奏为慢慢快快，慢快快慢。舞步升降形态通常为，第一步结尾时开始上升，第二、三步继续上升，第四步保持上升，结尾时下降"1-、2-、3、4、5-、6、7、8-"。快步舞属于侧行运动，动作较快，是摆荡加快速移动，具有跳跃性。做跳跃步时，不要跳离地面过高，只要足尖刚刚离地即可。快步舞舞步轻快活泼、圆滑流利、奔放灵活、快速多变、富于跳跃性。

(二)拉丁舞系列

拉丁舞系列包括伦巴、恰恰恰、桑巴、牛仔和斗牛舞。

1. 伦巴

伦巴舞曲节奏为 4/4 拍，每分钟 27～29 小节。每小节四拍。乐曲旋律的特点是强拍落在每小节的第四拍。舞步从第四拍起跳，由一个慢步和两个快步组成。四拍走三步，慢步占二拍(第四拍和下一小节的第一拍)，快步各占一拍(第二拍和第三拍)"2、3、4-1"。舞步以扭胯、捻步为主。伦巴舞节奏稍缓，对身体动作的细节要求很高，每个舞者都要有稳定的重心。舞者之间的配合很重要，舞者手臂之间力量的传递更为重要。舞步特点是风格浪漫、舞姿迷人、讲究身体姿态、舞态柔媚、步法婀娜。

2. 恰恰恰

恰恰恰舞曲节奏为 4/4 拍，每分钟为 32～34 小节。舞曲热情奔放，节奏轻快，音符通常是短音或跳音，旋律活泼俏皮，诙谐风趣。每小节四拍走五步：慢慢快快慢，慢步一拍一步，快步一拍两步"2、3、4&1"。舞步强调紧凑利索的步伐和腰胯的扭动，步伐干脆利落，不拖泥带水。

3. 桑巴

桑巴舞曲节奏为 2/4 拍，每分钟 52～54 小节。重音在第二拍。舞步通过渐进式移动、定点式、曲折型舞步、游行般、彼此环绕呈现。舞步升降是由身体弹动产生，通常一拍作两个动作，前半拍升，后半拍降"1&2、3&4"。身体弹动是桑巴舞的特质。

4. 牛仔舞

牛仔舞舞曲节奏为 4/4 拍，旋律欢快热闹。每分钟 42～44 小节，六拍跳八步，前二拍，一拍一步，后四拍，二拍三步，"1、2、3&4、5&6"。舞步由踏步、并合步，结合跳跃、旋转等动作组成，要求脚掌踏地，腰胯作钟摆式摆动。舞步敏捷、跳跃感强、轻松欢快、热情奔放。

5. 斗牛舞

斗牛舞舞曲节奏为 2/4 拍或 6/8 拍的进行曲，雄壮威武。每分钟 60～62 小节，一拍一步，八拍为一个循环，重音在第一拍"1、2、3、4"。舞步模仿西班牙斗牛士的动作，象征斗牛士和吸引公牛注意的红斗篷，舞步干净利落、气宇轩昂、刚劲威猛。

(三)团体舞

团体舞，又称为队形舞，或队列舞，是摩登舞或拉丁舞的混合舞。每个团体舞由 8 对男女舞者组成，在音乐的引导下，将该系列中的5个舞种融合在一起，通过不断变换的队形变化形成丰富多彩的图案，是融音乐、舞蹈、队形、图案和选手们和谐配合的表演于一体的套路组合表现形式。同一系列的舞种，在音乐、节奏、步法、舞蹈技巧及表现风格上各有特色，队列队形编排是团体舞的关键，通过舞者的出色表现，达到完美的统一。

三、体育舞蹈场地介绍

体育舞蹈一般都是在平滑而有弹性的地板上进行，也可以在能容纳较多人的体育馆进行。

赛场地面应平整光滑，面积为15米×23米，赛场长的两条边线叫A线，短的两条边线叫B线。舞者的套路组合，一般按逆时针方向沿舞程线循序而进（图16-1）。

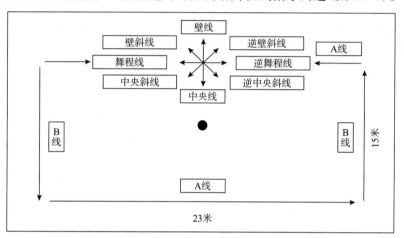

图16-1　体育舞蹈场地方位示意图

摩登舞的每个舞种都必须沿舞程线开始，以沿A线运动为主。

拉丁舞每个舞种的起舞位置都可以从舞池中央或沿舞程线开始。

舞程线是指舞池中舞者必须按逆时针方向行进的路线。

舞程线中，通常以男士面对舞程线方向为基准，对舞步的行进方向规定了八条线。

1. 舞程线

男士面对的方向，称为舞程线。

2. 逆舞程线

男士背对的方向，称为逆舞程线。

3. 中央线

男士左肩方向即左转1/4（90°）所面对的方向为舞池中央，称为中央线。

4. 中央斜线

男士左前方即左转1/8（45°）所面对的方向朝中央线倾斜，称为中央斜线。

5. 逆中央斜线

男士左后方即左转3/8（135°）所面对的方向朝中央线逆向倾斜，称为逆中央斜线。

6. 壁线

男士右肩方向即右转 1/4（90°）所面对的方向为四壁，称为壁线。

7. 壁斜线

男士右前方即右转 1/8（45°）所面对的方向朝壁线倾斜，称为壁斜线。

8. 逆壁斜线

男士右后方即右转 3/8（135°）所面对的方向朝壁线逆向倾斜，称为逆壁斜线。

四、体育舞蹈着装要求

(一) 着装基本要求

1. 身体私密区域（IA）

身体私密区域必须用不透明面料直接覆盖或者用透明面料结合不透明面料覆盖。若选用肉色面料，则必须另外用装饰物覆盖。女士不允许穿丁字裤，不允许穿肉色内裤，必须覆盖胸部，胸衣的两个罩杯间距不得大于 5 厘米。

2. 形态区域（SA）

形态区域是必须要有覆盖物的身体区域，是服装区域范围的最小尺度。本区域可以使用任何颜色包括透明的面料。

3. 臀线（HL）

臀线是内裤最顶端，必须高于能看到臀部肌肉的地方，以水平直线以下看不见两个臀部肌肉之间的顶端（包括臀沟线）为准。

4. 裤线（PL）

裤线是内裤最底端，从后面看应完全遮盖臀部，从前面看必须遮盖大腿和身体的弯曲处（即腹股沟）。内裤顶线到底线的长度，从侧面看必须超过 5 厘米。

(二) 表演比赛着装要求

1. 摩登舞

男士：黑色西服套装（黑色长裤、黑色西服外套、白色衬衣配黑色领结），黑色燕尾服套装（黑色长裤，黑色燕尾服外套，白色燕尾服衬衣配白色领结，白色腰封）。

以上黑色服饰均可用深蓝色代替。

女士：晚礼服式长裙，不允许穿分体裙装。裙装最短需盖过双膝，裙长不得超过脚踝。若裙装为开叉款式，开叉高度不得超过膝盖。

2. 拉丁舞

男士：任何颜色上衣，除肉色以外的任何颜色长裤。

女士：允许穿分体裙装，但上衣不能仅穿比基尼或体操服，需外配短裙。

3. 发型

男士：留绅士派的分头，前发不遮耳，后发不过领。

女士：短发或长发盘髻，保持发型清爽、干净、利落。

五、体育舞蹈礼仪

参加体育舞蹈的舞者应遵循互相尊重、亲善友好的行为准则。

在参加体育舞蹈活动中，对每个动作都应按照标准完成，这既是体育舞蹈项目本身的要求，也是对观众的一种尊重。

舞者进场后和退场前都应行礼，男士行点头礼，女士行屈膝礼。

舞者进场时，通常采用男士手挽女士进场的方式，将女士迎送至起舞位置，舞者向观众行礼，男士也可以引导女士做一个旋转动作后再行礼，然后男女分开相向站立。

进场时，后入场的舞者不得从先入场的舞者中间穿过，不能紧贴其他舞者站立，也不得遮挡其他舞者。

起舞时，男士伸出左手做出邀请姿势，女士做出回应，迎向男士至起势动作，然后交手共舞。

舞曲结束后，舞者需要向观众行礼后，男士手挽女士退场。

第二节　体育舞蹈基本动作

一、拉丁舞基本动作

(一) 基本姿态

拉丁舞的基本站姿要求：双脚并立，身体挺拔，收腹、提臀，沉肩、挺胸，头、肩、胯三点成一线，双眼平视，立颈，下颌稍内收 (图 16-2)。

基本站姿可以演化成不同的预备站姿，如单腿屈膝点地立、侧点站立 (旁站位)、前点站立 (后站位)、后点站立 (前站位) 等 (图 16-3～图 16-6)。

图 16-2　基本站姿　图 16-3　单腿屈膝　图 16-4　侧点站立　图 16-5　前点站立　图 16-6　后点站立
　　　　　　　　　　　　点地立

（二）基本手位

拉丁舞的基本手位包括前手位、旁手位、后手位、上手位、侧行手位等（图16-7～图16-11）。

图16-7 前手位　图16-8 旁手位　图16-9 后手位　图16-10 上手位　图16-11 侧行手位

（三）基本手型

拉丁舞基本手型要求五指尽力张开，大拇指与小指相对，女士可以中指下压（图16-12）。

图16-12 拉丁舞基本手型

（四）双人基本站位

1. 闭式位

闭式位时，男女舞者面对面站立。男士右臂向前抬起，右手置于女士背后，轻托女士左肩胛骨下半部，女士左臂轻靠在男士右臂上方，左手轻置于男士右肩上。男士左臂抬起与右臂同高，向上曲臂，握住女士右手，手心与鼻子同高（图16-13）。

图16-13 双人闭式位

2. 开式位

开式位时，男女舞者面对面站立。男士左手（手心向上）牵女士右手（手心向下），也可以不牵手（图 16-14）。

图 16-14　双人开式位

3. 侧行位

侧行位分为闭式侧行位和开式侧行位。以开式侧行位为例，在开式位上男女各向外转 1/8，重心可以落在前脚（或后脚），两人身体微微张开成 V 字形站立（图 16-15）。

图 16-15　双人侧行位

4. 扇形位

扇形位时，男士重心在右脚，左脚侧点；女士在男士左侧稍前站立，重心在左脚，右脚前点，与男士成 90° 扇形站位；男士左手（手心向上）牵女士右手（手心向下）（图 16-16）。

图 16-16　双人扇形位

5. 影子位

影子位时，女士位于男士侧前方，面对同一方向，形影相随的位置（图16-17）。

图16-17 双人影子位

二、伦巴

伦巴动作要领：上身保持挺拔，腹部收紧；支撑腿挺立，腿部线条透过脚尖延伸出去，始终保持好身体的平衡；迈腿时经过脚边向外迈，身体重心的移动要与音乐节拍相吻合，第1拍压住，第2拍起步，动作柔和细腻，婀娜多姿，柔中有韧劲。

双人动作配合很重要，男士引领，女士跟随，体会身体核心部位力量透过手臂传递给对方时的作用力与反作用力。

（一）单人基本动作

1. 原地律动

动作节拍：2、3、4-1。

（1）并腿律动

第2拍：重心留在左腿压胯，右腿稍屈膝内扣（图16-18）。

第3拍：重心移至右腿，右腿伸直压胯，左腿稍屈膝内扣（图16-19）。

第4-1拍：重心移至左腿，左腿伸直压胯，右腿稍屈膝内扣（图16-20）。

图16-18 第2拍　　　　图16-19 第3拍　　　　图16-20 第4-1拍

（2）分腿律动

第2拍：重心移至左腿压胯（图16-21）。

第3拍：重心移至右腿压胯（图16-22）。

第4-1拍：重心移至左腿压胯（图16-23）。

图16-21　第2拍　　　　　图16-22　第3拍　　　　　图16-23　第4-1拍

2. 基本步

伦巴基本步，根据出脚方向，可分为前后基本步、左右基本步。前后左右可交替练习。
动作节拍：2、3、4-1。

（1）右基本步

第2拍：右脚收至左脚旁，重心移至右腿压胯，同时左腿稍屈膝内扣（图16-24）。

第3拍：重心移至左腿压胯，同时右腿稍屈膝内扣（图16-25）。

第4-1拍：重心向右移同时右脚向侧一步至重心移至右腿压胯，左腿伸直（图16-26）。

图16-24　第2拍　　　　　图16-25　第3拍　　　　　图16-26　第4-1拍

（2）左基本步

第2拍：左脚收至右脚旁，重心移至左腿压胯，同时右腿稍屈膝内扣（图16-27）。

第3拍：重心移至右腿压胯，同时左腿稍屈膝内扣（图16-28）。

第4-1拍：重心向左移同时左脚向侧一步至重心移至左腿压胯，右腿伸直（图16-29）。

图 16-27　第 2 拍　　　　图 16-28　第 3 拍　　　　图 16-29　第 4-1 拍

3. 库克拉恰

动作节拍：2、3、4-1。

（1）右库克拉恰

第 2 拍：重心移到右腿压胯，同时左腿伸直左脚侧点（图 16-30）。

第 3 拍：重心移至左腿压胯，同时右腿伸直右脚侧点（图 16-31）。

第 4-1 拍：右脚收至左脚旁，重心移至右腿压胯，同时左腿屈膝稍内扣（图 16-32）。

图 16-30　第 2 拍　　　　图 16-31　第 3 拍　　　　图 16-32　第 4-1 拍

（2）左库克拉恰

第 2 拍：左脚向侧一步，重心移到左腿压胯，同时右腿伸直右脚侧点（图 16-33）。

第 3 拍：重心移至右腿压胯，同时左腿伸直左脚侧点（图 16-34）。

第 4-1 拍：左脚收至右脚旁，重心移至左腿压胯，同时右腿屈膝稍内扣（图 16-35）。

图 16-33　第 2 拍　　　　图 16-34　第 3 拍　　　　图 16-35　第 4-1 拍

4. 方形步

动作节拍：2、3、4-1。

（1）后退方形步

第2拍：右脚向后一步，重心移至右腿（图16-36）。

第3拍：重心前移至左腿（图16-37）。

第4-1拍：右脚经过左脚旁向右一步，重心移至右腿（图16-38）。

图16-36　第2拍正、侧面　　　　　　　　图16-37　第3拍正、侧面

图16-38　第4-1拍正、侧面

（2）前进方形步

第2拍：左脚经过右脚旁向前一步，重心移至左腿（图16-39）。

第3拍：重心后移至右腿（图16-40）。

第4-1拍：左脚经过右脚旁向左一步，重心移至左腿（图16-41）。

图16-39　第2拍正、侧面　　　　　　　　图16-40　第3拍正、侧面

图 16-41 第 4-1 拍正、侧面

5. 手接手

动作节拍：2、3、4-1。

(1) 右手接手

第 2 拍：右转 1/4(90°) 右脚后退一步，重心移至右腿 (图 16-42)。

第 3 拍：重心前移至左腿 (图 16-43)。

第 4-1 拍：左转 1/4(90°) 右脚向侧一步，重心移至右腿 (图 16-44)。

图 16-42 第 2 拍   图 16-43 第 3 拍   图 16-44 第 4-1 拍

(2) 左手接手

第 2 拍：左转 1/4(90°) 左脚后退一步，重心移至左腿 (图 16-45)。

第 3 拍：重心前移至右腿 (图 16-46)。

第 4-1 拍：右转 1/4(90°) 左脚向侧一步，重心移至左腿 (图 16-47)。

图 16-45 第 2 拍   图 16-46 第 3 拍   图 16-47 第 4-1 拍

6. 定点转

动作节拍：2&、3&、4-1。

（1）向左定点转

第2拍：左转 1/4（90°）右脚经过左脚旁向前一步，重心移至右腿（图16-48）。

&：以右脚为定点左转 1/4（90°）（图16-49）。

第3拍：重心前移至左腿（图16-50）。

&：左转 1/4（90°）右脚经过左脚旁（图16-51）。

第4-1拍：右脚向侧一步，重心移至右腿（图16-52）。

图16-48　第2拍　　　图16-49　&　　　图16-50　第3拍　　　图16-51　&　　　图16-52　第4-1拍

（2）向右定点转

第2拍：右转 1/4（90°）左脚经过右脚旁向前一步，重心移至左腿（图16-53）。

&：以左脚为定点右转 1/4（90°）（图16-54）。

第3拍：重心前移至右腿（图16-55）。

&：右转 1/4（90°）左脚经过右脚旁（图16-56）。

第4-1拍：左脚向侧一步，重心移至左腿（图16-57）。

图16-53　第2拍　　　图16-54　&　　　图16-55　第3拍　　　图16-56　&　　　图16-57　第4-1拍

（二）双人基本动作

1. 方形步

预备姿势：闭式位。

动作节拍：2、3、4-1。

（1）男进女退方形步

第2拍：男步左脚经过右脚旁向前一步，重心移至左腿；女步右脚经过左脚旁后退一步，重心移至右腿（图16-58）。

第3拍：男步重心后移至右腿；女步重心前移至左腿（图16-59）。

第4-1拍：男步左脚经过右脚旁向左一步，重心移至左腿；女步右脚经过左脚旁向右一步，重心移至右腿（图16-60）。

图16-58　第2拍　　　图16-59　第3拍　　　图16-60　第4-1拍

（2）男退女进方形步

第2拍：男步右脚经过左脚旁后退一步，重心移至右腿；女步左脚经过右脚旁向前一步，重心移至左腿（图16-61）。

第3拍：男步重心前移至左腿；女步重心后移至右腿（图16-62）。

第4-1拍：男步右脚经过左脚旁向右一步，重心移至右腿；女步左脚经过右脚旁向左一步，重心移至左腿（图16-63）。

图16-61　第2拍　　　图16-62　第3拍　　　图16-63　第4-1拍

2. 手接手

准备姿势：开式位。

动作节拍：2、3、4-1。

（1）向左转

第2拍：男步左转1/4（90°）左脚后退一步，重心移至左腿；女步右转1/4（90°）右脚后退一步，重心移至右腿（图16-64）。

第3拍：男步重心前移至右腿；女步重心前移至左腿（图16-65）。

第4-1拍：男步右转1/4（90°）左脚经过右脚旁向侧一步，重心移至左腿；女步左转1/4（90°）右脚经过左脚旁向侧一步，重心移至右腿（图16-66）。

图16-64　第2拍　　　　　图16-65　第3拍　　　　　图16-66　第4-1拍

（2）向右转

第2拍：男步右转1/4（90°）右脚后退一步，重心移至右腿；女步左转1/4（90°）左脚后退一步，重心移至左腿（图16-67）。

第3拍：步男步重心前移至左腿；女步重心前移至右腿（图16-68）。

第4-1拍：男步左转1/4（90°）右脚经过左脚旁向侧一步，重心移至右腿；女步右转1/4（90°）左脚经过右脚旁向侧一步，重心移至左腿（图16-69）。

图16-67　第2拍　　　　　图16-68　第3拍　　　　　图16-69　第4-1拍

3. 臂下右转步

准备姿势：开式位。

动作节拍：2、3、4、1。

第2拍：男步重心保持在左腿，右脚收至左脚旁，左手上提引导女士从臂下转动；女步跟随男士引导右转1/4（90°），同时左脚向前一步（图16-70）。

第3拍：男步右脚经过左脚旁后退一步，重心移至右腿；女步继续转动完成一个定点转（图16-71）。

第4拍：男步重心前移至左腿；女步重心前移至右腿（图16-72）。

第1拍：男步右脚经过左脚旁向右一步，重心移至右腿；女步继续右转，左脚经过右脚旁向左一步，重心移至左腿（图16-73）。

图16-70 第2拍正、侧面   图16-71 第3拍   图16-72 第4拍   图16-73 第1拍

4. 扇形步

准备姿势：开式位。

动作节拍：2、3、4-1。

第2拍：男步右脚后退一步，重心移至右腿；女步左脚前进一步，重心移至左腿（图16-74）。

第3拍：男步重心前移至左腿；女步左转1/8（45°）右脚向前一步，重心移至右腿（图16-75）。

第4-1拍：男步右脚经过左脚旁向右一步，重心移至右腿；女步左转1/4（90°）左脚经右脚旁后退一步，重心移至左腿（图16-76）。

图16-74 第2拍   图16-75 第3拍   图16-76 第4-1拍

5. 曲棍步

准备姿势：扇形位。

动作节拍：2、3、4-1，2、3&、4-1。

第2拍：男步左脚向前一步，重心移至左腿；女步右脚并于左脚，重心移至右腿（图16-77）。

第3拍：男步重心后移至右腿；女步左脚向前一步，重心移至左腿（图16-78）。

第4-1拍：男步左脚并于右脚，重心移至左腿；女步右脚向前一步，重心移至右腿（图16-79）。

第2拍：男步右脚后退一步，重心移至右腿；女步左脚向前一步，重心移至左腿（图16-80）。

第3拍：男步重心前移至左腿；女步右脚向前一步，重心移至右腿（图16-81）。

&：女步左转1/2（180°）重心留在右腿，左脚前点（图16-82）。

第4-1拍：男步右脚向前一步，重心移至右腿；女步左脚后退一步，重心移至左腿（图16-83）。

图16-77　第2拍　　　　图16-78　第3拍　　　　图16-79　第4-1拍

图16-80　第2拍　　　图16-81　第3拍　　　　图16-82　&　　　　图16-83　第4-1拍

6. 纽约步

准备姿势：开式位。

动作节拍：2、3、4-1。

第2拍：男步右转1/4（90°）左脚经过右脚旁向前一步，重心移至左腿；女步左转1/4（90°）右脚经过左脚旁向侧一步，重心移至右腿（图16-84）。

第3拍：男步重心后移至右腿；女步重心后移至左腿（图16-85）。

第4-1拍：男步左转1/4（90°）左脚经过右脚旁向侧一步，重心移至左腿；女步右转1/4（90°），右脚经过左脚旁向侧一步，重心移至右腿（图16-86）。

第2拍：男步左转 1/4（90°）右脚经过左脚旁向前一步，重心移至右腿；女步右转 1/4（90°）左脚经过右脚旁向前一步，重心移至左腿（图 16-87）。

第3拍：男步重心后移至左腿；女步重心后移至右腿（图 16-88）。

第4-1拍：男步右转 1/4（90°），右脚经过左脚旁向侧一步，重心移至右腿；女步左转 1/4（90°）左脚经过右脚旁向侧一步，重心移至左腿（图 16-89）。

图 16-84　第2拍

图 16-85　第3拍

图 16-86　第4-1拍

图 16-87　第2拍

图 16-88　第3拍

图 16-89　第4-1拍

（三）套路组合范例

1. 单人伦巴套路

（1）单人组合 1

预备姿势（并腿立）——原地律动——后退基本步——前进基本步——方形步——手接手——库克拉恰

（2）单人组合 2

预备姿势（并腿立）——原地律动——库克拉恰——前后基本步——定点转——左右基本步——定点转——方形步

2. 双人伦巴套路

（1）双人组合 1

准备姿势（闭合位）——方形步——扇形步——曲棍步——纽约步——手接手——定点转——库克拉恰

（2）双人组合 2

准备姿势（闭合位）——方形步——扇形步——曲棍步——前进走步——后退走步——臂下右转步——手接手——纽约步——定点转

三、恰恰恰

恰恰恰动作要领：上身保持挺拔，腹部收紧；支撑腿挺立，腿部线条透过脚尖延伸出去，始终保持好身体的平衡；迈腿时经过脚边向外迈，身体重心的移动要与音乐节拍相吻合；跳恰恰恰时，身体重心要保持平稳，不要上下跳动；动作热情奔放、干净利落、节奏感强。

双人动作配合很重要，男士引领，女士跟随，体会身体核心部位力量透过手臂传递给对方时的作用力与反作用力。

（一）单人基本动作

1. 锁步

动作节拍：2&3、4&1。

（1）前进锁步

第 2 拍：右脚向前一步，重心移至右腿（图 16-90）

&：左腿并于右腿后，稍屈膝前后夹紧（图 16-91）。

第 3 拍：左腿蹬直同时右脚向前一步，重心快速移至右腿（图 16-92）。

第 4 拍：左脚向前一步，重心移至左腿（图 16-93）。

&：右腿并于左腿后，稍屈膝前后夹紧（图 16-94）。

第 1 拍：右腿蹬直同时左脚向前一步，重心快速移至左腿（图 16-95）。

图 16-90　第 2 拍　　　　图 16-91　&　　　　图 16-92　第 3 拍

图16-93 第4拍 　　　　图16-94 &　　　　图16-95 第1拍

（2）后退锁步

第2拍：右脚后退一步，重心移至右腿（图16-96）。

&：左腿并于右腿前，稍屈膝前后夹紧（图16-97）。

第3拍：左腿蹬直同时右脚后退一步，重心快速移至右腿（图16-98）。

第4拍：左脚后退一步，重心移至左腿（图16-99）。

&：右腿并于左腿前，稍屈膝前后夹紧（图16-100）。

第1拍：右腿蹬直同时左脚后退一步，重心快速移至左腿（图16-101）。

图16-96 第2拍 　　　　图16-97 &　　　　图16-98 第3拍

图16-99 第4拍 　　　　图16-100 &　　　　图16-101 第1拍

2. 方形步

动作节拍：2、3、4&1。

（1）后退方形步

第2拍：右脚经过左脚旁后退一步，重心移至右腿（图16-102）。

第3拍：重心前移至左腿（图16-103）。

第4拍：右脚经过左脚旁向右一步，重心移至右腿（图16-104）。

&：左腿并于右腿，稍屈膝夹紧（图16-105）。

第1拍：左腿蹬直同时右脚向右一步，重心快速移至右腿（图16-106）。

图16-102　第2拍　图16-103　第3拍　图16-104　第4拍　　图16-105　&　　图16-106　第1拍

（2）前进方形步

第2拍：左脚经过右脚旁向前一步，重心移至左腿（图16-107）。

第3拍：重心后移至右腿（图16-108）。

第4拍：左脚经过右脚旁向左一步，重心移至左腿（图16-109）。

&：右腿并于左腿，稍屈膝夹紧（图16-110）。

第1拍：右腿蹬直同时左脚向左一步，重心快速移至左腿（图16-111）。

图16-107　第2拍　图16-108　第3拍　图16-109　第4拍　　图16-110　&　　图16-111　第1拍

3. 闭式扭臀步

动作节拍：2、3、4&1。

第2拍：右脚经过左脚旁后退一步，重心移至右腿（图16-112）。

第3拍：重心前移至左腿（图16-113）。

第4拍：右脚并于左脚旁，同时右腿屈膝向左转1/4(90°)与身体形成拧转（图16-114）。

&：快速转换重心至右腿同时，右腿伸直左腿屈膝右转 3/8（135°）与身体形成拧转（图16-115）。

第1拍：左腿蹬直同时右脚经过左脚旁向右一步，重心快速移至右腿（图16-116）。

图 16-112　第 2 拍　图 16-113　第 3 拍　图 16-114　第 4 拍　　图 16-115　&　　图 16-116　第 1 拍

4. 朗德追步

动作节拍：2、3、4&1。

第2拍：左脚向前一步，重心移至左腿（图16-117）。

第3拍：重心后移至右腿同时左腿伸直，左脚经前向左向后在地上画弧线（图16-118）。

第4拍：左脚收至右脚后（稍屈膝），重心移至左腿（图16-119）。

&：重心移至右腿（稍屈膝）（图16-120）。

第1拍：右腿蹬直同时左脚经过右脚旁向左一步，重心快速移至左腿（图16-121）。

图 16-117　第 2 拍　　　　　图 16-118　第 3 拍

图 16-119　第 4 拍　　　图 16-120　&　　　图 16-121　第 1 拍

5. 古巴断步

动作节拍：2&、3&、4&1。

第 2 拍：左脚向右前方一步，左腿在右腿前交叉，重心移至左腿，左腿伸直，右脚前脚掌支撑，右腿稍屈膝，两腿中间夹紧（图 16-122）。

&：重心后移至右腿（图 16-123）。

第 3 拍：左脚向侧一步，重心移至左腿（图 16-124）。

&：重心移至右腿（图 16-125）。

第 4 拍：左脚向右前方一步，左腿在右腿前交叉，重心移至左腿，右腿伸直，右脚前脚掌支撑，右腿稍屈膝，两腿中间夹紧（图 16-126）。

&：重心后移至右腿（图 16-127）。

第 1 拍：左脚向侧一步（图 16-128）。

图 16-122　第 2 拍　　　图 16-123　&　　　图 16-124　第 3 拍　　　图 16-125　&

图 16-126　第 4 拍　　　图 16-127　&　　　图 16-128　第 1 拍

6. 时间步

动作节拍：2、3、4&1。

第 2 拍：并腿重心移至右腿，右腿伸直，左腿稍屈膝（图 16-129）。

第 3 拍：重心移至左腿，左腿伸直，右腿稍屈膝（图 16-130）。

第 4 拍：右脚向右一步，重心移至右腿（图 16-131）。

&：左脚并于右脚，重心移至左腿（图 16-132）。

第1拍：右脚继续向右一步，重心移至右腿（图16-133）。

图16-129 第2拍 图16-130 第3拍 图16-131 第4拍 图16-132 & 图16-133 第1拍

（二）双人基本动作

1. 方形步

准备姿势：闭式位。

动作节拍：2、3、4&1。

（1）男进女退方形步

第2拍：男步左脚经过右脚旁向前一步，重心移至左腿；女步右脚经过左脚旁后退一步，重心移至右腿（图16-134）。

第3拍：男步重心后移至右腿；女步重心前移至左腿（图16-135）。

第4拍：男步左脚经过右脚旁向左一步，重心移至左腿；女步右脚经过左脚旁向右一步，重心移至右腿（图16-136）。

&：男步右脚并于左脚；女步左脚并于右脚（图16-137）。

第1拍：男步右腿蹬直同时左脚向左一步，重心移至左腿；女步左腿蹬直同时右脚向右一步，重心移至右腿（图16-138）。

图16-134 第2拍 图16-135 第3拍 图16-136 第4拍 图16-137 & 图16-138 第1拍

（2）男退女进方形步

第2拍：男步右脚经过左脚旁后退一步，重心移至右腿；女步左脚经过右脚旁向前一步，重心移至左腿（图16-139）。

第3拍：男步重心前移至左腿；女步重心后移至右腿（图16-140）。

第4拍：男步右脚经过左脚旁向右一步，重心移至右腿；女步左脚经过右脚旁向左一步，重心移至左腿（图16-141）。

&：男步左脚并于右脚；女步右脚并于左脚（图16-142）。

第1拍：男步左腿蹬直同时右脚向右一步，重心移至右腿；女步右腿蹬直同时左脚向左一步，重心移至左腿（图16-143）。

图16-139 第2拍 图16-140 第3拍 图16-141 第4拍　图16-142 &　图16-143 第1拍

2. 手对手

准备姿势：开式位。

动作节拍：2、3、4&1。

第2拍：男步左转1/4(90°)左脚经右脚旁后退一步，重心移至左腿；女步右转1/4(90°)右脚经左脚旁后退一步，重心移至右腿（图16-144）。

第3拍：男步重心前移至右腿；女步重心前移至左腿（图16-145）。

第4拍：男步右转1/4(90°)左脚经右脚旁向左一步，重心移至左腿；女步左转1/4(90°)右脚经左脚旁向右一步，重心移至右腿（图16-146）。

&：男步右脚并于左脚；女步左脚并于右脚（图16-147）。

第1拍：男步右腿蹬直同时左脚继续向左一步，重心移至左腿；女步左腿蹬直同时右脚继续向右一步，重心移至右腿（图16-148）。

图16-144 第2拍 图16-145 第3拍 图16-146 第4拍　图16-147 &　图16-148 第1拍

第2拍：男步右转1/4(90°)右脚经左脚旁后退一步，重心移至右腿；女步左转1/4(90°)左脚经右脚旁后退一步，重心移至左腿（图16-149）。

第3拍：男步重心前移至左腿；女步重心前移至右腿（图16-150）。

第4拍：男步左转 1/4(90°) 右脚经左脚旁向右一步，重心移至右腿；女步右转 1/4(90°) 左脚经右脚旁向左一步，重心移至左腿 (图 16-151)。

&：男步左脚并于右脚；女步右脚并于左脚 (图 16-152)。

第1拍：男步左腿蹬直同时右脚继续向右一步，重心移至右腿；女步右腿蹬直同时左脚继续向左一步，重心移至左腿 (图 16-153)。

图 16-149　第2拍　图 16-150　第3拍　图 16-151　第4拍　　图 16-152　&　图 16-153　第1拍

3. 扇形步

准备姿势：闭式位。

动作节拍：2、3、4&1。

第2拍：男步右脚经过左脚旁后退一步，重心移至右腿；女步左脚向前一步，重心移至左腿 (图 16-154)。

第3拍：男步重心前移至左腿；女步左转 1/4(90°) 右脚后退一步，重心移至右腿 (图 16-155)。

第4拍：男步右脚收至左脚旁；女步左脚后退一步，重心移至左腿 (图 16-156)。

&：男步重心移至右腿；女步右脚并于左脚稍屈膝 (图 16-157)。

第1拍：男步左腿蹬直同时右脚向右一步，重心移至右腿；女步右腿蹬直同时左脚继续后退一步 (图 16-158)。

图 16-154　第2拍　图 16-155　第3拍　图 16-156　第4拍　　图 16-157　&　图 16-158　第1拍

4. 曲棍步

准备姿势：扇形位。

动作节拍：2、3、4&1，2、3&、4&1。

第2拍：男步左脚经过右脚旁向前一步，重心移至左腿；女步右脚并于左脚，重心移至右腿（图16-159）。

第3拍：男步重心后移至右腿；女步左脚向前一步，重心移至左腿（图16-160）。

第4拍：男步左脚后退一步，重心移至左腿；女步右脚向前一步，重心移至右腿（图16-161）。

&：男步重心前移至右腿；女步左脚并于右脚后稍屈膝（图16-162）。

第1拍：男步左脚并于右脚，重心移至左腿；女步左腿蹬直同时右脚继续向前一步，重心移至右腿（图16-163）。

第2拍：男步右转1/8（45°）右脚后退一步，重心移至右腿；女步左脚继续向前一步，重心移至左腿（图16-164）。

第3拍：男步重心前移至左腿；女步右脚继续向前一步，重心移至右腿（图16-165）。

&：女步左转1/2（180°），重心留在右腿（图16-166）。

第4拍：男步右脚向前一步，重心移至右腿；女步左脚后退一步，重心移至左腿（图16-167）。

&：男步左脚并于右脚后稍屈膝；女步右脚并于左脚前稍屈膝（图16-168）。

第1拍：男步左脚蹬直同时右脚继续向前一步，重心移至右腿；女步右腿蹬直同时左脚继续后退一步，重心移至左腿（图16-169）。

图16-159　第2拍　图16-160　第3拍　图16-161　第4拍　　图16-162　&　　图16-163　第1拍

图16-164　第2拍　　图16-165　第3拍　　图16-166　&　　图16-167　第4拍

图16-168　&　　图16-169　第1拍

5. 纽约步

准备姿势：开式位。

动作节拍：2、3、4&1。

第2拍：男步右转1/4（90°）左脚向前一步，重心移至左腿；女步左转1/4（90°）右脚向前一步，重心移至右脚（图16-170）。

第3拍：男步重心后移至右腿；女步重心后移至左腿（图16-171）。

第4拍：男步左转1/4（90°）左脚向左一步，重心移至左腿；女步右转1/4（90°）右脚向右一步，重心移至右腿（图16-172）。

&：男步右脚并于左脚稍屈膝；女步左脚并于右脚稍屈膝（图16-173）。

第1拍：男步右腿蹬直同时左脚继续向左一步，重心移至左腿；女步左腿蹬直同时右脚继续向右一步，重心移至右腿（图16-174）。

第2拍：男步左转1/4（90°）右脚向前一步，重心移至右脚；女步右转1/4（90°）左脚向前一步，重心移至左腿（图16-175）。

第3拍：男步重心后移至左腿；女步重心后移至右腿（图16-176）。

第4拍：男步右转1/4（90°）右脚向右一步，重心移至右腿；女步左转1/4（90°）左脚向左一步，重心移至左腿（图16-177）。

&：男步左脚并于右脚稍屈膝；女步右脚并于左脚稍屈膝（图16-178）。

第1拍：男步左腿蹬直同时右脚继续向右一步，重心移至右腿；女步右腿蹬直同时左脚继续向左一步，重心移至左腿（图16-179）。

图16-170 第2拍 图16-171 第3拍 图16-172 第4拍 图16-173 & 图16-174 第1拍

图16-175 第2拍 图16-176 第3拍 图16-177 第4拍 图16-178 & 图16-179 第1拍

(三) 套路组合范例

1. 单人恰恰恰套路

(1) 单人组合 1

预备姿势 (并腿立) ——原地恰恰恰——前进后退恰恰恰——左右时间步——朗德追步——纽约步

(2) 单人组合 2

预备姿势 (前站位) ——前进追步——朗德追步——闭式扭臀步——时间步——身体波浪——古巴断步——击掌后退左转步

2. 双人恰恰恰套路

(1) 双人组合 1

准备姿势 (闭合位) ——方形步——手接手——扇形步——曲棍步——前后锁步——闭式扭臀——纽约步——古巴断步——时间步

(2) 双人组合 2

准备姿势 (闭合位) ——方形步——扇形步——曲棍步——前进走步——后退走步——臂下右转步——手对手——纽约步——定点转

第三节　体育舞蹈竞赛裁判法

一、体育舞蹈竞赛特点

(一) 比赛与表演相结合

一般在体育舞蹈比赛前、比赛中间或比赛结束时会穿插优秀选手的表演，使比赛气氛更加热烈。同时也给比赛选手、裁判员与工作人员充分的时间准备和休息。

(二) 淘汰法与顺位法相结合

淘汰法，是体育舞蹈比赛从预赛至半决赛所采用的淘汰制比赛方式，即根据竞赛编排从参赛人数中按规定录取一定比例的选手进入下一轮比赛，淘汰其余选手。

顺位法，是体育舞蹈比赛中所采用的确定单项和全能比赛名次的方式，即将决赛时评委给参赛选手评定的各种舞的名次，通过顺位排列的方法计算名次。

(三) 评分特点

体育舞蹈评分时，每个评委在 1 分 30 秒～2 分 30 秒时间内，要从 6～20 对选手中确定入选名单或名次顺序，这要求评委精力集中、业务熟练、眼光敏锐、反应迅速、判断正确。

二、体育舞蹈竞赛裁判法简介

(一) 裁判

体育舞蹈比赛裁判的人数应由单数组成，这是由于在比赛时，选手能否进入下一轮比赛，是依据裁判员的 2/3 或 3/5 的比例选票决定出来的。

一般比赛设 5～9 名裁判员 (国际比赛是 11 名)，从 6～20 对选手中确定入选选手名单或名次顺序。

(二) 评判依据

①基本技术：舞步准确、体态平稳、移动技巧。

②音乐运用：舞蹈动作与音乐的配合，体现音乐风格与节奏效果。

③舞蹈风格：对舞蹈风格的把控，个人风格的体现。

④动作编排：舞蹈动作流畅，运用自如，编排合理新颖，充分利用场地。

⑤临场表现：舞场上的应变能力，良好的竞技状态。

⑥赛场效果：舞者的气质、风度、服饰等总体印象。

第十七章　瑜伽

第一节　瑜伽概述

一、瑜伽运动的起源和发展

瑜伽发源于印度北部的喜马拉雅山麓地带，古印度瑜伽修行者在大自然中修炼身心时，无意中发现各种动物与植物天生具有治疗、放松、睡眠或保持清醒的方法。于是古印度瑜伽修行者根据动物的姿势观察、模仿并亲自体验，创立出一系列有益身心的锻炼系统。

据考证，瑜伽是古印度六大哲学派别中的一派。大约在公元4世纪前后，随着佛教的传播而传入中国。"瑜伽"一词早在唐代就已经出现，是梵文"Yoga"的音译，在唐代以前译成"相应"，有"联系、连接、结合"之意。

瑜伽发展至今经历了原始发展时期、韦达时期、前经典时期、经典时期、后经典时期、近现代时期几个阶段，具体内容如下。

原始发展时期：约公元前3000年至前15世纪。其中包括瑜伽的实践阶段，此时期仅有少数人修炼瑜伽，方法也比较原始，文字记载较少，以静坐、冥想及苦行的形式出现。

韦达时期：公元前15世纪至公元前8世纪，这一时期开始有有关瑜伽的文字记载，一系列吠陀经提出了瑜伽的概念，标志着瑜伽出现了系统性的记载。

前经典时期：公元前8世纪至公元前5世纪，瑜伽的基本观念开始形成。该阶段诞生了瑜伽经典著作《奥义书》。

后经典时期：公元2世纪至19世纪，瑜伽练习不再追求从现实中解脱，而是强调接受现实，在修行上经历了从重冥想到重体式的转变。圣哲帕坦伽利创作的《瑜伽经》是该时期的经典著作。

近现代时期：19世纪后，瑜伽出现了很多流派，练习者从注重精神修炼转向注重对身体姿势的练习，形式也更为多元化和普及化。

二、瑜伽的分类

瑜伽经过几千年的发展演变，形成了很多流派，有的以哲学思想为主，有的则注重身体锻炼，还有的注重调息等，不同的瑜伽派别其理论也有很大差别。

(一)古老瑜伽四大流派

从精神修炼的角度上说，瑜伽基本分为四个流派，分别是智瑜伽、业瑜伽、奉爱瑜伽和王瑜伽。这四个派分别代表了四种不同的精神理念，但都着重于对精神上、思想上或行为上的修炼，对于体式的要求则不太强调。

随着瑜伽发展至现代后，逐步强调对体式的练习，被人们熟知的哈达瑜伽就是王瑜伽精简后的瑜伽流派。哈达有"日月、对立、平衡"之意。哈达瑜伽主要练习通过控制身体和呼吸，达到内外平衡的效果。使身体各机能有序运转，从而使心灵获得宁静，变得祥和。哈达瑜伽注重生理，练习方法包括：体位法、呼吸法、冥想、休息、收束法、契合法和饮食。哈达瑜伽认为，人体包括两个体系，一为精神体系，二为肌体体系。人平常的思想活动大部分是无序骚乱的，是能力的浪费，比如疲劳、兴奋、哀伤、激动，只有一小部分用于维持生命。在通常情况下，如果这种失调现象不太严重时，通过休息、饮食便可自然恢复平衡，但是如果不能主动的自我克制和调节，这种失调会日益加剧并导致精神和机体上的疾病。体位法可以打破原有的骚乱，消除机体不安定的因素，停止恶性循环的运动；通过调息来清除体内神经系统的滞障，通过收束法控制身体的能量并加以利用；通过冥想来获得内心的平静。

(二) 现代瑜伽流派

在近代瑜伽修炼繁衍的过程中，哈达瑜伽中又发展出以下几种派系，以适应普通人平时的练习要求。

1. 阿斯汤加瑜伽

阿斯汤加瑜伽又称力量瑜伽，是哈达瑜伽中最讲求体力的。它一共有240个瑜伽姿势，以六组动作单元结合呼吸串联起来，借此提升身体的"热能"，进而强化身体。因为强调力量、柔韧度和元气，阿斯汤加瑜伽深受运动员和热爱剧烈运动的人喜爱。健身房通常会截取其中20～30个体式让身体柔韧度好、力量强的学员练习，长期的坚持训练会使身体的各个部分，包括肌肉、关节、心肺等达到一个和谐的最佳状态。

2. 艾扬格瑜伽

艾扬格瑜伽由国际著名的印度瑜伽大师 B.K.S.Iyengar 创立，他将瑜伽与医学科学相结合，借以缓和人们在生理及心理上的种种病痛。艾扬格瑜伽特别强调瑜伽姿势中身体各个部位的相互配合、绝对正确的位置和对肌肉收紧放松的控制，所以非常适合初学者，并能帮助他们建立良好的瑜伽姿势基础、改善身体姿势问题。艾扬格特别重视"站式"的锻炼，呼吸技巧则稍为次要。此外，他认为因受自身形体上的限制，练习者可借助道具来提高姿势的准确性，这些道具包括毛毡、砖、揽枕、椅子、绳子等。在一些瑜伽馆内，艾扬格瑜伽也被称为"辅助瑜伽"，非常适合男士、身体柔韧度不够理想、身体部分位置有不适感的学员练习。通过道具的辅助，会让人们对一些瑜伽体式不再感到恐惧，从而使身体在一段时间得到改善，逐步适应各个体式。

3. 昆达里尼瑜伽

昆达里尼瑜伽历史久远，它深信生命的能量 (Kundalini) 隐藏于尾椎部位，通过各种修行 (呼吸、姿势、唱声及冥想)，能量便会被启发、引导至脊椎的各个"气轮"上，而当"顶轮"被打通，人便能悟道。昆达里尼瑜伽强调几种呼吸的技巧：鼻孔的交替呼吸，缓慢、横膈膜的呼吸，以及一种叫"火焰"的呼吸法。练习过后，会感受到身体轻松，呼吸清澈，从而也能带来身体和精神上的彻底的放松、安静和集中。

4. 流瑜伽

流瑜伽是在阿斯汤加瑜伽和活力瑜伽的基础上，结合传统哈达瑜伽而产生的相对温和舒展的瑜伽流派。流瑜伽注重呼吸的配合及体式之间的衔接，体式的难度相对较低，与其他流派相比，比较灵动活泼、行云流水。

5. 阴瑜伽

阴瑜伽是注重对身体结缔组织锻炼的哈达瑜伽流派，以体式放松肌肉、坚持时间比较长为主要特征。阴瑜伽最先由保罗·格里瑞提出并推广，是根据中医经络学说和道家功法以及印度气轮理论建立的一种锻炼方法，体式安排以轻柔为主，不注重体式之间的连接和精细协调，比较适合于恢复性锻炼。

6. 热瑜伽

该流派由比克拉姆·乔杜瑞首创。比克拉姆是《一个瑜伽行者自传》的作者尤伽南达的弟弟尤俾斯奴·高斯的弟子，曾在 1964 年获得奥林匹克世界举重金牌。比克拉姆瑜伽流派的特点是以 26 个固定体式和调息方法为基础，并在 38～42℃的室温和一定的湿度下进行。这个流派的瑜伽教学较为激烈，需要学生有一定的体能基础。

第二节　瑜伽调息法和基本体式

一、瑜伽主要调息法

调息，梵文为 Prana yama，其中 Prana 是指生命的能量、呼吸的气息、生命之气，yama 的意思是"延长、控制"。因此，调息法就是对呼吸的控制和延续，也称为呼吸控制法。通过调息法的练习，我们可以获得对生命能量的控制，使神经系统安静下来，平息大脑的活动，使注意力更加集中，让身体和大脑产生宁静广阔的感觉，有助于唤醒机体内在潜藏的精神能量。

(一) 肩式呼吸

上肺部呼吸的呼吸法，因训练中锁骨的周围会动，所以又叫肩式呼吸。与胸式呼吸、腹式呼吸相比，肩式呼吸属于浅呼吸。

(二) 胸式呼吸

运用肋间肌的收缩牵动整个胸廓，利用肺的中部进行呼吸的方法。

方法：将意识集中于胸部，缓缓吸气，让肋骨向外扩张，将气缓缓呼尽，肋骨收回。

功效：其实每个人平时的呼吸都是胸式呼吸，只是比较浅短，经常练习这样深长的胸式呼吸，可以把体内的废气、淤气排出体外。

(三) 腹式呼吸

利用横膈膜的上下运动进行呼吸的方法，主要是使用下肺部呼吸。

方法：仰卧屈双膝，右手放在小腹上，拇指放在肚脐上，左手放在左侧肋间。深长地吸气，气体通过鼻腔直入肺底部，横膈膜下沉，用意识引导气息的深入，沉入小腹，感觉小腹向外隆起，将右手向外推。轻柔缓慢地呼气，小腹内收，感觉肚脐贴向脊柱方向，将体内的浊气、废气完全排出体外。如果在吸气的过程中，感觉到左手受到肋骨的推力，说明气息沉得不够低，只到达肺中部，慢慢练习往下调整。整个的呼吸过程中，胸腔、肋骨没有明显地外推。连续而缓慢地练习，不要有屏息的情况出现，训练过程感到不舒服或者憋气，就回到自然呼吸状态，等呼吸正常后重新开始。

功效：使下肺叶的肺泡在换气中得到锻炼，从而延缓老化，保持良好弹性，防止肺的纤维化。做腹式深呼吸，可使机体获得充足的氧气，精力充沛。

(四) 完全式呼吸

完全式呼吸是将胸式呼吸法和腹式呼吸法相结合的呼吸方法。它是瑜伽最完整、充分、基本的呼吸方法。完全呼吸法不仅能有效清理我们身体内部的毒素，还能补充生命的元气，对心灵的宁静、专注力的提高都有卓著的成效。

方法：缓慢深长的吸气，保持胸腔不动，小腹慢慢向外完全扩张，呼吸要非常慢，听不到任何呼吸的声音。感觉空气进入肺底部，完成腹部扩张后，胸腔自然地衔接腹部的扩张，肋骨向上向外扩张，腹部略微自然向内收缩，胸腔扩张完成后，锁骨和肩部微微上耸，把空气吸满肺部的最上端。此时，身体的其他部分是放松的。呼气时，最先放松肩膀、锁骨和胸腔上部，然后胸部向内向下收缩。最后尽量向内收缩腹部，使肺部的气体排空。在完全式呼吸的练习中，胸部、腹部犹如波浪起伏，均匀、柔和、有控制。

功效：完全式呼吸法给身体提供了大量的氧气，增加血液中的含氧量。同时，身体的肺部组织也会更加强壮，进而增强人体对感冒、支气管炎、哮喘以及其他呼吸道系统疾病的抵抗力。同时体能上的活力也会有明显的增长，心灵层面上也变得更为清醒。普通呼吸方法吸入的空气量大约为500毫升，而完全式呼吸法吸入的空气量可达3000～3500毫升。

(五) 蜂鸣调息法

蜂鸣调息法的准备姿势要求保持一种舒适的瑜伽坐姿，脊柱挺直。

方法：闭上双眼，放松全身。嘴巴在整个练习过程中都是闭紧的，通过两只鼻孔满满地吸气，蓄气不呼，进行收额收束法和会阴收束法，坚持几秒，然后恢复正常呼吸。将两手的食指轻柔地推进两外耳道，塞住两只耳朵。嘴巴继续闭紧，上下牙齿分开，然后缓缓呼气，产生一种如同蜜蜂一样的连绵不断的嗡嗡声。呼气应缓慢而有节律，将意识完全集中于声音的振动上面。完成上述三个步骤是一个回合。

功效：蜂鸣调息法能缓解紧张、焦虑和易怒的情绪，有助于降低血压，维持平和的心态，它还能消除咽喉不适，对嗓子非常有益。

(六) 圣光调息法

这是清洁头脑额区的一种功法，可以在任何时间练习，特别适合在冥想前练习。

方法：进行腹式呼吸，重点放在呼气上。让吸气慢慢地自发进行，只是微微地用力呼气，每次呼完之后稍做悬息，然后轻轻吸气。呼气50次，然后深深呼气，做收额收束法、收腹收束法和会阴收束法，将意识集中于眉心，感受空虚和宁静。接下来解除三种收束法，缓缓吸气，放松全身。这就完成了一轮，每次共做5轮。

功效：圣光调息法给予大脑充分的休息，并让人在空虚的状态中重获活力。这个功法有助于缓解脑血栓的形成。

二、基本体式

瑜伽体位法的梵文为 Asana，是指在某一个稳定、舒适的姿势上维持一段时间，借由一些扭转、弯曲、伸展的动作，及动作间的止息时间，刺激腺体、按摩内脏，达到松弛神经、伸展肌肉、强化身体、镇静心灵的功效。

根据体式姿势主要分为：站姿、坐姿、跪姿、蹲姿、卧姿、倒立。

根据体式躯干的运动关系主要分为：站立、前屈、后仰、扭转、平衡、开髋式、核心力量、倒立等。

(一) 站立式

1. 祈祷式

体式描述：挺身直立，双脚并拢，双手胸前合掌，放松全身，调匀呼吸。

功效：建立集中和宁静的状态，为练习做准备。

2. 三角伸展式

体式描述：两腿开立站至一条腿长度；吸气，左脚内转 30°，右脚外转 90°；呼气身体向右侧弯曲，右手置于右脚踝上，左臂双肩右臂在一条直线上，眼睛看左手方向。

功效：通过练习三角伸展式，控制四肢的运动来激活器官、腺体以及神经系统。这个体式可以强健韧带，提高身体的柔韧性。

3. 战士二式

体式描述：两腿开立站至一条腿长度，手臂侧展；吸气，左脚内转 30°，右脚外转 90°；呼气，弯曲右膝，右大腿与地面平行，右胫骨与地面垂直，头部转向右手，左脚踩实地面。

功效：有助于培养力量和耐力。此体式的各步骤能使四肢和躯干得到较大强度的锻炼，也能减轻颈部和肩部的僵硬，使膝部和髋关节更加灵活。

4. 战士一式

体式描述：两腿开立站至一条腿长度，手臂侧展，掌心朝下；吸气，双臂向上伸展，双手于头顶处合十；左脚内转 30°，右脚外转 90°，髋部转向右正前方；呼气，弯曲右膝，右大腿与地面平行，右胫骨垂直地面，眼看手掌内侧。

功效：消除下背部及肩部肌肉紧张，帮助胸部肌肉扩展，提高双膝和腿部柔韧性。

5. 加强侧伸展式

体式描述：吸气，两腿开立站至一条腿长度，左脚内转 60°，右脚外转 90°，双手背部合十，身体躯干转向右侧；呼气，身体向前弯曲，靠近右小腿，伸展背部。

功效：这个体式使胸部得到高强度的伸展，有规律地练习该体式可以刺激和强健肾脏。如果练习者能够非常舒适地处于最终姿势中，便可以感受到这种效果，此体式有助于减轻肩、颈和肘关节的僵硬。

（二）前屈式

1. 站立前屈式

体式描述： 山式站立，吸气，双臂向上展带动身体向前向下弯曲；呼气身体脸部贴向小腿，手肘弯曲。

功效： 在这个体式中，脊柱得到缜密而强烈的伸展。练习该体式有助于缓解身心疲劳并从中恢复元气。这个体式可以帮助那些患焦虑症或抑郁症的人们，使脊柱神经和脑细胞重新焕发活力。

2. 双角式

体式描述： 吸气，两腿开立站至一条腿长度，双手叉腰，抬头向后，身体前倾；呼气，身体前弯手掌放在两脚之间与肩同宽，眼看向前；将头顶置于双手之间贴地，手指脚跟位于一条线，双手肘向内弯曲，背部自然弯曲。

功效： 使背部、肩关节和双腿及跟腱韧带得到充分伸展。促进腹部脏器腺体的功能，改善便秘和坐骨神经痛，提高脊柱灵活性。

3. 单腿背部伸展式

体式描述： 手杖式，弯曲右膝，右脚后跟指向会阴；吸气，双臂向上伸展，躯干得到伸展；呼气，髋部向前弯曲，双手抓左脚，抬头伸展背部，前额贴向左小腿，保持背部平直。

功效： 此体式伸展脊柱的前侧，有助于减缓腿部肌肉和髋关节的僵硬，同时也提高了手臂从肩关节到指关节所有关节的柔韧性，头碰膝式等前屈体式也让前脑和心脏得到了休息。

4. 婴儿式

体式描述： 跪坐，吸气，臀坐脚跟上，脚尖碰触，膝盖稍稍分开；呼气，将胸部往大腿上带，直到前额碰触地板。

功效： 按摩腹部脏器，拉伸延长背部肌肉，舒缓精神。

（三）后仰式

1. 骆驼式

体式描述： 跪立在地板上，双膝略为分开。手臂自然垂放体旁，挺直脊柱。两手托住髋部；吸气，骨盆轻轻向前推，臀部肌肉收紧。上半身慢慢向后弯曲，先用一只手触摸同侧的脚跟。如果初学者触摸不到脚跟，可将脚跟立起来，脚趾控地；呼气，将另一只手放在同侧脚跟上，头向后放松，尽量向上推腰、胸到最大限度。保持均匀呼吸；吸气，双手依次托住后腰部，缓慢起身。呼气，臀部坐在脚跟上，身体和手臂向前伸放于地板上，额头抵地。

功效： 减轻背部、肩膀和脚踝的僵硬。伸展腹部脏器、喉部、甲状腺，扩展胸腔，有益肺脏。

2. 眼镜蛇式

体式描述： 俯卧位，双手稍微往前放，吸气用手肘的力量撑起上半身；通过颈部和下巴的动作将头部稍微向后仰；呼气把小腹向后挪，慢慢地将身体的重量从腹部转移到后背部。

头向上仰，面部放松。

功效：使脊柱富有弹性，改善背痛和较轻微的脊柱损伤。

3. 蝗虫式

体式描述：身体俯卧位，将身体俯卧在地板上，双手掌心向下放在髋骨下面，额头点地；吸气，将双腿尽可能地向后侧抬高，不要弯曲膝盖，保持臀部收紧；呼气，将双腿慢慢地放回到地板上，拿出双手，侧脸贴地，放松身体。

功效：使血液更多地流向脊柱，滋养脊柱神经，加强下背部和腰部肌肉力量。

4. 弓式

体式描述：俯卧位，弯曲双膝，用双手抓两脚处（如果抓不到，可抓住小腿），目视前方；吸气，将上身及两腿抬离地板，尽量向上拾起，整个人成"U"形，手臂伸直；呼气，头颈部后仰，收紧背部，保持均匀呼吸。呼气，身体回落垫子。

功效：强健全身肌肉，可缓解由于疲劳而产生的痛和僵硬。

（四）扭转式

1. 扭转脊柱式

体式描述：山式坐立，右脚跨过左膝平放在左膝外侧的垫子上；左脚脚后跟收至右臀处；伸出左手放在右大腿外侧，右手向后放在背后的垫子上，吸气，向上挺直脊柱；呼气，右手向右后方点地，肚脐以上身体向右后侧扭转，右肩向后打开，同时头平行转向右后侧。

功效：伸展脊柱，有助于缓解较轻的背痛。提高脊椎的灵活性，收细腰围，按摩内脏。对脊柱周边的肌肉及脊神经起刺激、兴奋的作用。对脊间盘错位有正位的作用，从而使各节脊椎和背部肌肉群更富有活力及弹性。

2. 半莲花脊柱扭转式

体式描述：坐姿位，双腿向前伸直，弯曲左腿放在右大腿根处，脚心朝上；呼气，左臂前伸，左手抓住右脚脚趾，上身转向右边，将右臂收向背部，右手揽住腰的左侧；吸气，然后呼气，同时头部和上身躯干尽量向右转，保持20秒自然呼吸，换另一侧。

功效：伸展、强化颈部肌肉，放松肩关节，活化脊柱，预防背痛。

3. 巴拉瓦加式

体式描述：手杖式坐姿，吸气弯曲双膝，小腿胫骨向左侧移动，臀部坐垫子上，左侧脚踝放于右足弓上；呼气，身体向右转，左手放于右膝，右手放于左侧臀部后面地面，保持扭转。

功效：有效扭转脊柱能够提高背部和躯干的灵活性，按摩、强健以及激活腹部器官。

4. 三角转动式

体式描述：两腿开立站至一条腿长度；深吸气，举起手臂与地面平行，双膝伸直；呼气，上体左转，弯曲躯干向下，右手放于两脚之间；左手臂向上与右手臂成一竖线，双眼看左手指尖。伸展双肩及肩胛骨，保持10～30秒；吸气，先收双手，再收躯干，最后两脚收回。

功效：加强腿部韧带和肌肉的拉伸，加强腰背部力量以及手臂和肩膀的伸展。

（五）平衡式

1. 树式

体式描述：山式站姿，重心放于左腿上，左脚内外侧均匀用力压实地面，抬右腿；吸气，两臂抬起，与肩膀同高；呼气，像做扩胸运动一样将两臂打开至身体两侧，两眼凝视于一点；吸气，将两臂向上抬起，手掌合于头顶正上方，两眼凝视于一点保持平衡，呼气将后背与手臂伸直。左右腿交替进行练习。

功效：加强腿部、背部、胸部肌肉力量。提高平衡感和专注能力，矫正不良体态。

2. 风吹树式

体式描述：山式站姿做准备。吸气，双手由体侧向头顶方向抬起，掌心合十，翻转掌心向上；呼气，以腰部为起点向一侧弯曲上体，双眼看天花板方向，保持正常呼吸；吸气，缓慢还原上体，保持脊柱挺直。调息后做反方向。

功效：增强肝、肾功能，减少腰部脂肪，塑造腰部、手臂完美曲线，改善头部的血液循环，提升气质，矫正不良体态。

3. 战士三式

体式描述：双腿打开与髋同宽。吸气时将双臂两侧上举，同时右腿向后略抬起，使脚离开地板，但不要弯曲右腿；呼气时将身体向前倾，直到你的身体和支撑腿成为 T 字形。

功效：增强脊柱的弹性和身体的均匀对称，腹部自动收起，身心变得更警觉，加强腹部器官内部的按摩，提高身体的平衡能力。

4. 舞蹈式

体式描述：山式站立，弯曲右膝，右手抓右脚背；吸气，左手臂举过头顶；呼气，上身微微前屈；吸气，右腿向后向上伸展，带动上身躯干向上，保持呼吸；吸气，立直上身，呼气，手臂还原；反向练习。

功效：强化下背部和臀部力量，改善腰部线条。

（六）开髋式

1. 束角式

体式描述：手杖式坐姿，弯曲双膝，双脚跟和脚掌相合，手指抓脚趾，脚后跟靠近会阴，脊柱挺直，呼气，身体前俯，前额贴向地面。

功效：有助于增进腹部、盆骨以及背部的血液循环。对于膝部、髋部以及骶髂关节的关节炎有辅助治疗的作用。

2. 坐角式

体式描述：手杖式坐姿，吸气，打开双腿，双手抓脚趾，伸展背部；呼气，弯曲髋部，向前转动骨盆，身体进一步朝前俯身，胸腔打开。

功效：提高髋部、下背部及大腿内侧灵活性。

3. 鸽子式

体式描述：吸气，右膝盖往前，前腿90°弯曲，左腿往后拉伸；呼气时上半身往前倾，胸部枕在大腿上，双手前伸。

功效：提高腿部柔韧性，按摩打开髋部，舒展胸腔肩颈。

4. 快乐婴儿式

体式描述：仰卧，双膝屈于胸前，向上举起双脚，小腿与地面垂直；双手握住两脚外侧边缘，两腿膝盖靠近腋窝，尾椎骨贴紧地面；保持这个姿势，以感觉舒适为限度，然后双脚放回地面，双膝弯曲。

功效：伸展髋部和骨盆部位。

(七) 核心力量

1. 猫式

体式描述：双膝跪地，分膝与臀部同一宽度，小腿及脚背紧贴在地上，脚板外翻。吸气时，慢慢地将盆骨翘高，腰向下微曲，形成一条弧线；呼气时，慢慢地把背部向上拱起，带动脸向下方，直至感到背部有伸展的感觉。

功效：有助于塑造臀形，帮助女性减缓痛经。

2. 平板式

体式描述：呼气，手臂打开，双手放于左脚两侧；勾右脚，撤左脚向后，双脚位于同一位置，保持背部、髋部、双腿后侧同一个平面，腹部收紧。

功效：增强身体核心部位力量，增强手臂力量。

3. 船式

体式描述：坐在地面上，双腿向前伸直；手掌放于臀部两侧，手指指向前方；背部挺直；呼气，躯干向后靠，同时从地面抬起双腿，膝盖绷直，使腿笔直，脚趾向前；用臀部来保持身体的平衡，脊椎挺直不含胸，腿部与地面保持60°～65°。脚的高度超过头部；双手离开地面，双臂向前伸直，与地面平行，靠近大腿。肩部和手掌应该在同一条水平线上，手掌相对。

功效：缓解腹部胀气，有助于减轻胃部疾患，同时可以减少腰部脂肪，增强肾功能。

4. 上伸腿式

体式描述：俯卧位，双腿并拢，掌心向下；吸气，抬右腿向上90°；呼气，还原右腿；进行反向动作；吸气，抬双腿向上90°；呼气，双腿还原。

功效：燃烧腹部、大腿脂肪，按摩脏腑器官。

(八) 倒立式

1. 肩倒立

体式描述：平躺，双手放于身体两侧；吸气，高举双腿、翻臀；当向后滚动至小腿超过头部时，呼气，向上伸腿、展髋、挺直身体，同时两手撑腰后侧，夹肘，呈肘、颈、肩支撑的倒立姿势。

功效：这一倒立体式让新鲜、健康的血液在颈部和胸部循环，有助于舒缓支气管疾病、刺激甲状腺、副甲状腺。

2. 犁式

体式描述：双腿伸直绷紧，脚尖绷直，指向与头部相反的方向；开始吸气，同时两腿向上抬起，一直抬到和身体垂直的位置；吸气与抬腿要同时进行；双手掌保持原位，贴着地面；当腿抬到垂直位置时，呼气，同时双腿向头部下放，努力使脚趾触及头部前方所能及的地面。接触点的距离尽量向前，但要尽力而行。停留在所能及的位置上，身体要保持平稳。呼气完毕后，保持正常的呼吸，直到动作做完。第二段姿势保持大约 10 秒后，再把两腿还原放回地面。还原动作要有控制的进行，两腿要一寸一寸缓慢平稳地向地面平放。在整个还原动作中，腿和脚趾都要始终绷紧；当脚跟触及地面时，整个身体再放松。

功效：有助于提升自信，增强能量。帮助人们恢复内心的平静与清明。通过放松眼睛和大脑，这个体式能减轻压力、疲劳所带来的影响。

3. 单腿肩倒立式

体式描述：完成肩倒立动作；呼气，屈左髋，放低左腿，左脚落在身体前倾的地面上，右腿保持向上伸展，骨盆端正，不出现侧倾，保持一段时间，然后回到肩倒立。

功效：加强肾脏功能，进一步提升腿部拉伸并增强腿部肌肉力量。

第三节　瑜伽的运动损伤与预防

一、瑜伽练习中常见损伤

(一)损伤部位

身体常见的损伤区域：头部、肩颈、腕部、背部、膝盖等部位的肌肉、韧带、神经、关节等损伤。

(二)造成损伤的原因

①专注力不够。练习者在体式练习过程中注意力不集中，对预防运动损伤的认识不足，思想上松懈，导致在完成体式时造成运动损伤。

②热身不充分。神经系统和肌肉器官功能尚未适应就进入运动状态。

③练习方法和内容不合理。违反人体结构特点和各器官系统功能的活动容易造成运动损伤。

④盲目追求高级体式动作。超负荷运动或身体未能达到某种条件而强行完成动作，也会导致运动损伤。

⑤场地、器械、保护用具、服装等练习工具不符合要求。

二、体式练习的注意事项

(一)热身充分

不要一开始就做高难度的动作，以免造成运动伤害。最好先做一些瑜伽暖身动作，循序渐进，避免身体受到损伤。

(二)营造舒适的练习环境

练习时，一定要保持室内环境的相对安静，空气一定要流通。不要在过软的床上练习，准备瑜伽垫，穿着舒适有弹性的服装，光脚练习，摘掉手表、腰带等配饰物件。

(三)保持稳定、舒适的练习

①让身体的中轴同于地心引力的方向。人体脊柱的延长线被认为是人体的中轴线，当这条中轴线垂直于地面，也就是与地心引力同方向时，人体呈现出最稳定的状态。就如同一根柱子，当它垂直于地面时不会发生倾倒，如果柱子产生了倾斜，便会倒塌。

②让身体着地点均匀承受身体的重量。当练习站立体式时，脚掌是身体的着地点，要让双脚均匀地受力，如果力量偏向于其中一只脚，身体便会向一侧倾斜，无法保证身体的稳定从而产生摇晃。

③利用骨骼和关节的结构去完成体式。在瑜伽体位法的练习中，要关注骨骼与关节的正确位置，以最大限度地保护身体不受到伤害。

④利用力线稳定和伸展身体，保持精神的高度集中和身体能量波动的协调统一，想象身体伸展的方向有一条力量之线在牵引，将身体的能量集中于这条线，并沿着力线的方向去伸展身体。

⑤在控制范围内保持和完成动作。柔和、均匀、有控制地进行瑜伽体位法的练习，避免用爆发性和反弹去完成体式。

(四)保持正确的呼吸

练习的整个过程中要保持顺畅的呼吸，避免屏息；可选择多种呼吸法配合瑜伽的练习，如喉式呼吸等；气息引领动作，利用呼吸的配合稳定、放松身体。

(五)保持意识的专注

意识的专注分为如下三个层次。

①专注在身体的感觉上。初练瑜伽时会感到肌肉酸胀、韧带疼痛，这些感觉会使得我们的意识不能集中在呼吸和冥想上。我们需要用心感受那些不适的地方，将意识力完全集中在疼痛的感觉上也是一种专注与冥想。

②专注在身体的稳固上。肌肉和韧带的柔韧性得到提高后，身体的疼痛和不适感消失，此时可以将注意力转移到身体的平衡上来，去感受重心、身体的中轴和力线，利用意识的专注去保持身体的稳固。

③专注于呼吸的控制上。当身体的平衡感和稳定性没有问题后，将意识集中于呼吸的控制，让我们进入真正的瑜伽冥想层面。

(六) 练习后注意事项

①练习后的 0.5～1 小时后再进食。瑜伽练习中，消化器官得到了充分的按摩，需给予一定的休息调整，从而最大限度地保护和提升器官机能。

②练习后，休息 0.5～1 小时后再洗浴。瑜伽练习后体感非常敏锐，短时间内应避免忽冷忽热的刺激，从而保证体内能量有序流动。同时，能够避免毛孔过度扩张所造成的油脂被清洗过度，从而保养皮肤的天然保护层。

第十八章　健身健美运动

第一节　健身健美运动概述

一、健身健美运动简介

健身健美运动是一项通过徒手和各种器械，运用专门的动作方式和方法进行身体锻炼，以发达肌肉、增长体力、改善体形和陶冶情操为目的，练出匀称体型和提高身心健康的运动项目。

健美运动萌芽于古希腊，古代的健美观念一直吸引着人们对健美运动的关注。19世纪，德国人山道被认为是现代健美运动的创始人，他根据人体解剖学和运动生物力学原理，探索出发达身体肌肉的方法，并到欧美多国进行健美造型表演，还制定了健美比赛评分标准和竞赛办法。1940年，美国业余体育运动联合会举办了第一次真正意义上的现代健美比赛。1946年加拿大人本·韦德和乔·韦德创建了"国际健美联合会（IFBB，International Federation of Bodybuilding and Fitness）"，制订了健美比赛的国际规则。健美运动也吸引了很多女子进行肌肉训练，20世纪50年代美国在男子健美比赛后，增加了女子健美表演。1977年，美国举行了第一次女子健美比赛。

现代健美运动在20世纪30年代传入我国，"健美"一词由"中国健美之父"赵竹光先生译自英文Bodybuilding。他创立了中国最早的健美组织"沪江大学健美会"，翻译了健身著作《肌肉发达法》和《力之秘诀》，还主办了《健力美》杂志，创办了"上海健身学院"。之后，健美运动逐渐被中国民众所喜爱。20世纪80年代，中国各地涌现出各种形式的健美培训班。1983年上海举办了第一届全国"力士杯"健美邀请赛。1985年我国成为国际健美联合会会员国。1987年"全国'力士杯'健美邀请赛"改名为"全国健美锦标赛"。

二、健身健美运动竞赛类别

（一）竞赛项目类别

1. 国际健美比赛

国际健美比赛分为职业健美比赛和业余健美比赛两种。例如：IFBB宇宙先生赛、世界健身健美锦标赛、世界健身模特锦标赛、世界青年健身健美锦标赛、亚洲健身健美锦标赛、奥林匹亚先生比赛、奥林匹亚小姐比赛、阿诺德国际健美大奖赛等。

2. 国内健美比赛

国内健美比赛主要有中国健身健美精英职业联赛、中国健身健美冠军赛、中国健身健美新人大赛、全国青年健身健美锦标赛、全国健美锦标赛、中国体育模特大赛、中国大学生健身健美锦标赛、中国健美先生大赛、中国健美小姐大赛等。

竞赛项目分为男子个人、女子个人、男女混合双人、集体造型表演（男女比例不限，每队 5～8 人），包括古典健美、传统健美、古典健体、男子健体、健身比基尼、男子健身模特、女子健身模特、女子形体等多个比赛类别。

（二）竞赛级别

健美比赛按专业训练程度可分为职业级、业余级和大师级。接受过健美专业训练的选手通常参加职业级别的比赛；未接受过健美专业训练的选手参加业余级别的比赛；年龄在 35 岁以上的选手参加大师级别的比赛。

健美比赛按年龄可分为青年组和成年组。青年组年龄为 21 周岁以下（以出生日期为准），成年组为 21 周岁以上。男女成对的比赛则没有年龄限制。

健美比赛按体脂可分为传统组和健体组。传统组是指体脂较高的选手，健体组是指体脂较低的选手。传统组通常进行更多的肌肉展示，健体组则更注重身体的线条和比例。

健美比赛按性别可分为男子组和女子组。男子组又分为无差别组和有差别组。女子组又分为无差别组和比基尼组。无差别组是指体重没有限制；有差别组是指体重必须在一定范围内；比基尼组是指必须穿比基尼参赛。

1. 男子成年组按体重分为八个级别

①羽量级：体重在 60 千克以下。
②雏量级：体重在 60.01～65 千克。
③轻量级：体重在 65.01～70 千克。
④轻中量级：体重在 70.01～75 千克。
⑤次中量级：体重在 75.01～80 千克。
⑥中量级：体重在 80.01～85 千克。
⑦轻重量级：体重在 85.01～90 千克。
⑧重量级：体重在 90 千克以上。

2. 男子青年组按体重分为三个级别

①轻量级：体重在 65 千克以下。
②中量级：体重在 65.01～70 千克。
③重量级：体重在 70 千克以上。

3. 女子组按体重分为四个级别

①雏量级：体重在 48 千克以下。
②轻量级：体重 48.01～52 千克。
③中量级：体重在 52.01～57 千克。
④重量级：体重在 57 千克以上。

4. 男女混合双人项目和大师级别项目不分体重级别。大师级别按年龄可分为 35+、40+、50+ 等级别。

三、健身健美运动的功能与价值

经常参加健身健美运动，不仅能够促使练习者血液循环加速，提高心脏的功能，使其呼吸肌增强，肺活量增大，肺功能得到提高，还能改善练习者大脑的供血状况，消除疲劳，使头脑更加清醒，思维更加敏捷，有效地增强体质，促进人体全面协调地发展。健身健美运动，能使人体的力量、柔韧、速度、耐力等素质得到提高，为参加其他体育活动打下良好的基础；通过科学、有计划、有目的地摆出各种姿势或利用不同器械进行反复练习，能使肌肉粗壮结实，肌红蛋白增多，骨骼坚韧，骨密质增厚，骨的抗弯、抗折能力增强；长期坚持健美锻炼，能使人的体能、体形和体态都得到较大改善，使人充满活力、身心愉悦、朝气蓬勃，生理和心理都得到较大程度的满足。

第二节　健身健美运动训练方法

一、身体各部位训练方法

(一) 肩部训练动作

肩部训练的重点是锻炼三角肌的前束、中束和后束肌群。例如：杠铃推举、哑铃推举、史密斯推举、前平举、直立划船 (直立杠铃 / 哑铃提拉)、侧平举、绳索侧平举、俯身侧平举、俯身绳索侧平举、固定器械反向飞鸟等。

(二) 背部训练动作

背部训练主要是锻炼背阔肌。例如：引体向上、高位下拉、杠铃俯身划船、哑铃俯身划船、直臂下拉等。

(三) 胸部训练动作

胸部训练主要是锻炼胸大肌。例如：平板杠铃卧推、平板哑铃卧推、上斜杠铃卧推、上斜哑铃卧推、双杠臂屈伸、绳索夹胸、固定器械夹胸等。

(四) 手臂训练动作

手臂训练主要是锻炼肱二头肌、肱三头肌。例如：正握弯举、上斜哑铃弯举、牧师椅弯举、孤立弯举、锤式弯举、绳索下压、窄距卧推、双杠臂屈伸、仰卧臂屈伸、站姿 / 坐姿颈后臂屈伸、俯身臂屈伸等。

(五) 腿部训练动作

腿部训练主要是锻炼股四头肌、股后肌群及小腿肌肉。例如：杠铃深蹲、史密斯深蹲、颈前深蹲、哈克深蹲、腿举、箭步蹲、腿屈伸、杠铃硬拉、罗尼亚硬拉、坐姿腿弯举、仰卧腿弯举等。

(六) 腹肌训练动作

腹肌训练主要是锻炼腹部肌肉。例如：卷腹、仰卧举腿、器械举腿、侧卧卷腹、悬垂侧举腿、绳索转体等。

二、健身健美运动刺激肌肉增长的主要因素

(一) 伸展的压力

在负重训练中，离心收缩时肌肉发力对抗阻力会破坏肌纤维。这是在离心收缩阶段 (下降负重阶段，肌肉控制负重下降速度) 和进行拉伸练习时会出现的情况。负重和肌肉的对抗会破坏肌纤维，当身体完成恢复重建后，肌肉体积便会得到充分改善。伸展的压力构成了强烈的增长信号。为了运用这种潜在的增长信号，必须合理强调每一次重复练习时的离心收缩阶段。

(二) 收缩的压力

越高的训练负重，肌肉越难收缩，肌肉便会变得越强壮，因此要用更大的训练负重来确保肌肉的增长。

(三) 承重的时间

提高负重不是获得发展的唯一因素，否则我们只做最大负重的单一重复训练便已足够。库玛在 2009 年的研究中很完美地说明了这一问题，接近最大值的负重对获得肌肉体积增长来说并不是很理想，因为对于肌肉发展处于承重状态下的持续时间也扮演了一个重要的角色。使用的重量越大，我们能够做的重复训练就越少，承重的总体时间就会更少。

如果选择使用较轻的重量，承重的时间就会较长，但是，对于肌肉要得到增长信号而言，此收缩力量又显得过于弱小。库玛的研究中很清楚地表明，必须要在绝对压力和承重之间找到一个平衡点。科学研究表明，理想的平衡点存在于接近最大力量 70%～80% 的负重值处。

(四) 肌肉燃烧

乳酸涌进肌肉表明，肌肉处于它们能够忍受的新陈代谢的极限状态。我们应尽可能长时间保持此燃烧状态。由于乳酸入侵肌纤维，合成代谢的信号就不再是机械的而是化学的反应。

(五) 充血

当我们持续进行重复训练时，肌肉会充血。充血会带来营养物并使肌肉以一种超常规的方式变形。充血越激烈，肌纤维就越会相互挤压。这种机械应力只是一种刺激。因为充血训练不会破坏过多肌纤维，所以我们可以经常进行此训练，尤其是在为了要加速身体恢复时。

第三节　健身健美运动比赛与欣赏

健身健美比赛会从参赛者的肌肉匀称、体型比例、肌肉发展程度、肌肉明显度、肌肉比例、肌肉线条、肌肉质量、舞台表现和整体形象等多方面进行评判。

一、男子项目

男子健美以体重划分级别进行比赛。运动员须赤脚，穿着规定赛服进行规定动作、自选动作及集体不定位造型等内容的比赛。男子健美主要有以下三点特征：第一，运动员需将身体所有部位在科学的肌肉训练方法下达到最大限度，但同时要保持整体的和谐与平衡。第二，运动员应严格遵循赛前训练计划，目的是降低体脂水平，并减少皮下水分，从而更好地显示肌肉的密度、分离度以及清晰度等质量指标。第三，运动员要具有肩宽、腰细、腿长，良好的上下身比例及"倒三角"等符合项目特征的比例协调的体型。

(一)古典健美和竞技古典健美

古典健美是为那些没有强烈意愿将肌肉训练到最大限度，肌肉形态整体更加流畅、精致的，以"古典"审美作为取向的男性运动员设立的比赛项目。古典健美的竞赛内容包括四个方位(前后左右)的形体展示、七个规定动作(前展肱二头肌、前展背阔肌、侧展胸部、后展肱二头肌、后展背阔肌、侧展肱三头肌、前展腹部和腿部)、自选动作以及集体不定位自由造型等。运动员体重须根据身高要求进行限制。由于肌肉重量受限，因此古典健美特别注意对体型、身体比例、肌肉线条、肌肉形状和状况等整体情况进行评估。

竞技古典健美对运动员的体重限制幅度更大。

(二)古典健体、健体与肌肉健体

男子古典健体是为发展具有良好的遗传条件和身体结构，并且肌肉发达的男性体格而设置的项目，属于健身项目的范畴。古典健体通过四个方位的形体展示、六个规定动作、自选动作及集体不定位自由造型等内容的比赛，展示运动员肌肉的匀衡发达与自然和谐。

男性具有良好的先天遗传条件，身体结构平衡、匀称，因此，男子健体更易于大众审美接受是符合美学要求且受众广泛的运动项目。相对于健美项目，男子健体项目的运动员肌肉量偏小，身体形态更加自然、灵动、美观，体格更加令人赏心悦目。比赛时，运动员通过特定技术的四个方位的形体展示和台上行走等环节，展示整体训练水平和紧致有形、轮廓明显的肌肉状态以及良好的舞台表现力。

男子肌肉健体由男子健体发展过来，除肌肉量增加、肌肉形态或有变化外，其余比赛内容与男子健体基本相同。

(三)男子健身

男子健身依据身高并限制运动员的最大体重进行分组。男子健身是运动员通过规定动作及运动特长自编套路，展示其形体、肌肉及运动技能，裁判对其进行综合评判，形体要性别特征明显，身材匀称紧致富有美感，肌肉线条清晰富有弹性，自编套路要体现出运动员良好的运动能力和身体素质，充满活力并具有感染力，动作应在音乐伴奏下于90秒以内完成。

(四)健身模特

健身模特是健美健身运动传递给大众的、体现项目特征和形象的群体，他们既是宣传推广体育产品的载体，也是在模特行业中注入专业健身元素的项目融合与拓展。健身模特以身高为依据划分组别进行比赛，比赛内容主要包含四个方位的形体展示、运动装或相关体育产品主题展示，以及礼服走秀等环节。其评价标准主要是结合运动员健身专项形体训练水平的表达，以及运动服装、礼服演绎，通过舞台表演和造型等来展现运动员的健康美、人体美和活力。

二、女子项目

(一)女子健体

女子健体的理想形态为肌肉发展适度、分离度显著、充满运动感且体格具有美感。女子健体强调体脂率低、肌肉线条明显、身材匀称。女子健体比赛适宜于肌肉适度发达，非极度干瘦和肌肉型，符合运动和美学要求，身形较好的女性运动员参与。女子健体主要进行四个方位形体、四个规定动作、自选动作及集体不定位自由造型等内容的比赛。

(二)女子形体

女子形体项目的评判标准包括身体各部位比例匀称、肌肉适度发达、轮廓清晰、肌肤紧致、形态美观、妆容得体、端庄典雅、形象健康、自信沉稳等内容。

女子形体项目对肌肉量的要求比健体选手略低，但对身材的匀称性要求更高。形体比赛选手一般穿高跟鞋和带亮钻的服装，也有专业的妆容和发型，舞台形象占比很大。

女子形体按身高分组进行比赛。竞赛内容为规定技术的四个方位形体展示和"I"字路线走位及形体艺术造型。

(三)健身比基尼

健身比基尼项目要求身材强健、肌肉量适中，具有理想的三围及上下体比例、体脂率相对较高，身材匀称性很重要。选手需穿带亮钻或装饰的比赛服装和高跟鞋，妆容与发型也是评判标准的一部分，选手应具有女性化的外表，同时微笑、自信。步态也是评判的内容，舞台表现甚至比体格更重要。通过选手四个方位的形体展示及"I"字路线走位、造型等表现出来的专项特征与水平的评价确定其名次。

(四)女子健身

女子健身按运动员的身高分组。运动员通过规定动作及运动特长自编套路，展示其形体、肌肉及运动技能，裁判对其进行综合评判，形体要性别特征明显，身材匀称紧致且富有美感，肌肉线条清晰且富有弹性，自编成套要体现出运动员良好的运动特长和身体素质，充满活力并具有感染力，动作应在音乐伴奏下于90秒以内完成。

(五)健身模特

健身模特以身高为依据划分组别进行比赛，比赛内容主要有四个方位的形体展示、运动装或相关体育产品主题展示，以及礼服走秀等环节。其评价标准主要是结合运动员健身专项形体训练水平的表达，以及运动服装、礼服演绎，通过舞台表演和造型等来展现运动员的健康美、人体美和活力。

(六) 时尚模特

时尚模特是引领潮流，为大众所推崇的生活方式的代言人或示范者。具有良好的感悟和艺术展示能力，是各年龄段通过 T 台、影像等媒介展示当代理想的体型、相貌、气质、文化品位、感觉及号召力的群体。时尚模特以年龄与类别分为专业组、少儿组、中老年组、T 台模特、平面模特、影视模特等项目。通过泳装、活力装和礼服等环节展示参赛选手的形象、身材、走台技能以及舞台表现与应变能力。

三、男女混合项目

(一) 健体混合双人

男女健体混合双人项目由参加男子健体、男子健身模特项目的男性运动员和参加比基尼健身、健康小姐、女子健身模特的女性运动员组成。男女健体混合双人的竞赛内容包括四次向右转体的形体展示等。本项目中男子运动员的服装和动作与男子健体项目的服装和动作一致，女子运动员的服装和动作与比基尼健身的服装和动作一致。本项目没有"T"字走位，评估标准基于男子健体项目和比基尼健身项目，同时还要考量男女运动员之间的配合程度。

(二) 健美健身集体造型

健美健身集体造型以各代表队为参赛单位，参赛人数限定为5～12人，男女不限。通过形体造型和队形变化艺术来展示团队的专业训练水平，其主要评价内容包括集体造型的动作编排与健美健身运动主题的契合性、创意性、完成情况、观赏性及音乐、视频等多媒体的运用情况等。

四、运动员服装

男运动员必须穿规定式样的比赛三角裤。女运动员必须穿单色且不耀眼、能完全显露腹部和背部肌肉的比基尼比赛服，不能带有花纹图案、商标和任何附加的装饰品，也不能带有金、银闪光色。男女混合项目运动员比赛服必须是统一的深色。

运动员号码牌必须牢固系在比赛裤的左前侧。比赛中不准穿鞋袜，不准戴手表、手镯、脚镯、项链、耳环、假发和其它装饰物。身上不准贴胶布或裹绷带，也不准有人工刺花。

五、裁判评分标准

(一) 男子个人

①肌肉：指全身结构统一的发达肌群，包括围度、力度和密度。约占评分比重的60%。

②匀称：平衡的骨架、端正而又比例协调的人体外观以及对称的肌肉形态。约占评分比重的10%。

③造型：用肌肉控制的能力，来展示身体各部肌群的动作。规定动作要规范，自由造型要连贯流畅且具有艺术感，气质要与音乐、动作融为一体，整套动作要有鲜明个性。约占评分比重的10%。

④仪表与气势：运动员的形象、姿态、发型以及赛场表现。约占评分比重的10%。
⑤皮肤：全身皮肤健康情况，有无文身、斑痕及着色不当。约占评分比重的10%。

(二) 女子个人

①体格健康、体型强壮，约占评分比重的20%。
②骨架匀称、举止优雅，约占评分比重的20%。
③肌肉发达、线条清晰，四肢比例合适、肌肉分布匀称。约占评分比重的40%。
④气质高雅、仪态端庄，约占评分比重的20%。

(三) 男女混合双人

①体型和肌肉发达水平是否和谐。
②表演的动作在姿势、节奏、幅度、体位、舞台气势、福韵等方面是否和谐。
③准确完成规定动作，做到动作配合默契。
④自由造型整齐一致，此起彼伏、你追我进、左右对称、前后呼应、刚柔相济。

(四) 健身健美集体造型

队形变化连贯，精神振作，肌肉发达程度与体格匀称，表演富有创造性，造型具有艺术性以及整体性的舞台艺术感。

第十九章　武术

第一节　武术概述

一、武术的概念

武术是以技击动作为主要内容，以套路、格斗、功法为运动形式，注重内外兼修的中国传统体育项目。在漫长的历史进程中，不同时期对武术概念的表达不尽相同，它的内涵与外延是随着历史的发展和武术本身的发展而发展、变化的。

随着历史的变迁，冷兵器的逐步消亡，专用武术器械的生产以及拳械套路的大量出现，对抗性项目、武术竞赛规则等的制定，武术逐渐演化成为体育运动项目之一。武术的体育化使其内容、形式及训练手段等都发生了很大变化，武术的概念也在不断变化。发展到今天，武术的基本定义可概括为：武术是以技击为主要内容，以套路和捕斗为主要运动形式，同时注重内外兼修的中国传统体育项目。

从这一定义出发来认识武术。首先，武术属于中国传统的技击术，它是以踢、打、摔、拿、击、刺等技击动作为主要内容，通过徒手或借助器械的身体运动来展现攻防格斗的能力。与世界各地的技击术相比，武术在技击方法上更为丰富（诸如快摔法、擒拿法等）。在运动形式上，既有套路的，也有散手的，既是结合的，又是分离的。这种发展模式，明显区别于世界上其他技击术。在演练方法上，武术注重内外兼修，演练风格上要求神形兼备，这些都反映了中国传统技击术的运动特点。因此，从广义上来看，武术不仅是一个运动项目，还是民族体育的主要内容之一，是中国人民长期积累起来的一宗宝贵的文化遗产。

二、武术的起源与发展

武术起源于我们远古祖先的生产劳动。在原始社会，生产力极低，人类主要以狩猎等原始的生产活动为生。在狩猎过程中，人们逐渐学会了徒手或使用木棒、石头等器具击打野兽的方法。这些方法多是基于本能的、自发的、随意的身体动作，人们虽不能有意识地针时搏杀技能进行专门练习，但这些击打技能却是武术的源头。

随着生产、狩猎工具的不断创新，人们在劈、砍、击、刺等技术上初步积累了经验。部落之间的战争进步促进了格斗技能的形成和发展。人们将战争中比较成功的搏击方法加以总结，反复模仿、练习，并传授给下一代，这些技术方法开始成为军事训练的重要内容。在漫长的历史进程中，人与人的搏杀格斗中使用兵器的技艺及战争所需的格斗技能也逐渐从生产技术中分离出来，发展成为内外兼修的武术形式。

军事战争是促使武术形成与发展的催化剂。历代武术都是军事训练及战争的主要形式。随着政治、经济、文化的发展，武术逐步由单纯的军事技能向竞技方向发展。角抵、手搏、击剑等竞技项目都很兴盛，攻防格斗的武术与适于表演的套路并行发展。

近代以后，由于武术具有健身、防身、自卫的功效，所以能适应时代的变化，逐步成为中国近代体育的有机组成部分。在此基础上，武术进一步吸收传统文化的养料，丰富锻炼形式，升华技法理论，在不失攻防内涵的前提下，沿着体育方向不断发展。1910年之后，民间出现了许多拳社组织。1910年在上海成立的"精武体育会"是维持时间最长，影响最大的团体。1927年南京成立了中央国术馆，并于1928年和1933年在南京举办过两次国术国考。

中华人民共和国成立后，武术被作为优秀民族遗产继承和整理，国家设有专门的机构负责开展武术运动，并将武术列为正式比赛项目。1954年，各地体育院校把武术列入了正式的课程。1956年，中国武术协会成立，武术作为体育表演项目，首次采用评分的方法来评判运动员的技术水平高低。1957年，武术被正式列为体育竞赛项目，并举行了全国性的武术比赛和表演。1958年，制定了第一部《武术竞赛规则》，并相继整理出版了简化太极拳，甲、乙组和初级的拳、刀、剑、枪等规定套路动作，对武术的普及和提高起了很大的作用。

随着国家和地方曾多次派武术团、队出国进行访问、表演，到国外讲学或工作，中国武术在世界各地迅速传播。1985年，在西安举行了首届国际武术邀请赛，并成立了国际武术联合会筹委会。1990年第11届亚运会起，武术被列为亚运会正式比赛项目。1994年，国际武术联合国被国际单项体育联合会接纳为正式会员，2002年，武术获国际奥委会的正式承认。

武术不但在中国得到了蓬勃的发展，而且在国际上也受到了越来越多国家人民的喜爱和支持，已成为国际性正式比赛项目。经过多届国际大赛的实践，武术已形成一套成熟、科学的量化标准。

三、武术的分类

武术内容丰富，形式多样，按运动形式可分为以下三大类。

(一)功法运动

功法运动是以单个武术动作作为主体练习，以达到健体或增强某方面体能的运动。如浑元桩专注调心、调身、调息，长时间站马步桩可以增强腿力等。

(二)套路运动

套路运动是以技击动作为内容，以攻守进退、动静疾徐、刚柔虚实等矛盾运动的变化规律编成的整套练习形式。主要内容有拳术、器械、对练、集体表演。

1. 拳术

拳术指徒手练习的套路动作。拳术的种类很多，如长拳、太极拳、南拳、形意拳、八卦拳、通背拳、象形拳等。

2. 器械

器械指手持武术兵器进行练习的套路运动。器械又可分为长器械、短器械、双器械、软器械。目前最常用的器械是刀、剑、枪、棍，它们也是武术竞赛的主要项目。

3. 对练

对练指在单练基础上，两人或两人以上，在预定条件下进行的假设性攻防练习。其中包括徒手对练、器械对练、徒手与器械的对练等。

4. 集体表演

集体表演指6人以上徒手或持器械同时进行练习的演练形式。练习时可变换队形，也可采用音乐伴奏，要求队形整齐，动作协调一致。

(三) 搏斗运动

搏斗运动是两人在一定条件下按照一定的规则进行斗智、较力、较技的实战练习形式。目前武术竞赛中正在开展的搏斗运动有散手、推手等。

1. 散手

散手又称散打，是两人按照一定的规则使用踢、打、快摔等方法制胜对方的竞技项目。

2. 推手

推手是两人遵守一定的规则，使用挪、挤、按、采、捌、肘、靠等手法，双方粘连黏随，寻机借劲发力将对方推出，以此决定胜负的竞技项目。

四、武术的特点与作用

(一) 武术的特点

1. 动作具有攻防技击性

武术作为军事训练手段，其技击的特性是显而易见的。在实战中，其目的在于杀伤、制限对方，它常常以最有效的技击方法，迫使对方失去反抗能力。这些技击术至今仍在军队、公安系统中采用。

2. 具有内外合一，形神兼备的民族风格

武术既讲究形体规范，又追求精神传意。内外合一的整体观，是中国武术的一大特色。所谓内，指人的精神、意识和气息的运行；所谓外，即手眼身步等形体活动。讲究内与外、形与神是相互联系统一的整体。

3. 内容丰富多彩，具有广泛的适应性

武术的内容和练习形式丰富多样，有竞技对抗性的散手、推手、短兵；也有适合演练的各种拳术、器械和对练；还有与其相适应的各种练功方法，以适应人们不同年龄、性别、体质的需求，人们可以根据自己的条件和兴趣爱好进行选择练习。同时它对场地、器材的要求较低，因此武术具有广泛的适应性。武术能在广大民间历久不衰，与这一特点有很大关系。

(二) 武术的作用

1. 提高素质，健体防身

武术套路运动的动作包含屈伸、回环、平衡、跳跃、翻腾、跌扑等，人体各部位几乎都要参与运动。系统地进行武术训练，对人体速度、力量、灵巧、耐力、柔韧等身体素质要求较高。长期练习对治疗多种慢性疾病和调节人体内环境的平衡，均有良好的医疗保健作用，使人的身心都得到全面锻炼。

2. 克敌制胜，防身自卫

武术套路运动和搏斗运动中通过运用攻防技术练习，拳打、脚踢、快摔等动作，从而提高判断力和应变能力。这无疑能提高人们克敌制胜和防身自卫的能力。尤其对公安武警和边防指战员更有实际意义和作用。

3. 锻炼意志，培养品德

练武对意志品质的考验是多面的。常年有恒，养成坚持不懈的意志品质。套路练习，还要克服枯燥关，培养刻苦耐劳、砥砺精进、永不自满的品质；遇到强手克服消极逃避关，锻炼勇敢无畏、坚韧不屈的战斗意志。经过长期锻炼，可以培养人们勤奋、刻苦、果敢、顽强、虚心好学、勇于进取的良好习性和意志品德。

第二节　武术基本功

武术基本功是指以武术运动中具有共性的基础训练为内容，以获得和运用武术技法必备的各种能力为锻炼目的的一类运动形式。武术基本功练习是对意志品质的考验。练习基本功，要不断克服疼痛关，做到"冬练三九，夏练三伏"，锻炼勇敢无畏、坚韧不屈的战斗意志。

一、手型

拳。四指并拢卷握，拇指紧扣食指和中指的第二指节处，拳面要平，腕要直 (图 19-1)。
掌。四指并拢伸直，拇指弯曲紧扣于虎口处 (图 19-2)。
勾。五指第一指节处捏拢在一起，屈腕 (图 19-3)。

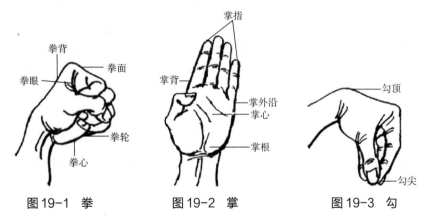

图 19-1　拳　　　　　图 19-2　掌　　　　　图 19-3　勾

二、手法

1. 冲拳

冲拳分平拳和立拳两种，平拳拳心向下、立拳拳眼向上。

预备姿势：两脚左右开立，与肩同宽，两拳抱于腰间，肘尖向后，拳心向上，拳面与腹平。

动作说明：挺胸、收腹、直腰，右拳从腰间向前猛力冲出，转腰、顺肩、前臂内旋，力达拳面，臂要伸直，高与肩平。同时左肘向后牵拉，目视前方，练习时，左右可交替进行（图19-4）。

要点：出拳要快速有力，要有寸劲（即爆发力），做好拧腰、顺肩、急旋前臂的动作。

图19-4　冲拳

2. 推掌

预备姿势：与冲拳相同。

动作说明：右拳变掌，前臂内旋，并以掌根为力点向前猛力推出。同时要拧腰、顺肩、臂要伸直，高与肩平。同时左肘向后牵拉，眼看前方。练习时，左右可交替。

要点：挺胸、收腹、直腰，出掌要快速有力，有寸劲；同时拧腰、顺肩、沉腕、翘掌、直臂力达掌外沿。

三、步型

1. 弓步

动作说明：左脚向前上一大步，前脚微内扣，全脚掌着地，屈膝半蹲，大腿成水平，膝部约与脚面垂直；另一腿挺膝伸直，脚尖内扣向斜前方，全脚掌着地，上体正对前方，两手抱拳于腰间（图19-5）。

要点：挺胸，立腰；前腿弓、后腿绷。

2. 马步

动作说明：两脚左右开立约为脚长三到四倍，脚尖正对前方，屈膝半蹲，大腿成水平，眼看前方，两手抱拳于腰间（图19-6）。

要点：头正、挺胸、立腰、扣足。

3. 虚步

动作说明：后脚尖斜向前，屈膝半蹲，大腿接近水平，全脚掌着地；前腿微屈，脚面绷紧，脚尖虚点地面（图19-7）。

要点：挺胸、立腰、虚实分明。

图 19-5 弓步

图 19-6 马步

图 19-7 虚步

4. 仆步

动作说明：一腿全蹲，大腿和小腿靠紧，臀部接近小腿，全脚掌着地，膝与脚尖稍外展；另一腿平铺接近地面，全脚掌着地，脚尖内扣（图 19-8）。

要点：挺胸、立腰、开髋，全脚掌着地。

5. 歇步

动作说明：两腿交叉屈膝全蹲，前脚全脚掌着地，脚尖外展；后脚跟离地，臀部外侧紧贴后小腿（图 19-9）。

要点：挺胸、立腰、两腿贴紧。

6. 丁步

动作说明：两腿半蹲并拢，一脚全脚掌着地支撑，另一脚停在支撑脚内侧相靠，脚尖点地（图 19-10）。

要点：挺胸、立腰、虚实分明。

图 19-8 仆步

图 19-9 歇步

图 19-10 丁步

四、步法

1. 插步

预备姿势：两脚左右开立，同肩宽，两手叉腰。

动作说明：重心左移，右脚提起，经左脚后向左侧横插一步，前脚掌着地，两脚交叉，左脚屈膝，右脚蹬直，重心偏于左脚。眼向左前方平视。

要点：沉髋，横插步幅不要过大或过小。

2. 击步

预备姿势：两脚前后开立，同肩宽，两手叉腰。

动作说明：上体前倾，后脚提起，前脚随即蹬地前纵，在空中时，后脚向前碰击前脚；落地时，后脚先落，前脚后落。眼向前平视。

要点：前脚用力蹬地，并尽量前纵，上体保持正直并侧对前方。

3. 垫步

预备姿势：与击步同。

动作说明：后脚提起，向前脚处落步，前脚立即蹬地向前上方跳起，将位置让与后脚，然后再向前落步，眼向前平视。

要点：后脚踩踏前脚位置，上体侧对前方。

五、压肩

预备姿势：面对肋木或一定高度的物体开步站立。

动作说明：两手抓握肋木，上体前俯下振压肩。也可两人对面站立，互相扶按肩部，做体前屈的振动压肩动作（图 19-11）。

要点：臂、腿要伸直，压点要集中在肩部。

图 19-11　压肩

六、绕环

1. 单臂绕环

预备姿势：弓步站立。

动作说明：左弓步站立，左手扶按左膝，右臂以肩为轴做直臂的顺、逆时针绕环。两臂交替进行（图 19-12）。

要点：臂伸直，肩放松，绕立圆。

2. 双臂绕环

预备姿势：两脚开立，与肩同宽，两臂垂于体侧。

动作说明：前后绕为左右臂依次作向前、向上、向后的绕环；左右绕为左右臂同时向右、向上、向左、向下划立圆绕环；交叉绕环为两臂直臂上举，同时于身侧划立圆绕环，练习时都可左右交替进行（图 19-13）。

要点：臂伸直，肩放松，绕立圆。

图 19-12　单肩绕环　　　　　　图 19-13　双肩绕环

3. 仆步抡拍

预备姿势：两脚开立，略宽于肩，两臂垂于体侧。

动作说明：左脚向左迈出一步成左弓步，上体随之左转，同时右臂向左前下方伸出，左掌手心向里，掌指向下，插与右臂肘关节处；上动不停，上体右转成右弓步，同时右臂直臂由左、向上、向右抡臂划弧至右上方，左掌下落至左下方；上动不停，上体右后转，同时右臂直臂向下、向后抡臂划弧至后下方，左臂直臂向上、向前抡臂划弧至前上方；上动不停，上体左转成右仆步，同时右臂直臂向上、向右、向下抡臂划弧至右腿内侧拍地；左臂向下、向左抡臂划弧停于左上方。眼随右手 (图 19-14)。

要点：向上抡臂时要贴近耳，向下抡臂时要贴近腿。

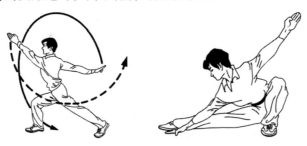

图 19-14　仆步抡拍

七、压腿

1. 正压腿

预备姿势：面对肋木或一定高度的物体，并步站立。

动作说明：左脚提起，脚跟放在肋木上，脚尖勾起，两手扶按膝上。两腿伸直、立腰、收髋，上体前屈，并向前、向下做振压动作。练习时，左右脚交替 (图 19-15)。

要点：两腿伸直，立腰、收髋，直体向前向下振压，并逐渐加大幅度。

2. 侧压腿

预备姿势：侧对肋木或一定高度的物体，并步站立。

动作说明：右脚支撑，脚尖稍外展，左脚举起，脚跟搁在肋木上，脚尖勾起。右臂上举，左掌付于右胸前。两脚伸直，立腰，展髋，上体向左侧振压。练习时，左右脚交替进行 (图 19-16)。

要点：两腿伸直，立腰、展髋，上体向侧振压。

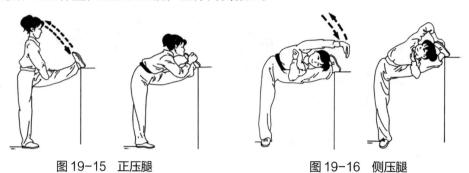

图 19-15　正压腿　　　　　　　　　图 19-16　侧压腿

八、直摆性踢腿

1. 正踢腿

预备姿势：两脚并立，两手立掌或握拳，两臂侧平举。

动作说明：左脚向前半步，左脚支撑，右脚脚尖勾起向前额处猛踢，两眼向前平视。练习时，左右脚交替进行（图 19-17）。

要点：挺胸、直腰。踢腿时，脚尖勾起绷落，收髋、收腹，踢腿过腰后加速，要有寸劲。

2. 侧踢腿

预备姿势：两脚并立，两手立掌或握拳，两臂侧平举。

动作说明：右脚向前上半步，脚尖外展，左脚脚跟稍提起，上体右转90°，左臂前伸，右臂后举；随即左脚脚尖勾紧向左耳侧提起，同时右臂上举亮掌，左臂曲肘立掌于右肩前或垂于裆前。眼向前平视，踢左脚为左侧踢（图 19-18）。

要点：挺胸、直腰、开髋、侧身、猛收腹。

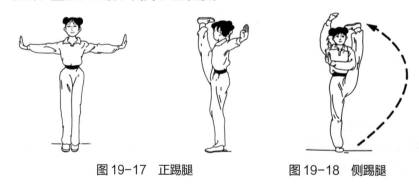

图 19-17　正踢腿　　　　　　　　　图 19-18　侧踢腿

3. 外摆腿

预备姿势：与正踢腿同。

动作说明：右脚向前方上半步，左脚尖勾紧，向右侧上方踢起，经面前向左侧上方摆动，直腿落在右脚旁。眼向前平视。左掌可在左侧上方击响，也可不做击响。练习时，左右脚交替进行（图 19-19）。

要点：挺胸、立腰、松髋、展髋。外摆幅度要大，成扇形。

4. 里合腿

预备姿势：与正踢腿同。

动作说明：右脚向右前方上半步，左脚脚尖勾起里扣并向左上方踢起，经面前向右侧上方直腿摆动，落于右脚外侧右手掌可在右侧上方迎击右脚掌（击响），也可不做击响动作，双眼平视前方；练习时，左右脚交替进行（图19-20）。

要点：挺胸、直腰、松髋、合髋，里合幅度要大，并成扇形。

图19-19　外摆腿　　　　　　　　　　图19-20　里合腿

九、屈伸性踢腿

1. 弹腿

预备姿势：并步站立，两手叉腰。

动作说明：右腿屈膝提起，大腿与腰平，脚面绷直；提膝接近水平时，要迅速猛力挺膝，向前平踢（弹击），力达脚尖，大腿与小腿成一直线，高与腰平，左腿伸直或微屈支撑，两眼平视（图19-21）。

要点：挺胸、直腰、收髋、脚面绷直、弹击要有寸劲。

2. 蹬腿

预备姿势：与弹腿同。

动作说明：与弹腿同。唯脚尖勾起，力点达于脚跟。

要点：挺胸、直腰、收髋、脚面绷直、弹击要有寸劲。

3. 侧踹腿

预备姿势：两脚左右交叉，右脚在前，稍屈膝，两手叉腰。

图19-21　弹腿　　　　　　　　　　图19-22　侧踹腿

动作说明：右脚伸直支撑，左脚屈膝提起，脚尖里扣，脚跟用力向左侧上方踹出，高与肩平，上体向右侧倒，眼视左侧方。练习时，左右脚可交替进行（图19-22）。

要点：挺膝、开髋、猛踹，提、踹连贯，脚外侧朝上，力达脚。

第三节　简化太极拳

简化太极拳是在杨氏太极拳的基础上，删去了繁难和重复的动作，并加以简化、改编的太极拳普及套路。

一、动作名称

这套拳分为八组，包括"起势""收势"共24个动作，又称"二十四式太极拳"。动作结构和整个套路安排符合由简至繁、先易后难的原则。全套动作易学易懂，易于掌握，既不复杂，又能充分体现太极拳动作的柔和、缓慢、圆活、连贯的特点。练习者可进行整套练习，也可根据身体情况选择单式或分组练习（表19-1）。

练习太极拳时要求做到：精神贯注、上下相随、虚实分明、连贯圆活、速度均匀，动作运行路线处处带有弧形，如行云流水，连绵不断。

表 19-1　简化太极拳分组名称

第一组	第二组	第三组	第四组	第五组	第六组	第七组	第八组
1 起势 2 左右野马分鬃 3 白鹤亮翅	4 左右搂膝拗步 5 手挥琵琶 6 左右倒卷肱	7 左揽雀尾 8 右揽雀尾	9 单鞭 10 云手 11 单鞭	12 高探马 13 右蹬腿 14 双峰贯耳 15 转身左蹬腿	16 左下势独立 17 右下势独立	18 左右穿梭 19 海底针 20 闪通臂	21 转身搬拦捶 22 如封似闭 23 十字手 24 收势

二、动作说明

（一）第一组动作

第一组动作包括：起势（图19-23）、左右野马分鬃（图19-24）、白鹤亮翅（图19-25）。

1. 起势

①左脚开立：提脚开步（注：点起、吸气，点落、呼气，两脚与肩同宽）。

②两手慢慢前平举（注：虚灵顶劲、领腕，与肩同高、同宽，吸气）。

③屈膝下蹲，两手下按至腹前（两手与两膝相对、沉肩坠肘、中正安舒、两眼平视，呼气）。

2. 左右野马分鬃

（1）一动

①转腰、抱手、收脚（两手上下合抱，注：上手高不过肩，低不过胸，下手在腹前，左脚收至右脚内侧立脚，脚尖点地或稍提起，吸气）。

②转身上步（注：出脚时勾脚尖，脚跟先着地，动作轻灵，重心保持在右脚上，左脚随时可以抽回，吸气）。

③弓步分手（注：随继续转身而分手，左手心斜向上，腕与肩平，右手心向下按于右胯侧，眼看左手指尖，仍要保持虚灵顶劲，中正安舒，呼气）。

（2）二动

①坐腿转腰撇脚（注：脚外撇 50° 左右）。

②抱手收脚。

③转腰上步。

④弓步分手。

（3）三动

三动动作同一动。

3. 白鹤亮翅

①跟步合抱（两手向前旋臂合抱，后脚跟半步于中轴线上，脚掌先着地）。

②坐腿转腰分手。

③（回转腰向前）活步，虚步亮掌。

图 19-23　起势

图 19-24　左右野马分鬃

图 19-25　白鹤亮翅

（二）第二组动作

第二组动作包括左右搂膝拗步（图 19-26）、手挥琵琶（图 19-27）、左右倒卷肱（图 19-28）。

1. 左右搂膝拗步

（1）一动

①摆手（前交叉轮摆）、收脚、转体。

②上步、屈臂收手（肩上耳侧）。

③弓步搂手推掌（坐腕推掌时不要顺肩，推手至中轴线上；掌尖与眼齐，另一手按于大

腿外侧)。

（2）二动

①坐腿转腰撇脚（50°左右）。

②摆手收脚（眼看后手与头同高）。

③上步屈臂收手。

④弓步搂手推掌。

（3）三动到四动

三动到四动动作同上，方向相反（第四动结束时右脚撇步落脚时脚尖外撇大一些）。

2. 手挥琵琶

①跟步（于中轴线上）。

图 19-26　左右搂膝拗步

图 19-27　手挥琵琶

图 19-28　左右倒卷肱

②坐腿、错手 (稍有转体)。

③虚步合手 (再稍回转)，两手成侧立掌。

3. 左右倒卷肱

(1) 一动

①撤手、转腰、翻掌。

②提脚退步卷肱，屈臂收手。

③坐腿、虚步、推掌 (手收于腰间)。

(2) 二动到四动

二动到四动动作相同，方向相反 (最后一动落脚时脚尖外撇稍大些)。

(三) 第三组动作

第三组动作包括：左揽雀尾 (图 19-29)、右揽雀尾 (图 19-30)。

1. 左揽雀尾

①转腰、分手。

②抱手收脚。

③转腰上步 (脚跟先着地)。

④弓步掤手。

⑤转腰前摆臂翻掌 (手心斜向对)。

⑥坐腿转腰后捋 (左手至右胸前掌心向下，右手至身体侧后方掌心向上)。

⑦转身搭手 (转向正前方，右手掌贴在左手腕关节内侧)。

⑧弓步前挤 (两手两臂撑圆)。

⑨坐腿分引手 (注意拧转、引至腰两侧、引进落空)。

⑩弓步前按 (髋走下弧线，两手平行，腕与肩高)。

2. 右揽雀尾

①转身扣脚分手。

图 19-29　左揽雀尾

图19-30　右揽雀尾

②坐腿抱手收脚。

③同左揽雀尾，方向相反。

(四) 第四组动作

第四组动作包括：单鞭（图19-31）、云手（图19-32）、单鞭（图19-33）。

1. 单鞭

①坐腿转身扣脚左云手。

②坐腿转腰右云手。

③翻掌勾手、收手、收脚（勾尖向下，左手掌心向内至于右肩前）。

④转身上步。

⑤弓步翻推掌。

2. 云手

①坐腿右转腰，左手下落向右云摆划弧，勾手松开。

②左转腰向左云手并步（两手交叉向左划弧摆动，到左侧后翻掌收脚并步，两脚间距10～20厘米）。

③右转腰向右云手开步（两手交叉向右摆动，到右侧翻掌出脚开步）。

④重复第二步动作。

⑤重复第三步动作。

⑥重复第二步动作。

3. 单鞭

①转腰右云手。

②翻掌变勾手，提起左脚跟（左手在右肩前）。

③转腰出脚上步。

④弓步翻掌前推。

图 19-31 单鞭

图 19-32 云手

图 19-33 单鞭

（五）第五组动作

第五组动作包括：高探马（图 19-34）、右蹬腿（图 19-35）、双峰贯耳（图 19-36）、转身左蹬腿（图 19-37）。

1. 高探马

①跟步翻掌 (两手心向上)。

②坐腿屈臂收手。

③虚步推掌 (左手收至腹前)。

2. 右蹬腿

①穿掌活步 (起脚向左侧稍移动)。

②落脚弓步分手。

③抱手收脚。

④蹬脚分手 (右前方30°)。

3. 双峰贯耳

①收脚并手 (至体前右膝两侧掌心向上)。

②落脚收手握拳。

③弓步贯拳 (弓步和贯拳方向右前方30°)。

4. 转身左蹬腿

①坐腿转身分手、扣脚 (眼看左手)。

②坐腿、抱手收脚。

③分手蹬脚 (蹬脚方向与右蹬脚方向对称)。

图 19-34　高探马

图 19-35　右蹬腿

图 19-36　双峰贯耳

图 19-37　转身左蹬腿

(六) 第六组动作

第六组动作包括：左下势独立 (图 19-38)、右下势独立 (图 19-39)。

1. 左下势独立

①收脚摆手提勾 (左腿回收平屈，右勾；左掌置于右肩前，掌心向后；眼看右手)。
②屈蹲、落手 (手落至下肋前)、伸腿、铲步。
③仆步左穿掌。
④捻脚、弓腿挑手 (挑掌结束时前手坐腕、后手旋臂至钩尖向上)。
⑤独立挑掌 (膝关节与肘关节相对，小腿自然下垂，脚尖斜向下)。

2. 右下势独立

①落脚、转体、提勾。
②屈蹲、伸腿、铲步。
③仆步右穿掌。
④捻脚弓腿挑掌 (变右弓步)。
⑤独立挑掌。

图 19-38　左下势独立

图 19-39　右下势独立

(七)第七组动作

第七组动作包括:左右穿梭(图19-40)、海底针(图19-41)、闪通臂(图19-42)。

1. 左右穿梭

(1)右穿梭

①落脚转体。

②抱手收脚。

③上步转体挫手。

④弓步架推掌(右斜前方30°)。

(2)左穿梭

①坐腿、撇脚、落手、转体。

②抱手收脚。

③上步、挫手、转体。

④弓步架推掌(左斜前方30°)。

2. 海底针

①跟步(落于中轴线上)。

图19-40 左右穿梭

图19-41 海底针

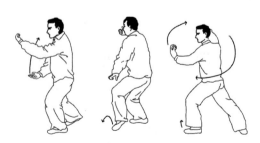

图19-42 闪通臂

②坐腿、转腰、提掌至肩。

③虚步斜下插掌（左手落于左胯旁）。

3. 闪通臂

①提掌收脚。

②上步翻掌。

③弓步分掌。

（八）第八组动作

第八组动作包括：转身搬拦捶（图19-43）、如封似闭（图19-44）、十字手（图19-45）、收势（图19-46）。

1. 转身搬拦捶

①坐腿、转身、扣脚、摆手（右手至体前，左手至额头前上）。

②坐腿、握拳、收脚（重心回移至左腿，右手向右、向下变拳经腹前划弧摆至左肋旁，拳心向下至右肋前；左手置于头前掌心斜向上，眼看前方）。

③搬拳垫步（垫步也叫捣步搬拳到体前，左手安于体侧）。

④转体收脚、摆手收拳。

⑤上步拦掌（收拳至腰间）。

⑥弓步打拳（立拳、立掌至左前臂内侧）。

2. 如封似闭

①插（穿）手翻掌（掌心向上）。

②坐腿引手翻转。

③弓步前按掌。

3. 十字手

①坐腿转身扣脚。

②弓腿分手。

③坐腿扣脚，交叉搭手。

④收脚合抱（收右脚成开立步，两手交叉抱掌于胸前）。

4. 收势

①翻掌分开。

②垂臂落手。

③并步还原。

图 19-43　转身搬拦捶

图 19-44　如封似闭

图 19-45　十字手

图 19-46　收势

第二十章 功夫扇

第一节 功夫扇概述

一、功夫扇简介

功夫扇，是以折扇为器械，以武术动作为基础，吸取中国传统武术精华，融太极、长拳等中国功夫与戏剧舞蹈动作为一体的武术健身项目。功夫扇将长拳的舒展大方，太极拳的缓慢柔和与戏剧舞蹈的表演韵味融合在一起，既有中国功夫的阳刚威仪，又有扇术的潇洒飘逸、刚柔并济、神形兼备、易学易练，同时具备强身健体和表演观赏的功效。

目前在很多学校，包括大、中、小学，都开展了功夫扇课程并组织了相应的表演和比赛。例如，功夫扇是上海市学生阳光体育大联赛武术拳操比赛女子组指定比赛项目。功夫扇也深受社会群众的广泛喜爱，成为人们日常强身健体和表演比赛中的一个常见项目。

二、功夫扇练习的注意事项

(一) 场地要求

功夫扇的练习场地，应开阔平整，通风良好，可以室内也可以室外。

(二) 着装要求

功夫扇的练习者应选择宽松合体的运动服装，避免穿着过紧的服装；运动鞋可选择武术鞋或平底运动鞋。

(三) 练习要求

1. 功夫扇准备活动要求

进行功夫扇练习前，应充分做好热身运动，以避免运动损伤，也为顺利完成功夫扇动作打好基础。例如各部位的关节练习、步法练习、扇法练习和柔韧练习。

2. 功夫扇功法与套路练习要求

练习功夫扇，对练习者的身形、步法、扇法、力量、柔韧、平衡等身体素质有一定的要求。每式动作之间环环相扣、势势相承，在动作转换之间要张弛有度、身械合一，呼吸与动作自然结合。还要注意步法与扇形的变化，手眼随扇走，动静结合、柔和连贯、造型优美。

口令指挥时，要清楚每式动作的起始与动作过程；有音乐伴奏时，要清楚每式动作与音乐节拍的配合。

3. 功夫扇整理活动要求

功夫扇练习结束后，应采取相应的措施，缓解运动后的疲劳，促进机体尽快恢复。例如拉伸练习、拍打按摩和呼吸调整。

第二节 功夫扇基本功法与套路组合

一、功夫扇基本功法

(一)功夫扇握法

握法是指握持功夫扇的基本方法。

1. 合扇握法

正螺旋握扇：拇指和食指扣紧扇根部位，其他三指自然屈握于食指下方，扇根朝下。
倒螺旋握扇：拇指和食指紧握扇首部位，其余三指自然屈握于食指下方，扇根朝上。
满握扇：手满把握住扇根一侧，虎口朝斜下方。如套路里提握扇动作、挂扇动作等。

2. 开扇握法

开扇螺旋握法：手握扇根，拇指一侧扣紧扇根，其余四指螺旋屈握扇根另一侧。可细分为：掌心朝上螺旋握法、掌心朝前螺旋握法、掌心朝左螺旋握法、掌心朝右螺旋握法、掌心朝下螺旋握法。

3. 换手接扇法

换手接扇法：右手握扇，手心朝上；同时左手大拇指朝上，以虎口为力点的接握方法。

(二)功夫扇扇法

扇法是指运用功夫扇的技巧方法。

1. 开扇

开扇是指扇由合到开的方法。甩腕至扇面平开，扇面要求平整不能有折叠。
开扇技法包括正平开扇、反平开扇、平立扇、倒立扇、反立扇等。

2. 合扇

合扇是指扇由开到合的方法。甩腕至扇骨合拢，握于虎口中，扇与手臂成一直线。

3. 云扇

云扇是指扇在水平方向转动的方法。以腕关节为轴握扇向内或向外转动。尽量保持扇面水平，运用手腕的旋转带动扇的运转。

4. 撩扇

撩扇是指合扇时大扇骨由后向前上方划弧同时小臂外旋的方法。以肩关节为轴，在身体左右划立圆。

5. 挂扇

挂扇是指合扇时大扇骨由前向后上方划弧同时小臂内旋的方法。以肩关节为轴，在身体左右划立圆。

(三) 功夫扇步型

步型是指功夫扇练习中下肢的静止形态。

1. 弓步

弓步是指两腿分开一大步，一腿屈膝，另一腿蹬直的姿势。分为前弓步、侧弓步。

2. 仆步

仆步是指两腿左右分开一大步，一腿屈膝全蹲，膝脚外展；另一腿伸直平仆接近地面，两脚全脚着地的姿势。

3. 虚步

虚步是指两脚平行，前后开立，后腿屈膝半蹲，重心在后腿；前腿屈膝，脚面绷直，脚尖稍内扣虚点地面的姿势。

4. 歇步

歇步是指两腿交叉靠拢全蹲，前脚全脚着地，后脚前脚掌着地，后腿膝部靠于前小腿外侧，臀部接于后脚跟处的姿势。

5. 马步

马步是指两脚左右分开一大步，半蹲，膝脚方向一致，膝部不超过脚尖的姿势。

(四) 功夫扇步法

步法是指功夫扇练习中脚步移动变化的方法。

1. 上步

上步是指前脚不动，后脚超越前脚，向前迈步的步法。

2. 跟步

跟步是指一脚上步，为实；后脚跟之，为虚的步法。

3. 退步

退步是指后脚不动，前脚后退，向后退步的步法。

4. 插步

插步是指一脚在另一脚后斜插一大步，成前腿屈膝，后退蹬直的步法。

5. 盖步

盖步是指一脚在另一脚前上步盖住后脚的步法。

二、功夫扇套路组合范例

1. 预备式（图20-1）

两脚并拢，身体正直，自然站立，右手握住扇根，扇首朝下，手心向内，目视前方。
要点：周身放松，呼吸自然。

图20-1　预备式

2. 第一式　大鹏展翅（图20-2）

右脚向右迈出半步，随即左脚向右后插步。同时右手持扇向右、向上举至头顶开扇；左手贴在后腰部，掌心向后。目视左侧。
要点：摆头与开扇一致，手臂伸直，头要上顶，身体挺拔。

图20-2　大鹏展翅正、侧面

3. 第二式　矫然立鹤（图20-3）

左脚向左迈出半步，随即右脚向左脚并步。右手持扇下落至侧平举合扇，手心向上。目视右侧。
要点：右手臂与扇成一条直线。

图20-3　矫然立鹤

4. 第三式　霸王扬旗（图20-4）

左脚向左上步，重心前移成左弓步。右手持扇向下摆至体前开扇，扇沿朝上；左手摆掌合至右前臂内侧。目视右侧。

要点：上步和开扇一致。

图20-4　霸王扬旗

5. 第四式　孔雀开屏（图20-5）

重心上起。右手持扇向下、向上摆至头顶云扇后合扇，随即下落至体前；左手体侧打开再合于右手腕。目随扇动。

左脚向右脚并步。右手持扇向下、向上摆至头顶开扇，扇沿朝左；左掌变拳收于腰间，目视左侧。

要点：云扇合扇后并步，摆头和开扇一致。

图20-5　孔雀开屏

6. 第五式　上步打虎（图20-6）

接上一个动作，右手持扇合扇。

左脚上步成半跪步。右手持扇下开扇，高与肩平，扇沿朝下；左拳变掌合于右手腕，目视右侧。

要点：步型为半跪步，右手臂伸直成水平。

图20-6　上步打虎

7.第六式　挥鞭策马（图20-7）

右腿蹬直成弓步。右手持扇向上合扇，再向下弧形摆至体前，手心朝上；左手随身体自然摆至右手肘弯，手心朝下，目视前方。

要点：右手臂伸直立圆环绕一圈。

图20-7　挥鞭策马

8.第七式　揽扎衣（图20-8）

上体微左转再右转成马步。右手持扇以肘关节为轴内旋向右侧开扇，随即借力合扇，手心朝外；左掌收至腹前，掌心朝上，目视右扇。

要点：右手随身体微向左转再向右转，体现出太极拳理要求的"欲左先右，欲上先下"；开扇与合扇要连贯，利用手腕抖动发力。

图20-8　揽扎衣

9. 第八式　雏燕凌空（图 20-9）

上体左转，重心左移成左弓步。右手持扇上架于头顶；左手经右侧向上、向左弧形摆成侧平举，手心向左。目视左侧。

左脚向右脚并步。右手持扇经体前向下反穿至侧平举开扇；左掌收至右肩，目视右侧。

要点：右手反穿时右肩稍下压，动作要协调。

图 20-9　雏燕凌空

10. 第九式　悬崖勒马（左）（图 20-10）

接上一个动作，右手持扇合扇。

上体左转，左脚向左迈出半步，随即右脚向左上步成右虚步。同时右手持扇摆至体前，手臂自然伸直，手心朝上；左手向前、向左弧形摆至左侧，手臂撑圆，掌心朝外。目视前方。

要点：左手臂撑圆，动作要饱满。

图 20-10　悬崖勒马（左）

11. 第十式　悬崖勒马（右）（图 20-11）

上体右转，右脚向前一小步，随即左脚向前一步成左虚步。同时右手持扇内旋摆至右侧，手臂撑圆，手心朝外；左手外旋摆至体前，手臂自然伸直，掌心朝上。目视前方。

要点：右手臂撑圆，动作要饱满。

图20-11　悬崖勒马（右）

12. 第十一式　怀中抱月（图20-12）

上体微左转，左脚向前一步，左脚尖外展45°，重心移至左腿，后脚跟提起。同时右手平摆至体前开扇，扇沿朝内；左手内旋摆至左侧，手臂撑圆，掌心朝外。目视前方。

要点：左手臂撑圆，扇面紧贴手臂。

图20-12　怀中抱月

13. 第十二式　螳螂捕蝉（图20-13）

重心后坐成左虚步，左脚跟点地。同时右手持扇转手心朝上，扇沿朝上；左手合于右手腕。目视前方。

要点：身体中正，两手合于腹前。

图20-13　螳螂捕蝉

14. 第十三式　苏秦背剑（图20-14）

上体微右转，重心移至左腿。右手持扇向后摆，扇沿朝下；左手上穿，掌心斜朝上，指尖朝前。目视右后方。

右脚向前盖步成右弓步，脚尖微外撇，左腿伸直，脚跟提起；同时右臂外旋转扇沿朝上，随即向上向前向下摆至体后，扇沿朝上；左手收至右胸前，随即伸直上穿，掌心朝上，指尖朝前。目视右手。

　　要点：右手持扇立圆环绕，左手与右手动作协调配合。

图20-14　苏秦背剑

15. 第十四式　霸王扬旗（图20-15）

　　左脚向前上成左弓步，右手合扇向前、向后、向下摆至体前开扇，扇沿朝上；左手弧形回收至右肩再合于右前臂内侧。目视右侧。

　　要点：右手持扇立圆环绕，左手动作与右手动作相配合，上步和开扇一致。

图20-15　霸王扬旗

16. 第十五式　彩蝶飞舞（图20-16）

　　上体右转，右脚向左后插步。同时右手持扇向上摆至头顶云扇后下落至体前；左手左侧打开再合于右手腕。目视前方。

　　要点：右手云扇要连贯。

图20-16　彩蝶飞舞

17. 第十六式　古树盘根（图20-17）

接上一个动作，右手持扇合扇。

右脚向左前盖步。左手伸直下摆，掌心朝下；右手持扇上摆至头右侧。目视前方。

以两脚尖为轴，上体左转成左歇步。右手持扇随转体向下向上摆至头右侧，再向前下方插扇，手心朝上；左手随转体向上、向左、向下摆至身体左侧，经腰间向后穿出，手臂伸直，手心朝上。目视前下方。

要点：右手持扇从耳侧向下穿出，两臂成一条直线。

图20-17　古树盘根

18. 第十七式　白鹤亮翅（图20-18）

右脚向前半步，随即左脚向前一步成左虚步。同时右手持扇向后向上开扇，扇沿朝前；左手向上、向前、向下摆至左髋前，掌心朝下，指尖朝前。目视前方。

要点：右手臂伸直向上，左膝微屈。

图20-18　白鹤亮翅

19. 第十八式　推窗望月（图20-19）

左脚微抬起，脚后跟点地。右手持扇下落至体前，掌心朝上，扇沿朝前；左手合于右手腕。目视前方。

上体微右转后左转，重心移至左腿，右脚屈膝抬起。右手持扇随转体内旋向右前方推扇，手心朝前，扇沿朝左；左手随转体摆至扇下方。目视左侧。

要点：右腿抬起时，上体向左拧转45°。

图 20-19　推窗望月

20. 第十九式　风摆荷叶（图 20-20）

右脚向前落步成右虚步，脚后跟点地。右手手心翻向下，扇沿朝前；左手手心翻转向上。目视前方。

上体左转 180°，右脚内扣，左脚后撤一步成右虚步，脚后跟点地。右手向下随转体摆至体前，手臂伸直，手心朝上，扇沿朝前；左手下捋摆至左侧，高与肩平，手臂撑圆，掌心朝外。目视前方。

要点：左手臂撑圆，右手持扇成水平。

图 20-20　风摆荷叶

21. 第二十式　黄蜂入洞（图 20-21）

右脚后撤一步成左弓步。左手合于右手腕。目视前方。

重心后移，上体右转 180° 成右虚步。两手随转体向右平摆。

右脚提起上步成右弓步。右手翻扇转掌心朝下，再向前插扇，高与肩平，扇沿朝前。

要点：扣脚时，重心先右移再左移，转身与收扇动作协调一致。

图 20-21

图 20-21　黄蜂入洞

22. 第二十一式　乌龙摆尾（图 20-22）

左臂外旋转掌心朝上。目视右手。

重心后移。右手持扇捋至腹前，扇沿朝下；左手向下捋至身体左侧。目视左前方。

左脚向右后插步成交叉步。右手合扇向上、向右摆至侧平举，手心朝上；左手上摆至头上，掌心朝上。目视右侧。

要点：捋时要重心后移，手脚协调一致。

图 20-22　乌龙摆尾

23. 第二十二式　顺弯肘（图 20-23）

两腿不动。右手持扇向上、向左屈肘于胸前，扇首朝上，手心朝内；左手左侧下落至侧平举，掌心朝左。目视左侧。

右脚向右跨出一步成马步。右手持扇向右击肘，力达肘尖；左手内收紧贴右手拳面。目视右侧。

要点：马步顶肘时要快速有力，力达肘尖。

图 20-23　顺弯肘

24. 第二十三式 猛虎捕食（图 20-24）

右脚震脚，左脚抬起，两手收于腰间。左脚向前落步成左弓步，两手向前推出。目视前方。

要点：震脚的同时，两手快速收至腰间，迅速推出。

图 20-24 猛虎捕食

25. 第二十四式 排山倒海（图 20-25）

以左脚为轴，上体右转 180° 成弓步。右手向上、向左、向下划弧收于右腹前；左手向上、向左、向下划弧收于右肩前。目视右侧。

马步下蹲，左掌向左推出。目视左侧。

要点：右手持扇贴于腹前，推掌与摆头同时完成。

图 20-25 排山倒海

26. 第二十五式 金瓶倒水（图 20-26）

上体左转，左腿屈膝上提。左手收于右肘内侧；右手持扇向上、向前摆至侧平举开扇，扇沿朝下。目视前方。

要点：提膝时，膝盖应过腰，右手臂伸直成水平。

图 20-26 金瓶倒水

27. 第二十六式　鱼跃龙门（图 20-27）

右手腕翻腕合扇。

两手向左后方下摆。目视左下方。

左脚向前落步，右腿向前跃出（双脚离地），左腿屈膝向后提起，随即右脚落地。右手持扇向前、向上、向后画弧摆至侧平举开扇，扇沿朝下；左手向前、向上画弧上摆至头顶，掌心朝上。目视后方。

左脚向前上步，随即右脚向左脚跟步成并步，两膝微屈。右手持扇向体前挑扇，高与肩平，扇沿朝下；左手落至右手腕。目视前方。

左腿屈膝上提。右手屈肘拉扇，扇沿朝前。左手向前推掌，掌心朝前。目视前方。

要点：空中跳起时开扇，落步后动作要缓慢柔和。

图 20-27　鱼跃龙门

28. 第二十七式　凤凰点头（图 20-28）

左脚向前落步，脚跟着地。左手收至右肩前，右手向前送扇。目视前方。

左脚外撇落地，右脚向前上步成右虚步。右手左侧划圆向前合扇，掌心朝上；左手下落摆至左侧，手臂撑圆，掌心朝外。目视前方。

要点：左手臂撑圆，手略高于肩。

图 20-28　凤凰点头

29. 第二十八式　坐马观花（图20-29）

上体右转，右脚外摆成交叉步。两手下落合于腹前，左手紧贴右手腕。目视前方。

左脚向左横跨一步，随即右脚向左脚并步，前脚掌点地。右手持扇向右开扇，扇沿朝上；左手左侧打开，再抱拳收于腰间。目视前方。

要点：并步与开扇同时完成，并步开扇要迅速。

图20-29　坐马观花

30. 第二十九式　黄莺落架（图20-30）

两腿不动。右手内旋下落至腹前，扇沿斜朝下，手心朝内；左拳变掌落至腹前，掌心朝内，两手臂交叉。目视前方。

右脚向左盖步成右歇步。两手经头上下落打开，扇沿朝上，手心朝上。目视前方。

要点：歇步时两臂成一条直线，与地面平行。

图20-30　黄莺落架

31. 第三十式　拨草寻蛇（图20-31）

上体左转，左脚向左迈出一步成左弓步。右手持扇向前插扇，扇沿朝前；左手合于右前臂内侧。目视前方。

上体右转成马步。右手持扇屈肘拉扇，扇沿朝左；左掌向左推出。目视左侧。

以左脚掌为轴，上体左转180°，右脚向右迈步成马步。右手持扇向右前下方插扇，手心朝下，扇沿斜向下；左手收于右肩前。目视右前下方。

要点：马步拉扇时要缓慢，马步下插扇时要迅速。

图 20-31　拨草寻蛇

32. 第三十一式　霸王举鼎（图 20-32）

接上动作，右手持扇合扇。

上体右转180°，右脚向左回收半步震脚，左脚落步成马步。右手持扇抢臂随转体上举至头顶开扇，扇沿朝左；左手上摆下按于大腿外侧，掌心朝下，指尖朝前。目视左侧。

要点：转身与抢臂协调一致，震脚、开扇、摆头相一致。

图 20-32　霸王举鼎

33. 第三十二式　仙人指路（图 20-33）

右脚向左横跨半步震脚，随之左脚左跨半步成右弓步。右手合扇；左手上摆至水平。目视右侧。

上体左转，重心左移成左弓步。右手持扇经腰间向前刺扇；左手合于右肘内侧。目视前方。

要点：合扇与震脚一致，刺扇时手臂伸直。

图 20-33　仙人指路

34. 第三十三式　力劈华山（图 20-34）

重心上起，上体右转，左脚向前跟步。右手持扇向上、向下画弧下落于身体右后方；左手下落经后方划弧上摆至头上。目视前方。

左脚向前上步成交叉步，脚尖外撇；右手持扇向上、向前挂扇；左手收于右肩前。

右脚向左脚并步点地。右手持扇向左后挂扇。目随扇动。

右脚向前一步成右弓步。右手持扇向上、向前开扇，手臂与肩同高，扇沿朝下；左手上架于头上。目视前方。

要点：两手直臂环绕时要画立圆。

图 20-34　力劈华山

35. 第三十四式　神龙返首（图 20-35）

接上动作，右手持扇合扇。

重心左移，右手持扇摆至体前，手心向上；左手收至腰间，掌心朝上。目视前方。

左脚向右后插步成右歇步。右手持扇划弧向右开扇，扇沿朝上；左手上架于头上，目视右侧。

要点：摆扇与重心的转移协调一致。

图 20-35　神龙返首

36. 第三十五式　转身抛接（图20-36）

上体左转180°成高马步。同时右手持扇内旋收于腰部，手心朝上，扇沿朝上；左手收至腰部，紧握扇柄。目视前方。

上体左转，左脚尖外摆。左手向前抛扇后，向左侧撑掌，手臂撑圆，掌心朝外；右手前伸接扇，手心朝上。目视前方。

要点：转身时为马步，抛接时左脚尖可外撇。抛扇时要匀速缓慢，扇面应垂直于地面旋转。

图20-36　转身抛接

37. 第三十六式　顺水推舟（图20-37）

右脚向前一步成右弓步。同时两手合于胸前，随即分开，右手向前送扇，手臂成水平，扇沿朝上；左手向左侧撑掌，手臂撑圆，掌心朝外。目视前方。

要点：要先收后推，左脚支撑要稳。

图20-37　顺水推舟

38. 第三十七式　彩蝶飞舞（图20-38）

左脚向右前盖步成交叉步。右手云扇后合扇于体前；左手随右手云扇同时收于体前，左手搭于右手腕处。目视左侧。

右腿屈膝向后提起。两手由下向水平打开，左手掌心朝左；右手摆至水平开扇，扇沿朝上。目视左侧。

要点：云扇时，左右手要协调。

图 20-38 彩蝶飞舞

39. 第三十八式 白蛇吐信（图 20-39）

右脚向前落步成右虚步，脚后跟点地。右手内旋转，手心朝下，扇沿朝前；左手收至体前，掌心朝上。目视前方。

左脚向右脚并步震脚。右手经胸前向前翻扇，同时合扇，手心向上；左手翻掌收至右肘下方，掌心朝下。目视前方。

要点：翻扇时右手应经左臂内侧向前翻出。

图 20-39 白蛇吐信

40. 第三十九式 霸王举鼎（图 20-40）

右脚向右后方 45° 退步成半马步。右手上摆至头顶开扇；左手下落至侧平举亮掌，掌心朝外。扇沿方向同亮掌方向。目视亮掌方向。

要点：右手臂垂直，贴住耳侧，亮掌与摆头一致。

图 20-40 霸王举鼎

41. 第四十式　移花接木（图 20-41）

接上动作，右手持扇合扇。

重心前移成左弓步。右手持扇向左前下方挂扇后抛扇；左手接扇，手握扇根。目视前方。

要点：挂扇时抛扇，使之立圆旋转，左手接握扇根。

图 20-41　移花接木

42. 收势（图 20-42）

右脚向前一步成开立步。左手下落至体侧，手心朝后；右手经腹前向右侧上起至头顶，再下按于体侧。

左脚向右脚并步。

图 20-42　收势

第三节 功夫扇裁判法

功夫扇比赛裁判法参照武术套路规则和裁判法，以保证比赛的公平公正规范。

一、裁判基本要求

功夫扇参赛选手需要按照规定的时间和动作要求完成功夫扇套路表演。

裁判根据参赛选手展现的动作技巧、舞台表现和整体效果进行评分。

每场比赛由三名裁判组成，其中一名主裁判，两名副裁判。主裁判负责最终判决和总分计算。

二、裁判判罚主要内容

1. 规定动作

每个套路组合都有特定的规定动作要求，参赛选手需要准确地展示这些动作，否则将被扣分。

2. 动作难度

参赛选手可以根据自己的实力和技巧难度调整动作，但过于简单或超出自身能力的动作都会被扣分。

3. 姿势和力量

参赛选手应保持正确的姿势和动作力量，动作刚柔并济、顺畅自然，若姿势僵硬或力量不足等将被扣分。

4. 整体编排

参赛套路应有合理编排，包括动作的顺序、动作数量和动作过渡等，若编排不合理或缺乏编排的动作将被扣分。

5. 现场表现和形象

参赛选手的表现应具有舞台感，包括面部表情、视线和身体语言等，着装和仪表也会影响评分。

6. 倒计时和停顿

参赛选手应在规定时间内完成套路组合的展示，倒计时结束后仍未完成动作或停顿超过规定时间，将被扣分。

7. 判罚标记

裁判观察参赛选手在比赛中的表现，若有违反规则的行为，将做出判罚标记并扣分。

8. 总得分计算

裁判根据评分标准给出每个项目的分数并累加计算出总得分，最后由主裁判确定胜者。

第二十一章　八段锦

第一节　八段锦概述

一、八段锦简介

八段锦是中国古代导引术中的一个重要组成部分，是一套针对脏腑、病症而设计的独立而完整的健身功法，有"调脾胃、理三焦、去心火、固肾腰"的作用。它起源于北宋，至今共有800多年的历史。古人把这套动作比喻为"锦"，意为"五颜六色，美而华贵"。现代的八段锦在内容与名称上均有所改变，此功法分为八段，每段一个动作，故名为"八段锦"。八段锦的每一个动作名称都明确提出了动作的要领、作用和目的。功法中伸展、前俯、后仰、摇摆等动作，分别作用于人体的三焦、心肺、脾胃、肾腰等部位或器官，可以防治心火、五劳七伤等各种疾病，并有滑利关节、发达肌肉、增长气力、强壮筋骨、帮助消化和调整神经系统的功效。

八段锦功法特点主要体现在以下几个方面：柔和缓慢、圆活连贯；松紧结合，动静相兼；神与形合、气寓其中。八段锦练习时无须器械，不受场地局限，简单易学，节省时间，作用极其显著；适合男女老少。

二、八段锦的练习要求

八段锦练习者应掌握每式的动作，做到虚实分明，路线带有弧形，不直来直往。在意念的引导下，动作轻灵活泼，保持肌肉的牵引拉伸。在练习时，应注意松静自然、准确灵活、练养相兼、循序渐进。每节动作都有益于身体某一部位或系统，具有针对性。比如第一式、第二式和第六式，可以使呼吸肌肉群得到充分锻炼，从而提高肺活量。第一式和第三式能够提高肩关节和手关节的灵活性。第四式可防治颈椎病，第五式可以提高髋和踝关节的灵活性。第六式可以强腰健肾防治腰酸背痛，第七式能增强力量和耐力，第八式可以行气养血改善脏腑功能。八段锦整套动作看似横平竖直、柔和缓慢，但却方圆相应、松紧结合，在初学阶段要掌握每一式的动作要领，先求动作方整，再求动作圆活；先体会柔和缓慢，再体会动静相兼。只有把各式动作综合起来并且持久练习，才能达到更好的健身效果。

第二节　八段锦基本动作技术

一、八段锦基本功

1. 基本手形

拳形：大拇指抵掐无名指根节内侧，其余四指屈拢收于掌心。

掌形：掌形之一，五指微屈，稍分开，掌心微含；掌形之二，拇指与食指竖直分开成八字状，其余三指第一、二指节屈收，掌心微含。

爪形：五指并拢，除大拇指第一指节外，其余四指第一、第二指节屈收扣紧，手腕伸直。

2. 基本步型

并步站立：两臂自然垂于体侧。身体中正，目视前方。

马步：两脚间距为本人脚长的2～3倍，屈膝半蹲，大腿略高于水平。

二、八段锦基本动作

1. 预备势（图21-1）

①两脚并步站立。两臂自然垂于体侧。身体中正，目视前方。

②随着松腰沉髋，身体重心移至右腿。左脚向左侧开步，脚尖朝前，约与肩同宽。目视前方。

③两臂内旋，两掌分别向两侧摆起，约与髋同高，掌心向后。目视前方。

④继续保持上一动作，两腿膝关节稍屈。同时两臂外旋，向前合抱于腹前呈圆弧形，与脐同高，掌心向内，两掌指间距约10厘米。目视前方。

图21-1 预备势

2. 第一式：两手托天理三焦（图21-2）

①接预备势，两臂外旋微下落，两掌五指分开在腹前交叉，掌心向上。目视前方。

②两腿徐缓挺膝伸直，同时，两掌上托至胸前，随之两臂内旋向上托起，掌心向上。抬头，目视两掌。

③继续上一动作，两臂继续上托，肘关节伸直。同时下颌内收，动作略停。目视前方。

④身体重心缓缓下降。两腿膝关节微屈。同时，十指慢慢分开，两臂分别向身体两侧下落，两掌捧于腹前，掌心向上。目视前方。

⑤本式托举、下落为一遍，共做六遍。练功时，两掌上托要舒胸展体，略有停顿，保持抻拉；两掌下落要松腰沉髋，沉肩坠肘，松腕舒指，上体中正。

图21-2　两手托天理三焦

功理与作用：通过两手交叉上托，缓慢用力，保持抻拉、可使"三焦"通畅、气血调和。通过拉长躯干与上肢各关节周围的肌肉、韧带及关节软组织，对防治肩部疾患、预防颈椎病等具有良好的作用。三焦为六腑之一，主要功能为疏通水道和主持气化。其位置是在胸腹之间，胸膈以上为上焦，脐以上为中焦，脐以下为下焦。

3. 第二式：左右开弓似射雕（图21-3）

①接上式。身体重心右移。左脚向左侧开步站立，两腿膝关节自然伸直。同时，两掌向上交叉于胸前，左掌在外，两掌心向内。目视前方。

②上一动作不停。两腿徐缓屈膝半蹲成马步。同时，右掌屈指成"爪"，向右拉至肩前；左掌成八字掌，左臂内旋，向左侧推出，与肩同高，坐腕，掌心向左，犹如拉弓射箭之势。动作略停。目视左掌方向。

③身体重心右移。同时，右手五指伸开成掌，向上、向右画弧，与肩同高，指尖朝上，掌心斜向前；左手手指伸开成掌，掌心斜向后。目视右掌。

④上一动作不停。重心继续右移。左脚回收成并步站立。同时，两掌分别由两侧下落，捧于腹前，指尖相对，掌心向上。目视前方。

⑤～⑧动作与①～④动作相同。左右相反。

⑨本式一左一右为一遍，共做三遍。第三遍最后一个动作时，身体重心继续左移。右脚回收成开步站立，与肩同宽，膝关节微屈。同时，两掌分别由两侧下落，捧于腹前，指尖相对，掌心向上。目视前方。

图 21-3　左右开弓似射雕

功理与作用：本式可以展肩扩胸，发展下肢肌肉力量，提高协调能力，同时有利于矫正驼背、含胸等不良姿势。

4. 第三式：调理脾胃臂单举（图 21-4）

①接上式。两腿徐缓挺膝伸直。同时左掌上托，左臂外旋上穿经过面前，随之臂内旋上举至头左上方，肘关节微屈，力达掌根，掌心向上，掌指向右。同时，右掌微上托，随之臂内旋下按至右髋旁，肘关节微屈，力达掌根，掌心向下，掌指向前，动作略停。目视前方。

②松腰沉髋，身体重心缓缓下降。两腿膝关节微屈。同时，左臂屈肘外旋，左掌经面前下落于腹前，掌心向上；右臂外旋，右掌向上捧于腹前，两掌指尖相对，相距约 10 厘米，掌心向上。目视前方。

③、④动作同①、②动作，方向相反。

⑤本式一左一右为一遍，共做三遍。做完后，两腿膝关节微屈。同时，右臂屈肘，右掌下按于右髋旁，掌心向下，掌指向前。目视前方。

图 21-4 调理脾胃臂单举

功理与作用：通过左右上肢一松一紧的上下对拉，可以牵拉腹腔，对脾胃中焦肝胆起到按摩作用。同时可以刺激位于腹、胸、肋部的相关经络以及背部的穴位，达到调理脾胃和脏腑经络的作用。练习此式也可使脊柱内各椎骨间的小关节及小肌肉得到锻炼，从而增强脊柱的灵活性与稳定性，有利于预防和治疗肩、颈疾病。

5. 第四式：五劳七伤往后瞧（图 21-5）

①接上式。两腿徐缓挺膝伸直。同时，两臂伸直，掌心向后，指尖向下。目视前方。然后保持上一动作不停，两臂充分外旋，掌心向外；头向左后转，动作略停。目视左斜后方。

②松腰沉髋，身体重心缓缓下降。两腿膝关节微屈。同时，两臂内旋按于髋旁，掌心向下，指尖向前。目视前方。

③同动作①，方向相反。

④同动作②，方向相反。

⑤本式一左一右为一遍，共做三遍。最后一遍时，两腿膝关节微屈。同时，两掌捧于腹前，指尖相对，掌心向上。目视前方。练习此式时注意头要向上顶，肩要向下沉；转头不转体，旋臂，两肩后张。

图 21-5

图21-5 五劳七伤往后瞧

功理与作用：

①"五劳"指心、肝、脾、肺、肾五脏劳损；"七伤"指喜、怒、悲、忧、恐、惊、思七情伤害。本式动作通过上肢伸直外旋扭转的静力牵张作用，可以扩张牵拉胸腔、腹腔内的腑脏。

②本式动作中往后瞧的转头动作，可刺激颈部穴位，达到防治"五劳七伤"的目的。

③可增加颈部及肩关节周围参与运动肌群的收缩力，增加颈部运动幅度，活动眼肌，预防眼肌疲劳以及肩、颈与背部的疾患。同时，改善颈部及脑部血液循环，有助于解除中枢神经系统疲劳。

6. 第五式：摇头摆尾去心火（图21-6）

①接上式。身体重心左移。右脚向右开步站立，两腿膝关节自然伸直。同时，两掌上托与胸同高时，两臂内旋，两掌继续上托至头上方，肘关节微屈，掌心向上，指尖相对。目视前方。

②上一动作不停。两腿徐缓屈膝半蹲成马步。同时，两臂向两侧下落，两掌扶于膝关节上方，肘关节微屈，小指侧向前。目视前方。

③身体重心向上稍升起，而后右移。上体先向右倾，随之俯身。

④上一动作不停。身体重心左移。同时，上体由右向前、向左旋转。目视右脚。

⑤身体重心右移，成马步。同时，头向后摇，上体立起，随之下颌微收。目视前方。

⑥～⑧动作同②～⑤动作，方向相反。

⑨本式一左一右为一遍，共做三遍。做完三遍后，身体重心左移，右脚回收成开步站立，与肩同宽。同时，两掌向外经两侧上举，掌心相对。目视前方。随后松腰沉髋，身体重心缓缓下降。两腿膝关节微屈；同时屈肘，两掌经面前下按至腹前，掌心向下，指尖相对。目视前方。

功理与作用：通过练习此式可以刺激脊柱与督脉，达到疏经泄热的作用，有助于去除心火，同时提高髋和踝关节的灵活性。

图21-6

图21-6 摇头摆尾去心火

7. 第六式：两手攀足固肾腰（图21-7）

①接上式。两腿挺膝伸直站立。同时，两掌指尖向前，两臂向前、向上举起，肘关节伸直，掌心向前。目视前方。

②两臂外旋至掌心相对，屈肘，两掌下按于胸前，掌心向下，指尖相对。目视前方。

③保持上一动作不停。两臂外旋，两掌心向上，随之两掌掌指顺腋下向后插。目视前方。

④两掌心向内沿脊柱两侧向下摩运至臀部。随之上体前俯，两掌继续沿后腿向下摩运，经脚两侧置于脚面。抬头，动作略停。目视前下方。

⑤两掌沿地面前伸，随之用手臂举动上体起立，两臂伸直上举，掌心向前。目视前方。

⑥本式一上一下为一遍，共做六遍。做完后，上体立起。同时，两臂向前、向上举起，肘关节伸直，掌心向前。目视前方。随后松腰沉髋，身体重心缓缓下降。两腿膝关节微屈。同时，两掌向前下按至腹前，掌心向下，指尖向前。目视前方。

图21-7

图21-7　两手攀足固肾腰

功理与作用：

①通过前屈后伸可以刺激脊柱、督脉以及命门、阳关、委中等穴，有助于防治生殖泌尿系统方面的慢性病，达到固肾壮腰的目的。

②通过脊柱大幅度前屈后伸，可有效发展躯干前、后伸屈脊柱肌群的力量与伸展性。同时对腰部的肾、肾上腺、输尿管等器官有良好的牵拉、按摩作用，可以改善其功能，刺激其活动。

8.第七式：攒拳怒目增气力（图21-8）

①接上式，身体重心右移，左脚向左开步。两腿徐缓屈膝半蹲成马步。同时，两掌握固，抱于腰侧，拳眼朝上。目视前方。

②左拳缓慢用力向前冲出，与肩同高，拳眼朝上。瞪目，视左拳冲出方向。

③左臂内旋，左拳变掌，虎口朝下。目视左掌。左臂外旋，肘关节微屈；同时，左掌向左缠绕，变掌心向上后握固。目视左拳。

④屈肘，回收左拳至腰侧，拳眼朝上。目视前方。

⑤～⑧动作同①～④动作，方向相反。

⑨本式一左一右为一遍，共做三遍。做完后，身体重心右移，左脚回收成并步站立。同时，两拳变掌，自然垂于体侧。目视前方。练习此式时，冲拳要怒目瞪眼，注视冲出之拳，同时脚趾抓地，拧腰顺肩，力达拳面；拳回收时要旋腕，五指用力抓握。

图21-8

图 21-8　攥拳怒目增气力

功理与作用：

①本式中的"怒目瞪眼"可刺激肝经，使肝血充盈，肝气疏泄，有强健筋骨的作用。

②两腿下蹲。十趾抓地、双手攥拳、旋腕、手指逐节强力抓握等动作，可刺激手、足三阴三阳十二经脉的俞穴和督脉等。同时使全身肌肉、经脉受到静力牵张刺激，长期锻炼可使全身筋肉结实，气力增加。

9. 第八式：背后七颠百病消（图 21-9）

①接上式。两脚跟提起。头上顶，动作略停。目视前方。

②两脚跟下落，轻震地面。目视前方。

③本式一起一落为一遍，共做七遍。

图 21-9　背后七颠百病消

功理与作用：

①脚趾为足三阴、足三阳经交汇之处，脚十趾抓地，可刺激足部有关经脉，调节相应脏腑的功能；同时，颠足可刺激脊柱与督脉，使全身脏腑经络气血通畅，阴阳平衡。

②颠足而立可发展小腿后部肌群力量，拉长足底肌肉、韧带，提高人体的平衡能力。

③落地震动可轻度刺激下肢及脊柱各关节内外结构，并使全身肌肉得到放松复位，有助于解除肌肉紧张。

10. 收势（图 21-10）

①接上式。两臂内旋，向两侧摆起，与髋同高，掌心向后。目视前方。

②两臂屈肘，两掌相叠置于丹田处（男性左手在内，女性右手在内）。目视前方。

③两臂自然下落，两掌轻贴于腿外侧。目视前方。

图 21-10　收势

第二十二章　中华射艺

第一节　中华射艺概述

一、中华射艺的起源与发展

弓箭是人类伟大的文明成果之一，产生于距今五万年前的旧石器时代晚期。世界上所有的民族都有自己的弓箭文化。弓箭文化是中国的一项传统文化，而射箭作为中国弓箭文化的结晶，是中华文化最直接的体现，是构成中国国术的一个重要组成部分。据考古发现，中华先民就已经使用石箭镞。弓箭是冷兵器时代最具杀伤力的武器，也是古代君子六艺的主要内容，更是十八般武艺之首，留下了后羿射日、李广射虎、一箭双雕等成语典故，和"将军夜引弓""西北望，射天狼"等绚丽诗篇，以及《射经》《武经射学正宗》等数十部射艺古籍。

在华夏历史漫长的岁月里，射箭这项古老的人类活动见证了中华文明的发展和演变。在古代，射箭不仅是狩猎手段，也是众多巫术仪式中的一种。这种巫术性质的射箭仪式作为一种集体仪式，是后来射艺赛会的雏形。《礼记》中的《内则》篇载："国君世子生，告于君，接以大牢，宰掌具。三日……射人以桑弧蓬矢六。射天地四方，保受乃负之……使食子。"将人对世界的认知与神秘的巫术力量结合，而其中记载的"射"，正是典型的巫术性射箭。其中《内则》中的"射天地"是为了沟通神界，求人世的平安；"射四方"则是想通过射箭的"巫力"实现对四方的控制，"御四方之乱"。尽管早期记载有些神幻色彩，但充分表现了射箭不仅是狩猎和战争的工具，也成为一种希冀社会和谐有序的精神象征，同时对于后世射礼文化的发展具有重要作用。随之而来的周礼则将"神圣性"进一步理性化为"道德性"，从而将射箭从祈神的仪式行为转化为个人的德性修炼。随着周公制定礼乐制度，射礼趋于完善，一项典型的体育赛会登上中国历史的舞台。在两周时期，上至大射礼，下至乡射礼，都有其教育意义，而在孔子等思想家的眼中，射礼竞赛已经成为培育君子的良方。"礼"的社会制度，"德"的精神要求，勾画出了中华射艺的精神起源。祭祀中的仪式规范成为了"礼"的礼仪规范，祭祀中的虔敬心理发展为"礼"的道德要求。到了西周时期，"礼"作为涵盖政治、社会、道德等全方位的社会规范得以确立。周礼对于祭祀的超越在于世俗和神圣的融合，这种融合将精神上的道德要求灌输到制度性的人际礼仪中。西周时期的"乡饮酒礼""乡射礼"等社会活动明显带有通过"礼"的实施将道德要求通达于整个社会的教育之功用。

由"礼"所规范、"德"所指引的射礼竞赛是中国古代最具积极意义的"争"。以射礼为代表的体育之争，不但超越了负面意义上的"争"，而且创造出了在"德"的引导下的"君子之争"。"以德引争"是将原始意义上争夺的概念，约束为规范有序的竞争，将其对象从物质利益层面引导到精神道德层面。因为这"争"不是无序之争，孔子将"射"纳入"六艺"，成为教育贵族子弟的重要手段。在中国文化"崇礼尚德"的背景下,"以德引争"成为中华射艺特有的文化内涵。

二、中华射艺的特点与价值

中华射艺不仅仅是一项传统运动,更是一种文化现象。早在西周,射箭已成为一门"艺",构建起一整套的"射礼"制度。在注重"贯革之射、力穿数札"的高超技艺的同时,又提出了"射不主皮、射以观德"的理念。给射箭赋予了教育功能和人文教化的内涵。孔子、孟子等纷纷著书立说推广寓教于射的修行教育方式,将射箭奉为"君子六艺"之一。将射艺课程引入高校教学中,可以培养学生"立德树人"的品质,更好地发展体育的德育功能。

射箭运动是锻炼身体的一项有效手段,经常科学地从事射箭运动,可以促进人体产生良好的变化,不仅可以增强肩、臂、腰、腿部的力量,还可以发达胸、背肌肉,锻炼目力,提高注意力,对于工作和学习都会起到积极的推动作用。还可以考验人们的意志力,培养人顽强、果敢、勇于克服困难的意志品质。经常参加射箭活动还可以促进运动器官的发展,加强新陈代谢,使骨骼的血液供应得到改善,让骨骼变得更加粗壮坚固,同时提高了骨骼的抗阻和支撑的能力,使骨骼结构和性能得到增强。肌肉本身由于血液供应的增加,对蛋白质等营养物质的吸收与贮存能力也随之增强。通过系统训练还可以使大脑皮层的兴奋和抑制过程更加集中,提高神经系统对肌肉的控制能力,具体表现在对肌肉的反应速度、准确性和动作的协调性控制都有所提高。

三、中华射艺的基本礼仪

(一)上射位礼

"上射位"是运动员持弓走到相应的射箭位置开始射箭的行为过程。"上射位礼"就是射前礼,行执弓礼(或者叫执弦礼)。

①发令长发出"准备"令后,射手藏弓(手持弓,弓放于身体一侧)站在候射线后等待(图22-1)。

图22-1 藏弓

②发令长发出"就位"令后,由藏弓态转为双手执弓态并行执弓礼(执弓向前鞠躬行礼),礼毕后执弓进入射位(图22-2)。

图22-2　行执弓礼

③发令长发出"起射"令后，运动员才可以从箭筒中取箭，开始射箭（图22-3）。

图22-3　射箭

（二）下射位礼

下射位是从射位退回候射线的礼仪过程。下射位礼为射毕礼，行藏弓礼，表示对习射之事的尊重，宣告比赛结束。

四矢射尽，双手执弓面向箭靶方向，后退至候射线后，由执弓改为藏弓，再行藏弓礼（藏弓于身体一侧向前鞠躬行礼）后等待"验靶"口令（图22-4）。

图22-4　下射位礼

（三）验靶礼仪

验靶即为到靶前检验该轮所射分数并将射出箭支收回。验靶礼仪为礼侯礼，听到"验靶"口令后，行至靶前两米处行礼后，方可上前报分。

礼侯礼行藏弓礼或鞠躬礼均可，该礼仪表示对计分人员和侯靶的尊重（图22-5）。

图 22-5　礼侯礼

第二节　中华射艺基本技术

中华射艺技术的动作构成虽然相对简单，但对于每个动作的精准性和细致性都有着极高的要求。一支箭的发射流程，可细分为以下四个主要阶段：

第一，准备阶段。此阶段涵盖了以下关键要素：正确的搭箭、站立姿势与脚部定位、持握弓箭的正确方法、扣弦的技巧、头部的转动与身体的准备、举弓与肩部锁定。

第二，用力阶段。此阶段主要涉及引弓的力度控制以及目标的精确瞄准。

第三，关键时刻。此阶段特指箭矢的释放过程，包括前撒与后放的技巧运用。

第四，结束阶段。此阶段主要包括动作完成的瞬间保持、弓箭的回收与准备下一次射艺的姿势调整。

一、上下弓弦（单人上弦）

单人上弦的方式通常有回头望月和怀中揽月两种，适用于玻片弓和层压弓。以回头望月的方式为例。

（一）区分上下，套弦入弰

将弓分出上下，通常弓柄（弝 ba）上箭枕的位置为上；将弦分出上下。弓与弦的上下一一对应后，将弦上侧的弦耳（扣）套入弓上侧弓弰上的弦槽（彄 kou）内（图 22-6）。

（二）两脚开立，弓弰靠腿（右手为例，以下同）

两脚分开，将上侧套好弦的弓弰，放在左脚脚踝的位置处；将弓稍和弓臂连接处，靠在左小腿正面。弓弰不要接触到地面，以免扭弰。右腿跨过弓，用右腿大腿根部抵住弓柄（弝）中间，产生两个相反的力，形似回头望月。左手捏住弦耳的根部，右手握住弓，握在弓弰与弓臂结合部。

利用身体转体的力量，臀部向后，右肩前探，右手贴近身体将弓向前推。将弦耳套入弦槽内，确认另一侧弦耳仍在弦槽内，慢慢还原，抽出右腿（图 22-7）。

图22-6　区分上下，套弦入弭

图22-7　两脚开立，弓弰靠腿

注：下弦的方式与上弦的方式相反。

二、搭箭正筈

搭箭是进入射箭基本技术动作之前的准备工作。有效的搭箭是射好一支箭的必备基础条件。从取出箭支开始，就要保持静心与专注，按照一套固定的流程来完成后续所有动作（图22-8）。

图22-8　搭箭正筈

三、站姿脚位

站立是射手最基本的身体姿势。中华射艺讲求内志正、外体直。站立是正与直的基础。射箭时许多身体角度的变化同站立的姿势息息相关，站立姿势是射好一支箭的基础。站立基础改变，会使身体姿势产生一系列变化，影响最终的动作质量。徐开才先生在《射艺》中指出："由于射手体型和特点不同，在站姿上会有一些差别。对射手来说，在学习射箭的初始阶段，最重要的是掌握一个准确和基本的平行站立姿势。"因此，初学者必须严整步位，根本立足。站姿脚位的训练目标是建立一致的、稳定的、坚固的身体姿势。

两脚开立，与肩同宽：两脚自然开立，脚尖连线与脚跟连线相互平行，且垂直于靶面。脚外侧与肩的外侧同宽或略宽，重心落于两脚中心，达到立足而稳。身体站直，挺拔山立，从此时开始，上身中轴线始终保持正直，切勿弯曲。为保证前、后用力均衡，身体重心必须平均落于两脚之上。两肩放松下沉，平行于地面，两腿自然伸直，两膝稳固不动，重心前压，眼睛平视前方，人体形成一个十字结构（图22-9）。

图22-9　站姿脚位

四、持弓之法

持弓是指前手的握弓或者叫推弓，持弓的主要目标是要保持每次手与弓接触面的一致性，且最大限度地做到放松。持弓手和臂的位置，关系到后续撒放时是否会打臂。

持弓时，用虎口中心对准弓柄中心。持弓位置不能左右滑动，要做到中心相对（图22-10）。

图22-10　持弓之法

五、钩弦要义

大拇指钩弦是中国传统射法的特点之一，也是古时较为主流的钩弦方式。其在射法应用上可以适应各种静态或移动的情形，尤其是在骑射时，不容易因晃动而掉箭。钩弦最主要的目标是保证每次钩弦的位置一致，并做到足够的手指放松。

大拇指钩弦后，食指第二指腹，压住拇指第一指关节位置（指甲跟部），形成凤眼状锁扣，此时食指的指尖应该在弦的外侧，不参与钩弦，以防被弦划到。其余三指轻握即可（图22-11）。

图 22-11　钩弦要义

六、头转体备

转头和身体准备是开弓前的重要准备动作，其动作质量的优劣会影响后续的其他动作。前手持弓，后手钩弦，头部自然转向靶面，身平体直，两肩自然下沉，呼吸均匀、眼睛平视前方（图 22-12）。身体姿态的准备是为后续用力做好充分的准备。

图 22-12　头转体备

七、举弓锁肩

举弓意味着前期所有准备环节的结束，举弓之后的引弓将开始用力的环节。举弓是一个承上启下的重要技术动作，首先要求保持前面所有的动作不能有变形，同时又要为后续的用力做好所有充足的准备（图 22-13）。

图 22-13　举弓锁肩

八、引弓入彀

引弓也称开弓、引弦，是主要肌肉用力的第一个环节。引弓的用力主要是靠身体肩背部的肌肉，而不是手臂的力量。在开弓用力的过程中，持弓臂保持前撑，拉弦臂由肘带动向后牵引，将弓拉满（图 22-14）。古人所称入彀，也就是将弓拉满的意思。力量产生的前提是需要学会放松。

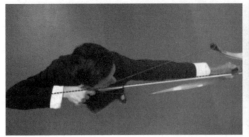

图 22-14　引弓入彀

九、瞄准审固

靠弦的结束，是瞄准动作的开始。瞄准是关乎射箭能否命中目标的关键技术。传统弓较之现代反曲弓，没有那么明确的瞄准点，需要射手经过长时间的训练来找到自己的瞄点或者瞄准感觉。瞄准审固时，不单是视觉上瞄准，技术动作的稳定性和一致性更为重要。

瞄准时，两眼都睁开，聚焦到目标上。此时，用眼睛的余光，可以看到两个虚的弓，透过两个虚的弓可以看到实的靶面。在两个虚的弓臂的中间某个位置，可以选定瞄准点，对准靶心。通过多支箭的训练，可以逐步找到瞄点（图 22-15）。

图 22-15　瞄准审固

十、前撒后放

前手为撒，后手为放。撒放是整个射箭技术动作中的关键环节，是射手主动进行的身体对称用力的延续。在这一环节中，前期所有的技术环节都是在进行延续，只有钩弦手手指的屈指肌用力减少（图 22-16）。

图 22-16　前撒后放

十一、动作暂留

动作暂留是撒放的延续动作。撒放后的动作暂留阶段，射手保持与瞄准时基本一致的状态，包括身体、心理、视觉、呼吸等方面。

前手放松，指向不变：前手是在发射过程中，唯一还与弓有接触的点。因此，放松可以避免产生干扰的分力，而且最容易做到动作的重复一致（图 22-17）。

图22-17　动作暂留

十二、敛弓收势（平展双臂，藏弓静息）

动作暂留结束后，后手向后打开，两手于身体两侧打开放平后，向下画圆，从身体两侧还原至胸前持弓，调整呼吸，回归静息状态，准备下一支箭的发射（图22-18）。

图22-18　敛弓收势

第三节　中华射艺体能训练

中华射艺的基本目标是射准。无论在课时训练还是赛前练习时，都会将一般身体素质练习与专项素质练习穿插进行。射箭训练中的一般身体素质练习包括有氧练习、无氧练习、上下肢肌肉持久性力量练习和绝对力量练习、灵活性练习等。在射箭专项体能训练中所要求更多的是提高力量素质，做好射箭训练的体能基础储备以及提高本体力量在射箭技术运动中的充分发挥。

一、心肺功能训练

射箭中的耐力素质主要是针对反曲弓在实践过程中单轮和双轮箭支数量上控制的能力。这也是传统弓练习者考核的主要内容之一，同时还包含练习者身体在长时间保持站立的能力和持弓技术动作的质量保证。最核心的就是在进行大量体能训练时，能够稳定保持身体、靠弦以及撒放的稳定性，因此务必保证心肺功能在训练过程中得到有效的锻炼。

身体训练的基础是耐力素质，耐力素质主要是指反映人体健康水平或体质强弱的一个重要标志，其中包含有氧耐力和无氧耐力。多采用长跑，长距离游泳等方法锻炼有氧耐力；采用短时间快速的间歇跑、对抗性球类比赛等增强无氧耐力。耐力素质属于心肺功能的概念，心脏是多种能量的来源，对各项运动都有很大的影响。任何体育运动项目都以心肺功能的锻炼为基础。

射箭运动中的心理素质锻炼至关重要。心理素质的发展是射箭的基础，即便难以凭肉眼观察到，却能够感知并确定空间身体姿势以及肌肉收缩程度，能够整合最大数量的信息，以便在不同操作级别上进行传输，通过连续调整激活自身调节机制。耐力素质训练同样可以帮助练习者提升心理素质。

基本的耐力素质训练可以从慢跑、快走开始，时间从 10 分钟跑慢慢增至 30/40 分钟，快走训练中由 30 分钟开始慢慢增大时间与强度。

二、躯干力量训练

躯干力量可以使身体保持持久的稳定姿态，在射箭训练和竞赛过程中是非常重要的。在专项训练过程中可以通过地面上的静态姿势、不稳定支撑静态姿势、举重物行走、改变平衡以矫正姿势、两人等长练习等方式，不断强化静态姿态。

通过平板支撑（图 22-19）对腹直肌、腹外和腹内斜肌进行锻炼，可以对肌肉进行刺激，不仅可以有效锻炼腹肌，更有利于维持射箭中身体姿态的平衡与稳定。平时可以从俯卧静态支撑动作（图 22-20）开始练习，还可以通过仰卧起坐、仰卧双脚屈膝前伸、仰卧直腿上举等方式进行练习。

图 22-19　平板支撑

图 22-20　俯卧静态支撑

平板支撑的其中一个经典的变化就是侧平板支撑，也称肘侧撑（图 22-21）。侧平板支撑和平板支撑一样，都是用来提升核心力量的主要方式，只是针对点有所差异，该核心力量指运动中维持脊椎中立，稳定的能力，也就是防止脊椎产生移动（屈伸、侧屈、旋转）的能力。保证射箭专项训练中的持久稳固。侧平板支撑主要锻炼脊椎抗侧屈的能力，可以有效避免射箭运动员侧头、颈部紧张的问题。

静态支撑动作练习可以改变动作的难度、支撑的高度，但务必使脚踝、膝、臀部、肩部和头部保持一条直线（图 22-22）。

图 22-21　肘侧撑

图 22-22　肘侧撑加难

三、一般力量训练

力量素质在射箭中大多可表现为最大肌力和肌肉耐力两种形式。射箭技术训练中常用弹力带肘拉、拉力器练习、开弓保持、弹力带高后拉等方法进行。这些动作可以有效增强练习者的肌力和耐力，使他们在克服一定外部阻力时，能坚持尽可能长的时间或重复尽可能多的次数。相应地也可以采用一般性力量训练，例如，仰卧起坐、蹲起、杠铃等，为了促进射箭中后背肌的用力感觉，主要针对性地进行引体向上（图 22-23）、提握哑铃（图 22-24）和高位下拉（身前、背后两种形式）（图 22-25）等动作练习。

图 22-23　引体向上　　　　　　　　图 22-24　提握哑铃

图 22-25　高位下拉

一般力量练习在实践过程中非常有必要，它是紧密联结专项体能训练的练习方式。根据射箭项目的特殊性，其动作中肌肉的收缩形式也与田径和球类项目爆发性的力量差异性较大，因此在训练中应尽量模仿射箭过程中的力量练习。当运动员的肌肉体积和力量增加以后，一般力量训练就应以专项力量训练为主，这样更有利于运动员针对性地进行射箭的开弓、拉弓。

四、专项力量训练

平衡用力以及稳定用力关系到射箭项目的殊专项练习，是射箭练习者在完成每一个动作时，所要求的基本身体机能的保障，关乎整个骨骼的持续性支撑，有利于技术动作的稳定发挥。在射箭运动中，专项力量的训练强调技术动作中参与肌肉的精细复杂度。因此，在专项训练过程中，要对持弓臂、勾弦手以及身体姿势进行针对性的训练安排。

（一）单臂支撑

单臂撑地，身体侧对地面，另一臂做开弓钩弦的动作，强化射箭十字构架的基本姿态，脚、膝、髋、头整体呈一条直线（图22-26）。俯卧或者仰卧位保持15秒到一分钟，侧位可以缩短至15秒到40秒。此动作练习除强化臂力外还可以很好地强化同侧胸大肌和肩部的力量，使持弓钩弦更稳定。还可以改变手臂和支撑脚的位置进行练习，如十字侧撑（图22-27）、分脚单臂撑（图22-28）等。

图22-26 单臂撑　　　　　图22-27 十字侧撑　　　　　图22-28 分脚单臂撑

（二）单臂举弓（举弓负重）

单手举弓的动作训练在反曲弓中较为常见，但在传统弓中主要是以单手持弓并进行弓体的负重（图22-29）。在弓体上进行加重，也可以持哑铃进行平举（图22-30）。一是建立对弓体的一个感觉适应性，二是有利于持弓臂的稳定性。

图22-29 单臂持弓　　　　图22-30 持哑铃平举

（三）动态间歇拉弓与停时开弓（控弓）

射箭时身体姿势在保持正直状态的过程中进行，动态间歇拉弓与停时开弓要保持推弓点、钩弦点与肘关节连成一条直线（图22-31）。动态开弓是指没有时间指标的拉弓，每次拉弓保持三至五秒，然后再重复的拉弓训练，通过重复的次数增加训练量。动态拉弓时一定要按照规范化技术动作进行体验式练习，切忌蛮力开弓完成任务。

图22-31　动态拉弓

第四节　中华射艺竞赛规则

一、竞赛项目

(一)男子组、女子组个人排名赛

男子在40米、30米、20米，女子在30米、20米、15米三个距离上，按先远后近的顺序进行比赛。以四矢为一组，每个距离射三番，共12矢。最终以三个距离上36矢的总成绩作为个人排名赛成绩；如有相同成绩，则抽签决定排名。

(二)男子组、女子组个人淘汰赛

正式比赛中按照个人排名赛中全能(三个距离成绩总和)成绩排位前64名进入个人淘汰赛，男子距离为30米，女子距离为20米，采用三番射，每一番射四矢，双方同时发射，每矢40秒。如有相同成绩，则采用附加赛，每人射一矢，以候靶最小区域内的一矢距离中心点近者获胜。决赛采用交替发射，每矢20秒。

(三)男子组、女子组团体排位赛

每队个人排名赛中全能(三个距离成绩总和)成绩最好的三位选手组成一队，并将三人的成绩之和计为团体赛成绩进行排名。如有相同成绩，则抽签决定排名。但若涉及第16名的成绩相同，将进行附加赛。附加赛在比赛最后一个距离进行，每人射一矢，成绩高者排名或名次列前；如相同，则以候靶最小区域内的一矢距离中心点近者获胜。

(四)男子组、女子组团体淘汰赛

排名前16名的队伍进入团体淘汰赛。男子距离为30米，女子距离为20米。采用三番射，每一番双方三人各射四矢，双方同时发射，每队三人轮流发射，每番时限240秒。如有相同成绩，将进行附加赛，每人射一矢，成绩高者排名或名次列前；如相同，则以候靶最小区域内的一矢距离中心点近者获胜。

二、比赛器材及有关规定

(一)对弓箭器材的规定

①弓必须是裸弓,不包含任何延伸器材、瞄准标记、可以作为瞄准的记号、刮痕或被压过的痕迹,不能安装瞄准窗、箭台、稳定器等辅助设备。

②箭杆必须使用竹、木等天然材料,箭头可用金属制作。

③一支箭包括箭头、箭尾、箭羽和箭标识,每名运动员须在其使用的每支箭的箭杆上标明自己的姓名和参赛单位。

④弓弦可采用不同颜色和材质。弓弦中段可缠绕丝线以保护拉弓手指及弓弦并确定箭口位置。

(二)对选手射法的规定

中国传统射箭比赛,应明确规定中国参赛选手使用中国传统主流射法,即后手(钩弦手)用拇指钩弦,可以使用扳指、手套、护手皮片等用于拉弓和撒放。

(三)对射箭礼仪的规定

比赛须行传统射箭礼仪。运动员必须在赛前向后方主席台及观众席持弓行鞠躬礼后方可进入射位;进入射位后,须持弓先向侯靶行鞠躬礼;如果是淘汰赛,还须持弓向对手行鞠躬礼后方可射箭;射完一轮后,须再次向侯靶行鞠躬礼,退出射位,如果是淘汰赛,还须与对手握手之后方可离开。

第二十三章　攀岩

第一节　攀岩概述

一、攀岩运动简介

攀岩运动是一项在天然岩壁或人工岩墙上进行的向上攀爬的竞技性运动项目，通常被归类于极限运动。攀岩运动从登山运动中派生出来，是登山运动中的一项竞技体育项目。攀岩运动要求人们在各种高度及不同角度的岩壁上，连续完成身体的腾挪、转体、跳跃、引体等惊险动作。攀岩需要有良好的握力、腿部力量、柔韧性、协调性、节奏感，可以锻炼勇敢顽强、坚韧不拔、拼搏进取的精神。攀岩集健身、娱乐、竞赛于一体，给人以优美、流畅、刺激、力量的感受，被全球的攀岩迷们称为"峭壁上的芭蕾"（图23-1）。

图23-1　攀岩运动

二、起源与发展

攀岩运动是衍生于登山运动的一项新兴极限运动，至今已有100多年的历史。1865

年，英国登山家埃德瓦特首次使用钢锥、铁链和登山绳索等简易装备成功地攀上险峰，从而成为攀岩运动的创始人。20世纪50年代苏联军队开始把单独的攀岩运动作为训练科目。1974年攀岩运动被正式列为国际竞技体育运动项目。同年举办国际攀岩锦标赛。经国际登山联合会决定，每两年举办一次。根据比赛内容的不同，攀岩运动可分为难度攀岩和速度攀岩两种；根据比赛场地的不同，又可分为户外攀岩和室内攀岩两种。1987年中国登山协会在北京市怀柔县（现怀柔区）主办了第一届全国攀岩比赛，之后每年举办一次。

攀岩运动以其特有的登临高处的征服感吸引了无数的爱好者参与此项运动。尤其是室内攀岩运动既有攀登"悬崖峭壁"的惊险感觉，又无实地攀岩的危险，使得室内攀岩运动吸引了众多攀登爱好者，成为了风靡世界的体育项目。由于攀岩运动是一项有惊无险、群众喜爱、观赏性强、易于开展的体育项目，因此在高校中得到了很好的开展（图23-2）。

图23-2　室内攀岩

三、注意事项

①攀登岩壁前要做好充分的准备工作，检查必需的装备是否带齐，保护装置是否穿戴正确。正式攀岩前，要做好充分的准备活动。

②要观察清楚正确的攀岩路线，注意可能遇到的难点，做好克服难点的准备。

③攀登动作一定要做好"三点固定"。

④攀登途中遇到浮石或松动的石块，不要乱扔，要放置在安全处或通知下面的同伴注意后再做处理。

⑤要重视安全保护工作，攀岩者和保护者要密切配合，如果没有充分安全的保护措施要拒绝攀岩。

⑥在攀登中，尽量不要抓草或小树枝等作为支点，有积雪或过于潮湿的岩壁不宜进行攀登。

⑦攀登者不能戴手套攀登，但在野外要戴好安全帽再进行攀登。

⑧在攀登过程中，要保持镇静，切忌惊慌失措。

第二节　攀岩运动基本技术

一、攀岩装备介绍

攀岩装备是攀岩运动的基础，是完成攀岩过程的保障。它的功能要适应攀岩这一特殊项目的要求，在设计、选材、用料、制作上要尽量轻便、坚固、科学，使操作者使用方便、安全，具有实效。

(一)安全绳

1. 主绳

俗称攀登者的生命线。它是轻便坚固的尼龙制品，颜色鲜艳，直径为9～12毫米，拉力为2200～3200千克，分动力绳和静力绳两种，用途各不一样，长度一般为50～100米，长度可根据攀岩者的要求自行剪裁。它在攀登过程中起保护作用(图23-3)。

图23-3　主绳

2. 辅助绳

辅助绳与主绳配合使用，其直径小于主绳，为6～8毫米，承受力约为800千克，其质料与主绳相同(图23-4)。

图23-4　辅助绳

3. 注意事项

①使用时注意绳与岩面接触的角度，尽量减少横向摩擦，以防绳索损坏，减少事故隐患。

②禁止脚踏绳子。

③避免绳子与水接触。

④用完绳子后按要求收好，以便下次再用。

⑤经常检查绳索是否受损，保证安全无误。

(二) 安全带

安全带是尼龙制品，它牢固、实用、舒适，由圈套、带子、扣子和卡子等组成，是各种保护装备与人体连接的装置，主要起保护作用 (图 23-5)。

图 23-5　安全带

(三) 铁锁

1. 简介

由合金材料制作而成，轻便、坚固，设计合理，拉力为 2200～3200 千克 (图 23-6)。

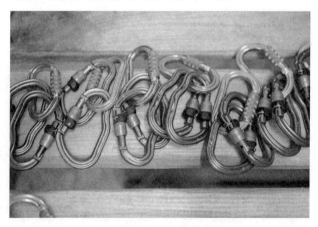

图 23-6　铁锁

2. 用途

在技术操作中，装备之间需要交替地进行连接固定和解脱，也是为避免烦琐的绳结和绳结操作，使动作迅速简单，有时它可代替滑轮使用。

3. 注意事项

使用时要检查铁锁是否挂好，是否符合要求，根据需要挂不同规格的铁锁。

(四)下降器

① "8"字形下降器，它是由合金材料制作而成的，有两种使用方法：一是将主绳套在下降器上；二是将主绳从下降器的"大环"穿过套在与下降器连接的铁锁上(图23-7)。

②制动阀和滑轮组成的下降器，由合金材料制作而成(图23-8)。

图23-7 "8"字形下降器

图23-8 组合下降器

(五)攀岩鞋

攀岩鞋的鞋面由尼龙布或皮革制作而成，鞋底为耐磨软胶。它的特点是合脚、整体受力好、受力点多、摩擦力大、轻便。

(六)攀岩辅助器材

辅助器材主要包括安全帽、手套、衣裤、扁带、岩钻、岩锥(多种)、锤子(图23-9)、镁粉袋等。

图23-9 锤子

二、攀岩的绳结技术

利用打结使绳索之间、绳索与其他装备之间相互连接的方法，称为绳结技术（图23-10）。

图23-10　结绳方式

（一）绳结类型及用途

依其用途不同可分为固定绳结、接绳绳结、保护绳结和操作绳结四种。

1. 固定绳结

固定绳结是将绳索一端直接固定在装备或自然物体上的绳结技术，多采用以下几种方法：

①织布结：通过这种绳结可将绳索一端与装备、自然物体固定在一起，也可用此结打胸绳。

②通过结：用于固定在自然物体和安全带上或通过铁锁做中间环节的各处连接和固定。

③双套结：用于特定攀登和固定的一种绳结。

④牵引结：用于绳索一端在树干或自然物体上的固定拉紧结。

2. 接绳绳结

将短绳索连接成长绳使用的绳结为接绳绳结。

①平结：用于直径相同的绳索之间的连接。

②交织结：用于直径相同绳索之间的连接，分为单交织结和双交织结。

③“8”字结：用于直径相同绳索之间的连接。

3. 保护绳结

绳索之间或绳索与铁锁之间能产生摩擦和滑动的连接方法。

①单环节：用于沿主缆快速下降时的速度控制，可代替下降器使用。

②抓结：用于行进中的自我保护，可分为单抓、双抓和变形抓结三种。

4.操作绳结

用于特殊的攀登和下降技术中的结绳法，主要有双套法，此结法既可用作固定用结，也可用于攀登和下降。

(二)结绳的要求及注意事项

1.结绳的要求

①科学实用、牢固可靠，易结和易解。

②结绳是每个在野外进行探险活动者必须掌握的基本技术之一，不仅要熟练掌握结绳的方法，还要知道各种绳结的用途。

2.结绳的注意事项

①在利用结绳组合各种技术装置时，对绳索要进行认真检查，看看是否完好无损。

②绳结打好后，一定要仔细检查是否正确，否则要解开重新打，千万不能马虎。

③对绳索的展收要有条理，不能乱拉乱放，如果造成交织缠绕，会影响使用。

④随时观察绳索在岩壁上的磨损情况，一旦发现磨损应及时加固或更换。

⑤绳索用过之后必须收好，以便下次再用。绳索不要放在酸碱性过强的溶液里浸泡，不能踩踏。

三、攀岩基本动作

①抓：用手抓住岩石的凸起部分。

②抠：用手抠住岩石的棱角、缝隙和边缘。

③拉：在抓住前上方牢固支点的前提下，小臂贴于岩壁，抠住石缝，用力下拉引体向上。

④撑：利用台阶、缝隙或其他地形，以手臂和小臂使身体向上或向左右移动。

⑤推：利用侧面、下面的岩体或物体，以手臂的力量使身体移动。

⑥张：将手伸进缝隙里，用手掌或手指屈曲张开，以此抓住岩石的缝隙作为支点，移动身体。

⑦蹬：用前脚掌内侧或脚趾的蹬力把身体支撑起来，减轻上肢的负担。

⑧跨：利用自身的柔韧性，避开难点，以寻求有利的支撑点。

⑨挂：用脚尖或脚跟挂住岩石，维持身体平衡，并使身体移动。

⑩踏：利用脚前部踏在较大的支点上，减轻上肢的负担，移动身体。

四、攀岩基本技术

攀登岩石峭壁的技术简称攀岩技术，分为徒手攀岩法和机械攀岩法两种。它的特点是：险、新、奇、难，并且经费开支少，装备简单，有较强的实用性和观赏性。

(一)攀岩法

攀岩法是在攀登过程中，利用自然支点和人为支点(打入岩石钢锥)，移动手、脚和身体重心进行徒手攀登的方法。基本要领是"三点固定"，即在双手握或双脚蹬牢三个支点的条件下才能移动到第四点。攀登者要设专门的保护装置，携带足够的钢锥，沿路打入岩壁，作为人为支点，各个支点间的距离不宜过密，以 0.5 米为宜。这种人为支点的作用，不仅在于防止攀登者滑脱，而且通过保护装置可使胸部或腹部多一个支点，借此可腾出双手安全地进行打锥等操作。为了省时省力，减轻劳动强度，可携带一些小挂梯（脚蹬）交替挂于相应的人为支点上，从而减少人为支点的数量。

1. 身体姿势

身体姿势要求身体重心落在脚上，保持面向岩壁，以三个支点固定支撑，直立于岩壁上，在攀登岩石峭壁时身体要自然放松。随着攀岩动作的转换，身体重心要随之移动，这是攀岩能否平衡、稳定、省力和成功的关键。在攀岩时身体切勿靠岩壁太近，身体与岩面平行，仔细观察路线，寻找攀登支点，但在攀登人工岩壁时，身体可贴得近一些（图 23-11）。

2. 手臂动作

手在攀登中是抓住支点、维持身体平衡的关键，手

图 23-11　身体姿势

臂力量的大小和技术动作掌握的好坏会直接影响攀岩的质量、效果和速度。在攀登人工岩壁时，第一指关节在用力抠紧支点的同时，手腕要紧张，手掌要贴在岩壁上，小臂也要随手掌紧贴岩壁并下垂，在引体时手指（握点）有下压抬臂动作。攀登自然岩壁时其动作变化很大，要根据支点不同采用各种用力方法。如抓、握、挂、抠、扒、捏、拉、推压、撑等。

3. 脚部动作

在攀岩过程中是否能快速、顺利、省力地完成全程，充分利用下肢的力量是非常重要的。完全用手臂力量是不能持久的，人的最大力量在下肢。脚的动作要领是：两腿外旋，大脚趾内侧贴近岩面，两腿微屈以脚踩支点维持重心。膝部注意不要接触岩石面，以免影响脚的支撑和身体平衡，甚至有可能会造成滑脱而使膝部受伤。在脚踩支点时，切忌用力过猛，要掌握用力的方向。

4. 手脚及全身协调配合

攀登往往是先上肢引体，再利用下肢蹬压、抬腿、伸直等方式使身体重心随着用力方向的不同而移动。在攀登过程中要保持身体舒展，上下肢以及腰的动作要协调用力，有节奏，上拉、下蹬的同时用力。在攀登过程中，首先要练好上肢力量，上肢又以手指、手腕和小臂力量为主，再配合脚踝、脚趾以及腿部的力量。

（二）机械攀岩法

机械攀岩法主要利用上升器攀登，将主绳一端固定在壁顶上方，另一端扔至下面固定拉紧。将上升器卡于主绳上与双脚协调配合，不断攀登。

五、下降技术

在平缓或比较平缓的条件下，危险性小，一般不需要特殊的下降装备和技术，可进行自然下降。但在45°以上的陡坡、峭壁下降则必须有一定的装备和技术，下面主要介绍利用下降器的下降方法（图23-12）。

图23-12 下降器

1. 固定主绳

将主绳一端在顶部固定，另一端抛至下方。下降者系好安全带，将主绳与下降器、铁锁连接，左手握住主绳上端，右手在胯后紧握从下降器穿绕出来的主绳。

2. 站立姿势

面向岩壁，两腿分开，蹬住岩边，身体后坐，将上方主绳搭于岩边后，开始下降。

3. 手脚动作

下降时两腿分开，手拉紧主绳，并将左手上方的绳子搭于岩边。左右腿上下支撑，用前脚蹬住岩壁，开始下降，先臀部后坐，同时右手松绳，两腿随着身体的下降迅速地向下移步，使身体始终保持平衡。如果右手松绳，臀部后坐，而两脚仍不动，则会使身体失去平衡而造成向后翻的危险。

第三节 攀岩运动比赛与欣赏

一、攀岩比赛种类

现代攀岩比赛有速度赛、难度赛和攀石赛（抱石赛）三种。最初我国的攀岩比赛是以速度和高度来确定比赛成绩。例如，同一高度用时少者则胜。为了尽早地与国际登山协会接轨，使我国攀岩水平尽快提高，攀岩比赛逐渐向国际化靠近。

1. 单人攀岩

分男子单人和女子单人攀登比赛。这种比赛不仅比攀登技巧（包括技术水平、技术装备的应用），还比通过全部路线的时间（从出发地点到岩壁顶部，或又从顶部返回出发地点所用的时间）。比赛在同一地形上进行，由运动员一个个地进行攀登。

2. 双人结组攀岩

每组 2 人结组进行攀登，路线由裁判员指定。与单人不同的是，两人必须结组进行攀登。除比赛攀登技术和速度外（具体要求同上），还比赛互相保护的技术。

3. 自选路线攀岩

主要是运动员自己选择登上岩壁顶部和下降的路线。在攀登岩石坡面 500～800 米以外的地方，运动员用裁判员提供的望远镜和绘图工具选择路线。实地攀登时，不能离开自己选定路线 20 米以上。这种比赛不仅比攀登技术和速度，同时还比路线选择的好坏。

4. 集体（小队）攀岩

这种比赛与正规登山活动一样，参加者事先编好小队（4～6 人），背负全套登山装备（睡袋、帐篷、炊具、保护器材、绳索、冰镐等），通过事先指定的路线，按指定地点搭设和拆除帐篷，途中交替保护。比赛内容包括攀登技术、小队技术、保护技术、通过全部路线的时间等。这个项目也可按小队自选路线进行攀登。

二、岩壁规格

一般的攀岩壁宽度不少于 3 米，高度不少于 12 米，比赛路线设计长度不少于 15 米。

三、比赛难度

比赛的路线由专门的定线裁判员设计，设线的难易程度根据比赛水平的高低来定，可分为 A、B、C 三级，5 是代表级别的系数，如 5A、5B、5C。

四、成绩计算

比赛将难度赛、速度赛分开。难度赛主要是运动员必须在规定时间内完成攀登，如果不能完成则记录在规定时间内攀登的高度，如果在攀登过程中脱落，则以脱落时的高度为运动员的成绩。

第二十四章　击剑运动

第一节　击剑运动概述

一、击剑运动简介

击剑运动是一对一的技能类格斗项目，是一项历史悠久的传统体育项目。由双方运动员身着击剑服，头戴面罩，手持特制钢剑，在专门的剑道上，依照击剑统一的规则，采用刺或劈打的动作进行的攻防格斗。击剑者须遵守击剑规则，尊重对手，集中注意力、沉着冷静、保持良好的精神状态。

击剑运动分为重剑、花剑和佩剑三个剑种，每个剑种又分别设有男子和女子两项。三种剑的构造不同，其有效部位和比赛规则也存在差异。

二、击剑运动的起源与发展

击剑这项运动在古代中国、古埃及、古希腊、古罗马等国家十分盛行。最初，击剑主要是军队训练士兵时使用，后来由于作战的需要，击剑得到了普及，技术也随之提高。

早在公元前 11 世纪，古希腊就已经开设了击剑课，并有专门的剑师传授知识。迄今在希腊、埃及等国家的一些历史建筑和纪念碑上仍可见当时关于击剑的浮雕。在埃及北部卢淑尔附近的一座名为马狄纳特哈布的庙宇浮雕上，就雕刻着当时击剑的情景，雕刻时间大约是公元前 1190 年。

中世纪的欧洲，出现了名噪一时的骑士阶层，"骑士七艺"（击剑、骑马、游泳、打猎、下棋、吟诗、投枪）是以军事训练为主要内容的教育制度。骑士们以精湛的剑术和高尚的情操享誉天下，并成为了一个社会阶层。各国贵族也纷纷效仿，击剑也因此成为上流社会的时尚。

14 世纪末，随着火药的发明、传播和枪炮的诞生，冷兵器时代落下了帷幕。剑也逐渐在战场上失去了重要作用，转而朝着轻巧和便于操控发展，击剑以健身娱乐和竞赛的形式被保留下来，发展成为今天的击剑运动。

彼时，欧洲各国纷纷成立击剑行会，以协会和学校为主，研究和推动击剑技术的发展。1474 年第一本与击剑相关的书籍由两位西班牙剑师编著而成，内容包括闪躲技术、步伐移动、内外线击剑法等一些击剑专有名词，他们的论著得到了大家认可，并传入法国和意大利，因此西班牙被认为是现代击剑运动的摇篮。击剑运动在法国查理九世到路易十四这五代君王治理的 150 年间得到了全面发展，这也使得法国成为当时欧洲击剑运动发展的中心，击剑运动成了一种时尚。与此同时，决斗之风盛行欧洲，这也成为推动击剑运动蓬勃发展的重要原因。当各种争端解决不了的时候，就采用击剑决斗的方式来进行裁决，最后结果就是"神的裁决"。决斗时使用的是三棱形剑，就是今天使用的重剑的雏形。绅士和贵族热衷于决斗，也开始有人对使用的三棱形剑进行改进。15世纪，西班牙人多莱德制造出一种新型剑，剑身为三棱形、轻巧细长，非常接近现在使用的重剑，同时这一时期击剑比赛中也规定交锋时不限制有效部位，至此，重剑正式以竞技形式出现。

16世纪末到17世纪初，决斗之风成灾。仅1588～1608年这20年间，巴黎约有8000名绅士在决斗中死亡。因此很多人反对决斗，这也迫使当时的法国国王路易十三世颁布了"禁止决斗"的禁令。在这种情况下，为了满足人们对击剑的爱好和需要，使击剑运动既安全又不会伤害到对手的性命，一种剑身较短且呈四棱形，用皮革将剑尖进行了包扎的新型剑被设计出来，受到了人们的普遍欢迎，并且得到了广泛的使用，这便是现代花剑的雏形。最初，这种剑仅被用于宫廷练习，因此也被称为宫廷剑。宫廷剑和军队使用的三角棱剑有区别，减少了对抗练习中的流血和伤亡，赢得了民众的普遍欢迎和认可。从此，不管是在欧洲的习武厅、击剑厅，还是在专业的学校里，花剑及其击剑方式都被普遍推广使用，花剑的击剑方式逐渐形成并且日趋完善。

18世纪末，匈牙利人对东方波斯人、阿拉伯人及土耳其人早期骑兵用的弯型短刀，进行了改革，于剑柄上装配了一个弯月形的护手盘，在击剑时可以起到保护手指的作用。最初这种剑比宫廷剑笨重，所以一开始不太受欢迎，后来意大利击剑大师朱赛普·拉达耶力对这种新设计出来的剑做了进一步的改进，改进之后的剑更适合在击剑运动和决斗中使用，并且结合骑兵作战的特点，在使用这种剑的时候，将有效部位规定为腰带以上，这便成为现代佩剑的前身。

伴随剑身的改进和击剑技术的日趋完善，击剑着装也有了改变。到了法国路易十四时期，宫廷中的贵族们将玩赏剑术当作娱乐活动，民众也把身佩一把剑，掌握一定的击剑技术当作是一种时尚，纷纷效仿。同时法律也正式规定了击剑者的穿着：男士需穿织锦面料的外衣和斗篷，要求穿马裤和长筒袜；贵妇练习击剑时，也要身着丝绸或者绸缎制作的马甲或者坎肩式上衣，并梳着讲究的发型。

击剑向着健康运动的方向发展，因此需要制定出一些规则来指导和控制。在这种情况下，当时法国著名的击剑师拉·弗热尔与让·路易等四人合编了有关击剑的规则，这就是最早的击剑规则，规定了有效的击中限制在胸部，禁止刺面部等条文。这些条文成为今天击剑规则的原则和雏形，同时也为确定花剑的有效部位奠定了基础。

1776年，法国著名击剑大师纳·布瓦西埃发明了面罩，用金属丝来制作面罩，能够对脸部及眼睛起到很好的保护作用。这一发明可以说使击剑运动走上了高雅运动的道路。不管宫廷还是民间，人们穿上击剑的服装，戴上面罩和手套，这样就可以安全地进行一系列的攻防交锋。面罩的问世可以说是击剑运动发展的一个非常重要的里程碑。

19世纪初，法国击剑权威拉夫让尔提出倡议，将重剑、花剑、佩剑这三种不同的剑减轻重量，并且深入研究一些击剑的技术原理以及击剑战术的意义，同时欧洲一些国家经常举办击剑竞赛，这些都推动了击剑运动的发展，击剑运动也最早成为奥林匹克大家庭中的一员，逐渐成为了国际性的体育竞赛项目。

三、现代击剑运动

19世纪末创立的现代奥林匹克运动会，距今已有一百多年的历史，击剑运动也以"更快、更高、更强"的奥运精神为指导，得到了蓬勃发展。

1896 年在雅典举行的第一届现代奥林匹克运动会上就设有男子花剑、佩剑项目。1900 年在巴黎举行的第二届奥运会，增设了男子重剑这一项目。1924 年在巴黎举行的第八届奥运会，又增设了女子花剑项目。1996 年第二十六届亚特兰大奥运会，女子重剑被列为正式比赛项目。2004 年雅典奥运会，女子佩剑正式成为奥运比赛项目。

即便如此，现代击剑运动的发展经历仍然是曲折的。1912 年在斯德哥尔摩举行的第五届奥运会，法国队拒绝参赛，原因是认为重剑比赛剑的长度未统一，同时意大利队也对比赛规则提出争议并宣布退出比赛。在这种情况下，需要有国际组织来制定出一个统一的比赛规则。于是，1913 年 11 月 29 日在法国巴黎第一次举行了由九个国家代表参加的会议，会上成立了"国际击剑联合会"，后被国际奥委会和各国政府承认，其职能是组织和管理击剑运动等各项工作。1914 年 6 月在巴黎通过了《击剑竞赛规则》。同年编辑成册，于 1919 年正式出版。这样，击剑运动比赛趋于公平合理，击剑运动朝着更加完善和健康的方向发展。

1930 年之前的击剑比赛采用的都是人工裁判方式，因此误判较多，也引起了不少的争议，这也对击剑比赛的裁判提出了新的挑战。1931 年开始在重剑比赛中使用电动裁判器。1995 年花剑电动裁判器也运用于比赛。1989 年佩剑比赛也开始使用电动裁判器。可以说，电动裁判器的发明是现代击剑史上的一个里程碑，它使击剑比赛更加公平，同时也推动着击剑技术向更新的高度发展。目前，击剑运动进入了相对稳定的发展阶段，高水平的击剑运动与大众的娱乐健身活动同时发展，使击剑运动焕发出新的生机，更具魅力。

四、击剑运动在中国的发展

1944 年，贾玉瑞回到了中国，利用业余时间在北京大学教学生击剑。这是我国最早开展的击剑运动。新中国成立后之后，1952 年苏联和匈牙利给来访的中国体育代表团赠送了击剑器材，有了这批器材，贾玉瑞在北京师范大学开展了击剑教学。经过一段时间的训练，北京师范大学的学生于 1953 年 11 月在天津举行的第一届全国民族形式体育表演和竞赛大会上进行了击剑表演，同时介绍了比赛方法。从此现代击剑在中国少数大城市和体育学院开展起来。1955 年苏联专家赫鲁晓娃在北京体育学院（现北京体育大学）开设了击剑专修课，培养了三十多名学员，这批人毕业后又被分配到各省市，成为开展新中国击剑运动的骨干力量。击剑运动在我国经历了从无到有、从小到大、从极少数到全国十几个省市和解放军及大专院校的发展，这为后来我国击剑运动冲出亚洲、走向世界打下了基础。中国击剑运动真正有计划和有规模地开展起来应该从 20 世纪 70 年代算起，至今已开辟出了一条不同于其他击剑先进国家的独有的发展道路，在较短时间内就使个别剑种跨入了世界先进行列，并取得了耀眼的成绩。

第二节　击剑运动基本动作技术

一、握剑方式

击剑的握剑方式包括直握、横握和半横握。握剑时要牢固，手腕要灵活。

握剑主要依靠大拇指和食指控制剑尖，大拇指和食指稍屈相对握，中指、无名指、小指压紧手柄，使剑柄压在手掌根的中线（图 24-1）。佩剑则压在小拇指根处，掌心要与剑柄之间留有一定的间隙，手腕要保持一定的紧张度，有利于控制剑的动作。使用直柄剑有利于正确体会手腕动作，适用于初学者。

图24-1　握剑方式

二、击剑敬礼（图24-2）

击剑运动员立正姿势与一般立正姿势相同，只是左手自然下垂，右手握剑在护手盘前的剑根处。击剑比赛讲究礼貌，赛前要相互敬礼，击剑敬礼由三个动作组成：

①转身侧立，两脚成直角，脚跟相靠，手臂伸直与身体约成45°角，剑尖指向地面。

②屈臂，剑尖直指向上，护手盘靠近嘴唇。

③伸臂使剑平指向致敬者示意。

（a）　　　　　　　　　　　（b）　　　　　　　　　　　（c）

图24-2　击剑敬礼

三、基本动作

击剑运动的基本动作包括准备姿势、上步、转移、冲刺、停步和返回。掌握了这些基本动作才能更好地进行进攻和防守。

（一）准备姿势

两脚前后开立，与肩同宽，膝盖稍屈，重心略低，脚尖稍指向外侧。身体微微前倾，重心放在前脚掌，以便随时启动和变换方向。双臂自然下垂，剑尖指向对方，手腕放松（图24-3）。

图24-3　准备姿势

（二）上步

上步分为前上步和后上步两种。前上步是向前上方迈出一大步，后上步是向后上方迈出一大步。在上步的过程中，要求运动员保持身体平衡，不要失去重心，同时要注意剑尖不要离开对方的身体。

（三）转移

转移是指运动员通过身体的转动和脚步的移动来改变自己的位置和方向。转移分为向左转移、向右转移和向后转移三种。在转移的过程中，要求运动员保持身体平衡，剑尖不要离开对方的身体，同时注意脚步的移动要快而准确。

（四）冲刺

冲刺是指运动员以最快的速度向对方发动攻击。在冲刺的过程中，要求运动员保持身体平衡，剑尖指向对方，同时注意脚步的移动要快而有力。冲刺后要及时调整自己的位置和方向，以免身体失去平衡。

（五）停步

停步是指运动员在移动过程中突然停止自己的脚步。在停步的过程中，要求运动员保持身体平衡，剑尖不要离开对方的身体，同时注意调整自己的位置和方向，以便于更好地控制自己的身体和剑尖的方向，从而更好地进行攻击或防守。

（六）返回

返回是指运动员在完成攻击或防守后回到原来的位置和姿势。在返回的过程中，要求运动员保持身体平衡，剑尖指向下方，同时注意调整自己的呼吸和心态，以助于更好地恢复体力和调整精神状态，从而更好地应对下一轮的进攻和防守。

四、进攻动作

(一)直刺

直刺是最基本的进攻动作。直刺时，剑尖沿着直线向前刺出，手臂伸直，手腕保持放松。

(二)横扫

横扫是剑身水平划过，用于攻击对方的侧面或腰部。横扫时，手臂要保持一定的弯曲度，以增加速度和力量。

(三)挑击

挑击是剑尖向上挑起，用于攻击对方的上身或面部。挑击时，手腕用力，使剑尖能够快速上升。

(四)砍击

砍击是用剑身一侧向下砍，用于攻击对手的腿部。

五、防守动作

(一)挡击

挡击是用剑身挡住对方的进攻，然后迅速反击。挡击时，要准确判断对方的攻击方向和力度，以便及时做出反应。

(二)闪避

闪避是通过身体的移动或倾斜来躲避对方的攻击。闪避时，要保持身体平衡，以便随时发起反击。

六、步伐移动

(一)前进

前进是前脚掌先着地，后脚跟随后跟上，保持身体平衡和稳定 (图24-4)。

图24-4　前进

（二）后退

后退是后脚掌先着地，前脚掌随后抬起，保持身体后退时的稳定性（图24-5）。

图24-5　后退

（三）左右移动

左右移动是通过左右移动脚步来调整与对手的距离和角度，寻找进攻或防守的机会。

七、实战策略

（一）观察对手

在比赛中密切观察对手的动作和习惯，以便预测其下一步的动作并制定相应的应对策略。

（二）保持距离

根据剑种的不同，与对手保持适当的距离，以便发挥自己的优势并限制对手的进攻。

（三）变化节奏

通过变化进攻和防守的节奏来打乱对手的节奏，从而创造进攻机会。

（四）心理战术

运用心理战术来干扰对手的心态和情绪，使对手在比赛中出现失误。

八、练习注意事项

（一）安全第一

在练习或比赛时，都必须佩戴好防护装备，确保自己和他人的安全。

（二）尊重规则

严格遵守练习和比赛规则，尊重教练的指导和裁判的判决，展现良好的体育精神。

(三)持续练习

击剑运动是一项需要高度技巧和反应速度的运动，只有通过持续的练习来才能不断提高自己的水平。

(四)寻求指导

练习者，尤其是初学者，应该在专业教练的指导下进行练习，以确保动作的正确性和安全性。

第三节　击剑运动训练方法

随着击剑运动的普及，高水平竞技击剑和大众击剑也得到了进一步地均衡发展，击剑运动逐渐在各高校开展起来，因此需要将击剑的一般训练和心理、技战术、体能等专项训练结合起来，制定出科学合理的击剑练习方法。

一、集体练习

集体训练是击剑训练的手段之一，是指以一个班为单位，在老师或教练的统一指挥下进行各种练习。集体训练的优越性在于可以通过趣味的竞赛练习，来学习击剑基础动作(包括步伐和手上技术动作)，提高练习热情，培养团队精神，增进授课老师和学生以及学生之间的感情，对提高高校学生身体素质和掌握击剑基本技术有很大作用，但是集体训练也需要用个别训练来针对个体特点进行训练补充。

集体训练每一次课最开始的准备活动或者身体素质练习，都需要根据场地器材等客观条件来灵活安排，可以采用多种形式和不同手段结合，紧密围绕专项训练来进行。安排练习内容时尽量将竞赛和趣味相结合，采用对抗和竞技的形式来提高学生的练习热情。课程设置需循序渐进，从击剑基础练习如步伐练习和刺靶、击打练习等，逐渐深入后面的对抗练习。

二、小组练习

将一个班的同学分成多个训练单元，一个训练单元中有几名学生同时进行某个技战术练习，小组划分时需要注意的是小组成员水平差距不能太大，以便能够完成基本训练任务，同时小组规模也不能太大，6~8人为宜。教练员或者任课老师也要及时在旁予以指导，同时将小组训练和其他练习方法有机结合，通过小组训练的方式对某个技战术加强练习并掌握，这样有助于小组成员互相促进并提高。

三、双人练习

双人练习指的是由教练或老师指导，两名学生进行各种对练的方法。这种练习方法既可以模拟实战练习，又可以发现存在的技术或者其他问题，并及时解决，对各种水平和级别的学生运动员都有非常重要的意义。课程设置时可以结合击剑竞赛中双人对抗的特点，将集体课程和个别课中学到的内容运用开展双人练习，双人练习是从训练过渡到实战的最好方式。双人练习能够通过内容变化和不同要求，培养运动员的剑感、节奏感、距离感、空间感、时机感等实战素养。对于双人练习中的动作设计，要充分准备，精心设计，从内容、训练条件、要求、人员搭配、间隙时间等都要科学合理安排，把实战练习与击剑运动的特点结合起来。双人练习的轮换、推进都应该在老师和教练员的指导下进行，精心的双人训练课程设计不但能提高训练效果，更有助于集中学生运动员的注意力，同时帮助老师和教练员及时发现练习中出现的问题，可以采用现场针对双人训练中出现的问题进行适当讲解的方式来示范和分析，有助于提高技战术能力。

四、个人练习

对于有一定基础的学生，可以单独进行击剑专项练习。练习内容包括刺靶、假想对手、练习一个或多个连接技术动作等，可以采用脚步技术练习、手上技术练习和心理练习等方式进行。个人练习可以纠正学生运动员自身的某些错误动作，同时可以通过不断的练习来熟练掌握和运用某项基本技能。但是值得注意的是，囿于高校击剑课程实际的场地、人员等其他条件限制，个人课程的设置需要结合基础条件来开展。同时可以用组建学校击剑队这样的方式，通过增加训练时间、教练员指导、实战对抗练习等方式来提高部分学生的水平，这些学生技术水平得到提高之后还可以担任课程助理，在集体训练、双人练习时辅助指导其他同学。

五、实战训练

实战训练，是在老师或者教练员的指导下，用实战的方法进行教学训练。实战训练是最接近比赛的一种训练方法，是检验专项训练任务的完成、学生运动员能力、提高技战术、身体素质、心理素质以及比赛作风的一种最有效的训练方式。实战的过程，可以带条件，也可以不带条件，条件实战一般来说需要限制使用某种技战术动作，或者采用让分的方式，让学生运动员在有限条件下，通过自身努力完成实战。不带条件的实战，一般来说就是不做限制，通过对技战术的实际运用来训练。教学方式可以通过实战点评、内容完成情况、条件执行情况总结等方式进行。对运动员的表现加以鼓励或者批评，其目的是提高运动员的技战术和心理素质。

第四节　击剑运动竞赛规则

一、场地与器材

击剑运动的形式多种多样，具有很强的观赏性和竞技性，对场地、器材和装备都有很高的要求。高质量的场地是击剑运动开展的前提，而良好的器材和装备是运动参与者高水平发挥的必要保证。

(一) 场地规格

击剑场地呈长方形，长度 14 米，宽度 1.8～2 米，高度 0.3～0.5 米，两端各有 1.5～2 米的延伸部分，后面还应有一定长度的坡道。场地旁边设有裁判器。

击剑比赛在室内举行，场地应平整、无坡度、剑道光线明亮，观众席尽量光线暗淡。

每名击剑者身上都有一条电线，连接至剑道每条短边上的卷轴。每条电线都缠绕在卷轴上，每个卷轴则连接到记分机上。记分机就在靠近剑道长边中点的桌子上。记分机有四个灯，每名击剑者各有一个白灯和彩灯。

剑道的另一条长边上是裁判长。裁判长要确保所有装备都安全，监督击剑回合，开始和暂停、监测和详述击剑动作，并给分和处罚犯规动作。一个击剑回合的实际击剑时间为6分钟，一名选手得5分或时间用完后则该回合结束。如果该回合是平局，则不计时间继续比赛，直到一名选手获得决胜分为止。

(二)器材

击剑器材种类繁多，主要包括重剑、花剑和佩剑等。

1.剑

①重剑：全长不超过110厘米，重量不超过770克，是击剑器械中最重的一种。剑身为钢制，横截面为三棱形，长度不超过90厘米，护手盘呈圆形，长度和深度都比花剑要长。剑柄长度不超过20厘米，以保证更好地握在手里。

②花剑：最大剑身不能超过110厘米，总重量要低于500克，由剑柄、剑身和护手盘组成。剑身为钢制，长度不超过90厘米，横截面为长方形，弯曲度也是规定好的，限定了硬度和软度。为了更好地握在手中，剑柄长度规定不得超过20厘米。

③佩剑：起源于骑兵部队，最初不是为了刺敌人，而是为了"砍"对方。佩剑是三种击剑器械中最轻的一种，它的总长度不超过105厘米，总重量不能超过500克，剑身是钢制，弯曲度小于4厘米。佩剑的护手盘平整且光滑，呈月牙盘的外凸形状。

2.服装

①面罩：运动员在比赛中必须戴由金属网制成的面罩，网眼长度不超过2毫米，并能承受160公斤重的冲击力，布质的护颈要下伸到锁骨，以保证运动员头部的安全。

②击剑服：击剑服有保护作用，由质地结实的高级合成面料制成。一般上身为紧身式白色上衣；下身为白色紧腿裤。它可以抗80千克的冲击力，其强度足以抵挡剑的刺劈。运动员还要穿上防保内衣，女子在上衣内还要穿一件由金属或其他硬质材料制成的护胸。短击剑裤必须长及膝盖以下，并被紧紧固定，而且还要穿一双长袜。此外，重剑选手常穿长上衣；花剑与佩剑选手常穿短上衣，最外层还要穿一件为有效部位的金属衣。

③金属衣：金属衣是由极细的金属丝(通常是铜或银)与人造的导电布制成，含金属成分。击剑运动是利用电子裁判器来显示是否击中有效部位，为了接收击中信号，金属衣上必须带有导电物质。

④裁判器、连线、拖线盘：比赛时，双方运动员的击剑服内有手线并与拖线盘内的电线和裁判器相连，并形成一环行电路。当一方击中有效部位，并且剑尖达到有效压力时，裁判器的灯就会显示击中信号。

⑤击剑手套：是一种长筒皮质手套，用来保护持剑手。

⑥击剑鞋：击剑鞋的鞋底内有额外支撑。

二、得分规定

(一) 重剑

重剑是完全刺击武器。只有剑尖击中有效，剑身横击无效。击中有效部位包括全身，即躯干、腿脚、手臂以及面罩。与花剑及佩剑不同，重剑每次击中都有效。两位选手的剑尖分别装有红光和绿光探测器，击中发生时，剑尖会产生一束强光。若在四分之一秒内相互击中，双方各得一分，裁判器应同时显红色和绿色信号；超过二十分之一秒击中，裁判器只显示一方击中信号。

重剑比赛中最容易被击中的部位是手，所以，重剑比赛需具备高度准确性，攻击对方的好机会常常是当对方开始攻击的时候。

(二) 花剑

花剑是完全的刺击武器。只有剑尖刺中才有效，剑杆横击则无效。有效击中部位是上身。击中有效部位由金属衣覆盖，这样电子裁判器便可以分出有效和无效击中。

花剑比赛也讲究击中优先权。先攻击而击中者得分。被攻击者须先做出有效抵挡动作后再进攻击中才有效，双方同时发起进攻时相互击中均不得分，对于击中有效部位，裁判器一侧显示红色信号，另一侧显示绿色信号。当击中无效部位时，两侧信号均为白色。当运动员剑的不绝缘部分接触到导电背心的时候，裁判器显示黄色信号。在此情况下，击中优先权很难区分，如有时剑触及手臂，在花剑中是无效部位。

(三) 佩剑

佩剑是既劈又刺的武器。在实战中，以劈中得分为多。击中有效部位是上身、头盔及手臂。击中有效部位由金属衣覆盖。

佩剑也讲究优先权。先攻击并击中者得分。被进攻者须先做出有效防御动作后再进攻击中才有效。双方同时击中不得分。佩剑速度最快，用的时间往往也最短。

三、竞赛规则

(一) 竞赛方法

击剑比赛分为个人赛、团体赛。个人赛采用小组循环制和直接淘汰制，团体赛直接采用单败淘汰赛制。

1. 个人赛

首先分成若干个小组，在小组内打循环赛，每场 4 分钟，谁先刺中对方 5 剑，谁就取胜；接着将所有运动员按参加小组循环赛的成绩排队，淘汰 20%～30%；然后进入下一轮直接淘汰赛；直接淘汰赛的每一场比赛方法采用每盘击中 15 剑，比赛时间为 9 分钟。每盘分为 3 局，每局 3 分钟，局间休息 1 分钟。

一名运动员击中 15 剑或者 9 分钟规定时间全部用完，击中剑数多的运动员获胜。若在规定时间结束时出现平分，则需加赛 1 分钟。加赛中，由中第一剑的运动员获胜。加赛前，运动员必须进行抽签，若平分情况持续至加时赛结束，则抽中优胜权的运动员获胜。

2. 团体赛

每队4名队员，3人参加团体对抗，1名队员作为替补。每场3分钟打5剑，共9场，先得45分的队获胜。如果有的运动员在规定的3分钟内没有刺中对方5剑，该队的下一名运动员接着比赛，直到获得他那场应该获得的分数，即第一场得5分，第二场得10分，第三场得15分，一直到取得45分，最先获得45分的团队为胜。

(二) 比赛过程

1. 准备比赛

第一个被叫到名字的运动员应站在主裁判的右侧（左手持剑的运动员与右手持剑的运动员比赛时，左手持剑者应站在主裁判的左侧）。

准备时，运动员应先让主裁判检查服装、器材。检查完毕后，前脚站在准备线后面向对方致意。当主裁判询问："准备好了没有？"运动员应予以回答或点头示意，并做好实战准备姿势，待主裁判发出"开始"口令，方可交锋。

若交锋中断而未判一方被击中，运动员则在原地重新准备；若时间到、比分相等，需要再继续决一剑分胜负时，也在原地重新准备。

若交锋中断，一方被击中，则双方都回到准备线，重新准备。

双方经过交锋而靠近，重新准备时，双方应后退同样距离。一方冲刺或超越对方，重新准备时，冲刺者后退到原来位置。

未被通知警告线的运动员，重新准备时不能使本来在警告线前的对手后退至警告线之后，如果对手已在警告线之后，也不能使他再后退而失去场地。

在花剑、佩剑比赛中，在主裁判发出"开始"口令前，不能以持剑姿势代替实战姿势。

2. 开始与中断比赛

运动员在主裁判发出"开始"口令后，才能发动进攻。

运动员在主裁判发出"停"的口令后，不能再继续做新的动作。"停"以后一切击中都不算。

主裁判遇到下列情况应发出"停"的口令：

①角裁判或电动裁判器发出信号。

②双方身体接触、相持不下和运动员犯规。

③运动员一脚或双脚越出了边线。

④一方运动员退到警告线。

⑤运动员要求暂停。

⑥一方运动员超越对方身体。

⑦一方运动员被击中。

⑧最后一分钟。

⑨电动裁判器发生故障。

⑩运动员面罩脱落、剑脱手或折损，运动员跌倒或受伤，运动员身上的电线插头脱落，剑、金属衣发生影响比赛的情况。

⑪发生意外情况或容易发生意外危险的情况。

3. 交换场地

①室内比赛，击中剑数达到每场规定剑数的一半或超过一半时，应交换场地。

②使用电动裁判器械，不交换场地。

③主裁判有权决定交换场地，以便观察运动员的犯规动作。

④左手持剑的运动员与右手持剑的运动员比赛时，运动员可以不交换场地，但主裁判两侧的角裁判交换位置。

⑤观察运动员不持剑手的犯规动作或观察是否击中场地的角裁判，在每场比赛达到规定剑数的一半时，也应交换位置。

（三）其他规则

1. 身体接触、冲刺与近战

①在花剑、佩剑比赛中，不允许身体接触。在重剑比赛中，运动员为了近战，甚至多次发生身体接触（非暴力性）是允许的。

②要把正常冲刺造成身体接触和粗暴冲撞区别开。

③在运动员正常使用剑、主裁判又能观察交锋的情况下允许近战，但近战中禁止转身背向对方。

2. 闪躲、移动、超越身体

①比赛中允许移动和闪躲，但禁止有意逃跑或转身背向对方。

②比赛中，运动员超越对方后，主裁判应立即叫"停"。超越前击中有效，超越后击中无效，但被超越者在"停"以前做出转身还击动作是有效的。

3. 超出边线

①运动员一脚越出边线，主裁判应叫"停"，不予处罚，双方在原地准备。运动员双脚越出边线时，主裁判叫"停"，重新准备。在花剑比赛中罚越出边线者后退1米，在重剑比赛时罚越出边线者后退2米。若罚退的运动员未被通知警告线，罚后退后超过警告线，则罚在警告线上准备；若被通知过警告线，罚退又超过端线时，则判被击中一剑。

②运动员为了避免被击中而有意越出边线时要处罚。

③双脚越出边线的运动员在场外击中场内运动员不算，而场内运动员连续动作击中场外运动员有效。

④由于偶然事故而越出边线者不受处罚。

4. 越出警告线和端线

①花剑比赛场地为14米长，警告线距离端线1米。比赛中，运动员后脚到警告线时，主裁判叫"停"，通知运动员"警告线"，运动员后脚在警告线上重新准备，当他在比赛中向前移动、前脚碰到中线时解除警告。

②重剑、佩剑比赛场地的实际长度为18米。一般在14米通用场地上比赛，当运动员后脚碰到14米端线时，主裁判叫"停"，并通知"警告线"。运动员后脚在离端线2米距离的警告线上重新开始。当运动员在比赛中向前移动。前脚碰到中线再次后退。后脚碰到警告线（离端线2米）时，主裁判将重新叫"停"，通知其"警告线"。只有当运动员将对方也逼到

被通知警告线时或有一方被判击中一剑时，才有后脚重新退回到端线处、再被主裁判通知警告线的权力。

③被通知警告线后，有一方被判击中一剑时，警告解除。

④被通知警告线后，在警告未被解除的情况下，双脚退到端线，将被罚击中一剑。

5. 弃权

①运动员经二次点名仍未出场，作弃权论。

②运动员因伤、病及其他原因不能参加比赛时作弃权论。

四、击剑礼仪

击剑比赛和任何体育竞赛一样，都是需要运动员与观众进行互动的竞赛项目。观众良好的行为举止，不但有利于顺畅地观看比赛，而且有助于运动员在场上保持良好的比赛情绪。

(一) 观众观赛礼仪

①观众进入和退出场地时要有序，一般要提前到达场地，这是对运动员、教练员和裁判员最起码的尊重。

②玻璃瓶、易拉罐饮料都是不允许带进场地的，只允许带软包装饮料进入场馆。退场时，垃圾要用方便袋或者纸袋自行带出。

③比赛场内禁止吸烟，观看比赛期间，观众不要在任何设施上乱涂乱画。

④在比赛开始时，一定要保持安静，尽量不要吃东西或互相聊天、大声喧哗。

⑤不能在击剑场馆内使用闪光灯。

⑥手机尽量关机或调至振动或静音状态。

⑦运动员发挥得好，观众要鼓掌；发挥不好，也要给予运动员支持和鼓励，不能喝倒彩。裁判员不仅是场上的执法官，也在一定程度上控制着比赛进行的节奏和气氛。

⑧当双方运动员交锋结束，裁判员下达"停"的口令时观众应保持安静，倾听裁判员的判罚之后，观众可为双方运动员鼓掌加油。当裁判员下达实战开始口令时观众应保持安静，使运动员能听清裁判员下达的每一个口令，以免影响比赛的正常进行。

⑨裁判员有时候会比赛场上的运动员更辛苦，因为有的队员可能一场比赛结束后就可以休息，而裁判员却很有可能工作一整天。因此，比赛过程中，请在合适的时候为他们送上掌声。

⑩比赛结束后，为优胜者颁发奖牌，同时演奏其国歌，这时候全体观众应起立并肃静。

(二) 运动员礼仪

①绝对不能在击剑俱乐部或比赛场地内大声喧哗、打闹，这样会影响到其他的运动员或者给观众留下一个不好的印象。

②击剑运动员自备武器、装备、服装进行比赛，并自己承担一切后果。现行的武器、装备、服装只是为了加强击剑爱好者的安全，但不能确保安全。如出意外，只能自己承担一切后果。

③严禁把剑开刃和严禁把剑的头部磨尖。

④严禁用剑劈、刺、击打尚未穿戴好击剑服和击剑护面的任何人员。

⑤严禁用剑尖、剑刃威胁尚未穿戴好击剑服和击剑护面的任何人员。

⑥严禁在剑道之上，赤裸上身，进行轻伤决斗。

⑦严禁在击剑俱乐部内恶意挑衅。

⑧严禁着装不齐者在剑道上交锋。

⑨对手无论因何种原因摔倒在剑道上时，均不可追击对手，不能违反体育精神。

⑩穿好击剑服后，左手持护面，右手持剑（左手持剑者，右手持护面），剑尖向下，丁字步于剑道中线 2 米后站好，与对手必须同时举剑，向对手行礼；必须向裁判行礼；必须向观众行礼。礼毕后，戴好护面。听到裁判的"准备"口令后，做出实战姿势，准备比赛。

⑪比赛过程中，必须服从裁判判决。严禁与裁判或对手争执。裁判应严格执法，必要的时候叫"停"，纠正、提醒、警告或者处罚运动员的不良言行，诸如：行为粗野，动作粗暴，动作不规范，违反击剑规则等。

⑫比赛过程中，如需向裁判或对手解释，必须举手向裁判和对手示意，摘下护面后再陈述。

⑬比赛交锋过程中，严禁说话、喊叫。

⑭比赛结束时（裁判叫"停"后），在裁判员裁决期间，原地静止不动，用剑向裁判行礼，裁判员宣布比赛结束后，必须先用非持剑手脱去护面，把护面夹于持剑手臂的腋下，用非持剑手与对手握手致意，并向观众行礼。

第二十五章　旱地冰球运动

第一节　旱地冰球运动概述

　　旱地冰球（英文名：floorball，音译为福乐球，也叫软式曲棍球）起源于北欧国家，其运动形式受到了多种运动的影响，而冰球和曲棍球对旱地冰球的影响较为突出。世界上第一个国家旱地冰球联盟（SIBF）于1981年在瑞典成立。1983年，第一本官方规则手册问世。1985年，瑞典旱地冰球联盟（SFF）成为瑞典国家体育联盟会员。1986年4月12日，瑞典、芬兰和瑞士在瑞典的胡斯克瓦纳（Huskvarna）成立了国际旱地冰球联合会（International Floorball Federation, IFF）。1994年，第一届欧洲杯女子和男子旱地冰球赛的举行，标志着旱地冰球运动正式走入世界体育竞技大舞台。2002年在瑞典举行了第一届大学生旱地冰球锦标赛。2011年7月，旱地冰球运动正式获得国际奥林匹克委员会的认可。

　　2007年，旱地冰球运动正式在我国推广，北京部分学校开设了旱地冰球课程。2008年，旱地冰球在上海开始推广，随后进入上海市学生阳光大联赛高校组的比赛项目。2012年开始，国际旱地冰球联合会（IFF）定期在中国开展旱地冰球教练员和裁判员的培训工作；2019年11月，中国曲棍球软式曲棍球委员会正式成立。2023年6月，全国首届软式曲棍球大学生比赛在上海理工大学举行。旱地冰球容易入门，但打好却不容易。容易入门，是说这项运动玩起来乐趣无穷，同时它是一项增长速度很快的年轻运动，相对传统运动更富挑战性，拥有极强的娱乐性，并且在比赛中有很强的观赏性，深受大众喜爱。

第二节　旱地冰球运动基本技术

1. 握杆

　　根据左右侧持杆的习惯来定握球杆的手位，以左侧为例：右手握球杆末端，左手握住离右手两拳距离的球杆中段，也可根据个人握球杆的舒适度来定左手握杆位置。（图25-1）

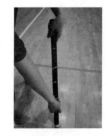

（a）右手杆握杆　　　　（b）左手杆握杆　　　　（c）手的握法

图25-1　握杆

2. 站位

双手握杆，上面的手抓住杆顶上端，下面的手离上面的手至少要 20 厘米，球员就位时要双膝弯曲，球杆拍面放到地板上站位，两腿分开与肩齐宽，一只脚略在另一只前面。基本站位要尽量保持平衡。

3. 运球

（1）原地运球。身体自然放松，用球拍的中间部分控制球，将球向左右两侧拨动，运球时球拍和球尽可能始终贴合，特别是在将球拍切换到球的另一侧时速度要快。同时，身体重心随着球的左右移动而紧紧跟随。

（2）行进间运球。运球时重心下压，双脚前后分开。移动时，身体自然放松，并推动球向斜前方移动。移动过程中，依然保持运球动作。球要一直在击球拍上，轻触，不能推或击打。准备好正手或后手传球，保护好球。

4. 传球技术

正确的传球站位是侧着站，双脚并排，双膝分开，微微弯曲，保持平衡的站立姿势，一直抬头注视场地，保持球和球拍靠近。传球后，击球拍应朝向传球方向。

正手长传球：这是常用的传球动作，这种方式控球时间长，可以更容易地掌控传球方向，传球准确度高，力量大。整个传球动作从球在身后的时候就开始了球要靠近球拍；球拍要从后面以一个加速度朝向目标；当球超过前脚以后才离杆传出。球拍带球从身后向前拖的越长，传球越准。

正手短传球：这种传球速度更快，触球时间很短，在触球中依然有一些灵活性。触球点和前脚应在同一个水平面。正确操作时球会很快离开拍面，并且在滚动过程中没有反弹。

反手传球：后手传球是一个很快的"轻击"。击球拍不能碰到地板，只能碰到球。击球的速度取决于反手挥拍的速度。

空中传球（高球）：对空中传球来说，触球很关键。球在前脚的前方传出。击球的速度取决于挥拍的速度。球拍滑过地面沿着一条直线击向球。在击球的一瞬间，球拍斜靠近球下方。

5. 接球技术

击球板要放在地板上，保持站立姿势平衡，基本的站立姿势和传球一样，要侧一点身。保持抬头看向场地，接球要流畅，手要柔软、灵活，接球要柔和。球拍迎球，当触球时，球拍和球一起向后移动。

6. 射门技术

射门基本技术和传球技术一样，只是力量要更大。

腕射：球总是和球杆拍面接触（正手传球）；用球杆长拖。

快速转腕射门：球接触击球拍的时间很短（短正手传球）。球拍相碰点和前脚在同一个水平线上；在移动中用腕射门。

挑射：

拍球射门：击球板在击球前接触地板（短正手传球）抬头，在移动中拍打球。

抽射：最简单原始的射门方法，挥杆动作幅度大，出球力量大，速度快。

拖射：出球速度快，力量大，击球稳定性高，是球员较为喜欢的射门方法。

反手射门：击球的速度来源于反手挥拍。球拍只接触球，不接触地面，移动中反手击球。

各种射门技术和射门动作开始时球、拍、人的位置关系如图25-2所示。

（a）腕射　　　　　　　　　　　（b）拖射　　　　　　　　　　　（c）抽射

图25-2　射门技术动作

7. 护球技术

球员要有平衡的站立姿势，用身体、脚和手护球。击球板应该挡住靠近对手的球的一侧，控制好球很重要。

用身体护球：保持身体在球和对手之间，保持球离对手足够远，保持低的比赛站位，抬头注视比赛场地。

用球杆护球：运球时尽量远离对手，球离身体时，双手一起握拍运球，用击球板护球。

8. 带球技术

带球技术是指运球／假动作，运球时要保持球离击球板较近，两手握住手柄，当反手运球时可以单手握柄；尽力提高持球技术，提高速度和身体控制，做假动作时要快；试图在你预想的方向上晃开防守者。

9. 守门员

守门员是球场上最重要的球员之一，是防止对方球队射门得分的最后一道屏障。一旦守门员被突破，对手即可得分。守门员不仅要守住球门，不失球，还需要协助其他队员扩大防守区域，充分利用规则赋予的特权，封锁和控制本方守门员区域的空间。因此，守门员往往既是本队防守的组织者和协调者，又是进攻的始发者，对比赛胜负起着举足轻重的作用。

守门员技术动作分以下几个阶段：观察预判、准备姿势、移动选位、防守应答、接球后的行动。（图25-3）

图 25-3　守门员的基本技术动作

第三节　旱地冰球运动基本规则

旱地冰球的比赛方式与冰球和曲棍球十分相似，比赛双方使用球杆将球打入对方球门而得分，比赛结束时得分多的队伍获胜。正式比赛时双方各有六名队员上场，其中包括一名守门员和五名持杆球员。

1. 场地

旱地冰球可在多种地面进行，如木质地板、水泥地面、塑胶地面、草地等。比赛场地的大小也可根据实际情况进行适当调整。

标准的旱地冰球场地尺寸为长 40 米、宽 20 米，球场最小为长 36 米、宽 18 米，最大为长 44 米、宽 22 米。场地周围用高 50 厘米的挡板围起来，除四个角使用弧形弯板，其余四条边使用长 1 米或 2 米的直板拼接。(图 25-4)

若场地较小，也可将长宽以 2∶1 的比例进行调整，如长 30 米、宽 15 米。

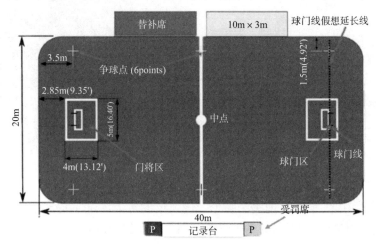

图 25-4　旱地冰球场地图

（1）场上所有界线宽 4~5 厘米；

（2）守门员区为长 2.5 米、宽 1 米的长方形。

（3）球场上有七个争球点，其中在中线上有三个争球点，分别为中线中点和中线两端距挡板 1.5 米处各一个，球场四角在球门线延长线上，距边挡板 1.5 米处各一个。

2. 器材

旱地冰球比赛所用器材有挡板、球杆、球、球门及守门员装备。官方比赛要求球员所使用的球杆、球及守门员头盔必须为国际旱地冰球联合会认证器材，认证器材上都标有 IFF 标志。（图 25-5）

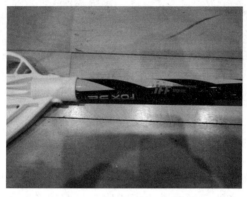

图 25-5　球杆上的 IFF 标志

（1）挡板：标准挡板的高度为 50 厘米，长度为 2 米。标准比赛场地的四角用 8 块 2 米长的弧形挡板，其余四条边用直板。

（2）球杆：以个人原地站立，球杆顶端置于地面，拍头位置抵达肚脐眼或过肚脐眼上 5 厘米的长度为佳。（图 25-6、图 25-7）

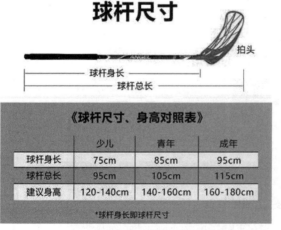

《球杆尺寸、身高对照表》			
	少儿	青年	成年
球杆身长	75cm	85cm	95cm
球杆总长	95cm	105cm	115cm
建议身高	120-140cm	140-160cm	160-180cm

*球杆身长即球杆尺寸

图 25-6

图 25-7

球杆由杆身和拍头组成，拍头为弧形，该弧形的最大深度不得超过 3 厘米，拍头中间部分向外凸起。球杆除可以从顶端进行改短以外，不得进行其他的改造。

根据拍头弧形的方向，可分为左手杆和右手杆。

左手杆：球拍底端置于地面，拍头朝前，拍面凸起面朝左侧。(图 25-8)

右手杆：球拍底端置于地面，拍头朝前，拍面凸起面朝右侧。(图 25-9)

图 25-8　左手杆　　　　　图 25-9　右手杆

（3）球：球面中间有镂空的 26 个小洞，小洞直径为 10 毫米，球直径为 72 毫米。(图 25-10)

图 25-10

（4）球门：旱地冰球球门的标准是高 115 厘米，宽 160 厘米，深 65 厘米。完整的球门不仅要用球网包裹球门的上侧、左右两侧及后侧，还要在球门内 10 厘米的上侧球网位置悬挂与球门长宽尺寸基本一致的抓网，抓网的主要功能是避免力量大速度快的球打在球门内侧门柱弹出，导致无法判断球是否越过球门线。(图 25-11)

图 25-11　球门

（5）守门员装备：包括衣服、裤子、护膝、头盔、手套。强有力的射门可能对守门员产生伤害，合适的装备非常重要。

衣服、裤子：守门员衣服和裤子前侧加装了衬垫，同时衣袖肘关节至前臂外侧也加装了衬垫。

图 25-13　守门员衣裤

护膝：由于守门员大部分时间双膝跪地，所以佩戴加装厚衬垫的护膝可以有效保护膝关节。

图 25-14　守门员护膝

头盔：守门员必须佩戴通过国际旱地冰球联合会认证的头盔，避免守门员头部遭受球拍或球的击打。

图 25-15　守门员头盔

手套：守门员可选择是否佩戴手套。佩戴手套的目的是防止接强有力的来球使手部受伤，不佩戴手套则可更加灵活自如地接、挡来球。

图 25-16　守门员手套

3. 比赛时间

正常比赛时间：3×20 分钟，其间有两次 10 分钟的休息（如要缩短比赛时间，也要保证最短的 2×15 分钟）。

4. 球队队长

每支球队必须有一名队长，登记在比赛记录表上并在本人号码旁边以字母"C"标识。只有球队队长具有与裁判员对话的资格，且有义务协助裁判员使比赛顺利进行。

5. 争球

（1）在比赛开始、进球后，双方应该回到球场中点进行争球。争球时，双方队员必须处于各自半场。

（2）当比赛被中断，且双方球队都不享有界外球、任意球或者点球的权利时。

（3）当比赛被中断后重新开始，则应该在比赛中断前离球最近的固定争球点开始争球。

（4）争球时，除了争球球员以外，其他球员必须立即退出离球最少3米的距离（包括球杆）。

（5）争球由双方各派一名场员执行，争球时互相面对对方半场，在争球前不得有身体接触。双方球员脚步离开中线同等距离，双脚与中线垂直；双手保持正常握杆状态，握在球杆手柄位置，不得超过手柄；拍头放在球的两侧，与中线垂直，保持与对方拍头同等距离；球处于两个拍头中间，不得触球。除中点争球外，其余位置争球时由防守方选择拍头的摆放位置。如果是在中场争球，则由客队选择拍头摆放位置。

（6）争球可以直接导致进球得分。

6. 界外球

当球越过挡板或者碰到天花板时就获得边界球；边界球要从距球出挡板位置的场内1.5米处发定位球。所有从球门线假想延长线后方飞出挡板的界外球必须在离球飞出点最近的固定争球点发定位球。

7. 任意球

发球方：当一方球队犯规行为导致判罚任意球，由被犯规球队来主罚任意球。

发球点位置：罚任意球时罚球点在犯规发生地，但不得位于球门线假想延长线之后或者距离守门员区（守门员专属区域）的直线距离小于3.5米。任意球的发球点必须离开挡板距离1.5米以上。如果犯规发生在球门假想延长线之后，则在距离犯规地点最近的固定发球点进行发球。如果犯规发生地点离守门员区距离少于3.5米，则罚球点位于球门线中点和犯规地点两点之间的连线上，并移动到离开小禁区外部边线3.5米处。其中0.5米为防守人墙距离，距离罚球点3米。防守球队有权立即在球门前组成人墙进行防守。如果进攻方阻止或破坏人墙，则任意球的发球权转交给防守方。进攻方没有义务等待防守球队摆好防守阵型，且有权指派本方球员站到对方人墙前方。

防守方注意：罚任意球时，防守方必须立即退出离球3米的距离（包括球杆）摆好防守阵型。进攻方发任意球时不必等防守队员站好位即可发球。

发定位球注意事项：必须用球杆发球，发球时必须清晰击打，不准用杆挑球、拖球和弹球。球发出后，在球碰到其他球员或者其他球员的装备之前，发球队员不得再次触碰球。

任意球可以直接导致进球得分。

8. 导致任意球的犯规行为

（1）当球员用球杆击打、阻挡、挑、钩对方球员的球杆，或者在可能触到球的情况下击打到对手。

（2）当球员拉住对手或对手的球杆时。

（3）当球员击球之前向后引杆、拉杆或者击球之后向前方挥杆时，拍头超过腰部位置。如果附近没有球员，或没有造成伤害的可能性时，挥杆高度不限。此处腰部高度是指球员完全直立时，从地板到腰部的距离。

（4）当球员使用球杆的任何部位或脚部去击打或者试图击打超过膝盖高度的球，如果不是危险性动作，用大腿停球不算超过膝盖高度。此处膝盖高度是指球员完全直立时，从地板到膝盖的距离。

（5）当场上球员将球杆、脚或腿放入对方球员的两腿或两脚之间。

（6）当球员控制球或试图触碰到球时，除正常肩部对肩部冲撞以外，使用任何其他方式压迫或推搡对方球员。

（7）当球员控制球或试图触碰到球，或争夺更有利的位置，故意向后倚靠对手，或故意阻挡对方球员的移动。

（8）当球员进入守门员专属区（小禁区）或放置球门的区域时如果比赛不受影响，守门员不受干扰，允许球员快速通过该区域。

（9）当球员故意移动球门时。

（10）当球员在大禁区内或者离守门员的距离少于3米（从守门员持球位置开始测量），这种阻挡被认为是犯规行为。被动行为是指非故意或试图躲避守门员的发球。

（11）当球员双脚完全离地跳起停球时。

（12）当球员在球场外单脚或双脚站在球场外击球。

（13）当守门员手持球时，身体完全离开大禁区。

（14）当守门员扔球或踢球时，球第一落点超过中线。

（15）当在争球、发界外球、罚任意球时违例或者故意拖延比赛。

（16）当守门员持球时间超过3秒时。

（17）当守门员用手接住本方球员的回传球时。

（18）持杆球员用头部位置击球。

9. 点球

当由于防守队员做出将被判罚任意球或禁赛的犯规行为，从而导致进攻方进球趋势被中断时。

导致点球判罚的行为：在进球趋势形成过程中，防守队员故意移动球门或故意进行多人比赛，将被判罚点球。当进攻方球员罚任意球时，球直接飞向球门，而防守方球员处在小禁区、球门里或者球门被移动，防守方将被判罚点球。

10. 暂停

比赛期间双方球队都有1次要求暂停的权利。暂停时间为30秒钟，暂停期间，被判罚禁赛的队员不允许参加暂停期间任何活动。

11. 替补球员

比赛期间，替补球员可以无限制的更换，且无时间和上场次数限制。所有球员替换行为只能发生在本方替补席区域，只有当被替换下场的球员走出挡板之后，替补球员才能进入场地。

12. 禁赛判罚

球员禁赛处罚有以下几种情况：2分钟禁赛、2+2分钟禁赛、10分钟禁赛、罚出场。当球员被判2分钟禁赛、2+2分钟禁赛、10分钟禁赛时，必须坐在记录台旁边相应的处罚席完成禁赛判罚，期间不得参与任何活动。

13. 比赛加时

如果比赛必须分出胜负，且在常规时间内双方战平，则进行加时赛或点球决胜负。

加时：加时比赛时间为10分钟，10分钟内，无论哪方进球比赛立即结束。

点球：双方场上球员除守门员外各进行一次罚球，如比分依旧相同，则由相同球员进行第二轮罚球直到分出胜负。

14. 得分

有效得分：球员使用球杆通过正确的方式击打球，使球的整体部分从前方越过对方球门线，且在此之前，进攻方球队无任何将被判罚任意球或禁赛的犯规行为，此时的进球算有效得分。当球员把球打进本方球队球门，即乌龙球，对方得分，进球有效。

无效得分：进球之前，进攻方球员出现将被判罚任意球或禁赛的犯规行为。进攻方球员故意使用身体的任何部位协助进球。在裁判员鸣哨示意比赛结束之时或之后取得的进球。球没有从球门前方经过球门线进入球门内。

参考文献

[1] 李志伟，冯强明. 现代高校体育与健康教程 [M]. 天津：天津大学出版社，2019.

[2] 刘静. 太极扇 [M]. 北京：科学出版社，2018.

[3] 史仍飞，袁海平. 运动营养学 [M]. 北京：北京体育大学出版社，2015.

[4] 陈吉棣. 运动营养学 [M]. 北京：北京医科大学出版社，2002.

[5] 中国营养学会. 中国居民膳食指南（2022 版）[M]. 北京：人民卫生出版社，2022.

[6] 何志谦. 人类营养学 [M]. 北京：人民卫生出版社，2008.

[7] 徐宝丰，薛亮. 佩剑运动员大赛备战期间生理生化的变化特征 [J]. 湖北体育科技，2014(5)：412-413.

[8] 马娜，杜毅. 魅力击剑 [J]. 世界文化，2013，9：21-59.

[9] 张梦倩. 2011 年国家男子佩剑队队员一般体能训练研究 [D]. 苏州：苏州大学，2016.

[10] 盛文林. 击剑——优雅与灵活的运动 [M]. 北京：台海出版社，2014.